鎌倉北條氏の基礎的研究

奥富敬之著

吉川弘文館刊行

戊午叢書

常陸国長勝寺鐘銘拓本

序　研究史と問題点

鎌倉幕府の政治形態を、源氏将軍三代と北条執権九代という為政者の家系によって二分することは、すでに『太平記』の時代においてなされている。これは源氏三代の治世に重点をおき、北条氏をもって主君の勢いを凌いだ、いわば簒奪者とするような非科学的、非歴史学的なものであった。

江戸時代の末、竹尾善筑は「即時考」において、最明寺入道時頼の廻国説を否定して、時頼が禅僧を各地に派遣したものであろうという、当時にあっては、きわめてユニークな考え方を提起したなどのこともあったが、結局、中世・近世にあっては、まだ『太平記』的な見方が主流をなしていた。

その後、明治の末になって、山路愛山氏は、その著『足利尊氏』において、「北条氏は人民の味方なり」という節をとくに設けて、朱子学的な忠君愛国史観の桎梏から北条氏研究を脱却させ、北条氏の治世を正当に評価しようとする試みを実行され、さらに、幕府滅亡直後における北条氏与党の乱を全国にわたって列挙された。

昭和に入ると、北条氏の治世を執権政治として評価するようになったが、一般的および国史教育の面では、承久の乱および幕府末期の高時の朝家軽視などのことを把えて、忠君愛国史観によって糾弾し、一方では、元寇にさいしての時宗を行賞するがごとき風潮が強く残っていた。

鎌倉末期幕府政権に本格的な研究の焦点を合わせて行ったのは、相田二郎氏であった。相田氏は、昭和十一年（一九三六)、「蒙古襲来合戦の恩賞について」を発表され、弘安合戦に現われた執権政治の矛盾を指摘された。続いて、多賀宗隼氏も、「北條執権政治の意義」および「弘安八年「霜月騒動」とその波紋」において、北條氏と諸豪族との暗闘のうちに幕府内部の諸矛盾が存在することを指摘され、北條氏が執権政治の末期に自家権力の強化を策していたとし、その集中的表現としての弘安合戦の意義を高く評価された。

その間、遠藤元男氏は、その著『日本封建制成立史』において、「北條氏の地盤は徳宗領として代々伝承せられた」ことを指摘しながら、「頼朝が天下に号令し得たのはその政治的権力によったもので、それは己れの経済的地盤を背景としたものではなくて、北條氏のそれに依存したものであった」としてしまい、せっかくの得宗領の存在を指摘されながらも、初期北條氏の勢力評価という根本的な問題で大きな誤りを犯してしまったため、得宗領の造立・存立などの時期、末期政権の性格づけなどの諸点を看過してしまわれている。しかし、北條氏代々の経済的基盤として、得宗領が存在したことを指摘されたことは、研究史上の大きな進展ではあった。

第二次世界大戦に日本が参加するようになると、「国難と時宗」、「護国の偉人北條時宗公」、「亜細亜を睨む時宗・秀吉」というようなものが多くなったが、反面、龍粛氏の「北條時宗と禅」、多賀宗隼氏の「赤橋駿河守守時」、関靖氏の「文人としての北條時宗」、『武家の興学』、桃裕行氏の「北條重時の家訓」などの文化史的側面からの地道な研究もあったことを忘れてはなるまい。

なかでも、佐藤進一氏の『鎌倉幕府訴訟制度の研究』は、真に科学的な意味での得宗研究の第一歩を印した画期的な業績であった。佐藤氏は、まず、訴訟制度の面において、鎌倉の前期には御家人の権利保護の精神があったが、末期には職権主義に変化していたとされ、さらに、鎌倉幕府政治上、将軍の地位は既に早く形骸化し去つてゐたけれども、泰時時代に確立した合議制が充分の機能を発揮し、幕府政務の主要部分が執権連署（両執権とも称せらる）評定衆の議決によつて行はれた時代に於いては、確かに彼等両執権は将軍家「政務之御代官」〇沙汰未練書と称されて然るべきであつた。然るに一度幕府政治の実権が泰時―（経時）―時頼―時宗と継承せられた北條氏の宗家所謂得宗の掌裡に帰し（それは時頼、時宗の間に完成する）、重要政務決定の中枢機関が評定衆会議より、北條氏の宗家所謂得宗私邸の寄合に移るに及んで、幕府政治は得宗一家の個人政治と化する〇建治三年記。私は斯くの如き政治形態の変化を執権政治より得宗政治への移行と称したい。

と、その後の得宗研究の基礎をなす提言をされ、多賀宗隼氏が「弘安八年「霜月騒動」とその波紋」において、弘安合戦を「幕府当局と諸大名及大名相互間の対立暗闘」とした点を攻撃されて、

斯くては然しこの事件は本質的に、和田義盛の乱、三浦の乱と相異なる所なきものと把握されるにすぎない。然し私はこの事件が御家人と得宗被官との勢力争ひである点に於いて、和田、三浦の乱とは本質的に相違するものあるを見る。

と断ぜられたのである。

引き続いて、『鎌倉幕府守護制度の研究』を発表された佐藤氏は、北條氏が有力御家人と勢力を拮抗させ得た軍事的、経済的基盤として、北條氏一門による諸国守護職の大量占取と独占配置という事実を立証して、論を進められ、『新日本史大系』三巻「中世社会」において、得宗政権を鎌倉幕政史上に位置づけた叙述をされている。そして、昭和三十年になるや、佐藤氏は「鎌倉幕府政治の専制化について」において、寄合、御内人、一門配置などの面からの研究をまとめられ、

北條氏家督中心の専制体制を便宜得宗専制と称したい。

あいついで発表された佐藤進一氏の得宗専制説に関する業績は、この間、多くの人々の注目を集めるようになり、として、鎌倉末期幕府政権に一定の名称を与えるまでになったのである。

多方面への刺戟となった。

まず、黒田俊雄氏は「若狭国太良荘」において、得宗専制政権の経済的基盤としての得宗領について、有名な若狭国太良荘を例として、得宗の権力的な支配の様相を描き出した。政治史的に得宗専制説を受けとめて、鎌倉幕府政治史を将軍独裁制、執権政治体制、得宗専制政治体制の順で進展したとされたのが、安田元久氏の『日本全史』四巻「中世」Ⅰであった。網野善彦氏は、社会経済史的側面で得宗説を受けとめ、「元寇前後の社会情勢について」において、元寇前後の時期には、幕府政治のみならず、社会一般の情勢においても大きな変化があったことを指摘され、得宗専制の成立も社会経済史的側面からの研究もなされるべきであると説かれた。

一方、得宗領研究の面では、西岡虎之助氏が「若狭国田数帳」を原拠として、『日本歴史地図』のなかに若狭国における得宗領の分布情況を地図化して掲げられているが、これは一九六〇年代末期から盛行する、一国単位に得宗領を網羅的に検出して考察するという研究の、先駆的業績として見直されるべきである。また、石井進氏も「十四世紀初頭における在地領主法の一形態」㈠・㈡において、筑前国宗像社の領有関係の推移から得宗領の問題に言及されている。

やがて一九六〇年代に入ると、佐藤進一氏の得宗学説を全面的に受けとめて、これをさらに発展させるべく、熱のこもった問題提起が、法制史、政治史、社会経済史、さらには文化史などの各側面からなされ、ますます熱のこもったものとなって行った。

六〇年代の最初を飾ったのは、田中稔氏の「鎌倉御家人制度の研究」であった。田中氏は、鎌倉時代の初期に得宗領在地を代官として支配したのが有力御家人であったことを指摘して、初期北条氏の勢力の未成熟なることを看破し、弘安合戦前後の頃より以降になって、やっと得宗被官が得宗領を支配するようになったのではないかと推測されている。田中氏の業績は、一国単位で得宗領を網羅的に検出考察するという作業が盛行する以前において、これを若狭国において行なったところにも意味があった。

弘安合戦が九州にも波及していたことを論証された川添昭二氏の「弘安八年岩門合戦について」も発表され、東北地方では、豊田武氏が「安東氏と北条氏」において、得宗被官家の問題にもメスを入れて、安東氏が海運に関係の深い氏族であったことを指摘されるなど、ついに得宗研究は全国的規模において行なわれるようになり、問題も得宗被官家にまで及ぶように深化してきていた。そして、ついに、島田次郎氏の「在地領主制の展開と幕府法」は、得宗専制下に盛行した下地分割法の立法主体が得宗被官だったのではないかとして、いわゆる〝得宗政策〟に関する問題提起もされたのである。

この時期までの諸研究を、大きく総括した感があるのは、石井進氏の「鎌倉幕府論」である。これにおいて、石井氏は、執権政治における合議制集団指導制にかわって、末期には、得宗御内の利益を追求する権力主義独裁制があったとし、これこそが得宗専制政権の基本的性格であるとして、その性格規定をされたのである。

桑山浩然氏「室町幕府の草創期における所領について」は、問題の重点は鎌倉幕府にはなかったが、「比志島文書」を原拠として若干の得宗領を検出された点で、本研究史から抜くことのできないものとなった。

これよりさき、高梨みどり氏の「得宗専制、長崎氏の専制」を掲載した雑誌『歴史教育』は、その一一八号と一一九号の二回にわたって、鎌倉時代を特集している。佐藤三郎氏の「鎌倉武士の族的結合の変化」は得宗被官曾我氏の惣領制を扱い、黒川高明氏の「霜月騒動の史的前提」も弘安合戦を扱ったものであった。掲載誌名によれば、そろそろ、得宗学説も高等学校社会科教育の世界にまで入ってきた感があったが、事実としては、まだまだ教育の場には及んではいなかったようである。

このような熱気に満ちた論考が各方面より発表されていたときに、大学院生であった私も、この熱気に影響され、驥尾に付して若干のものを発表したが、まだ、全体的な見通し以上のものではなかった。

村井康彦氏の「金沢貞顕の涙——得宗専制の一断面——」は、短文ではあるが、強大な得宗権力の前に拝跪した北條一門の姿を活写されており、網野善彦氏の『中世荘園の様相』は、若狭国太良荘という個別荘園の歴史のなかで、太良荘が得宗領化した時期の様相について詳しく語ってくれる。金井典美氏の『御射山』は、得宗と諏訪神社との関係を、一種のイデオロギー的な面で把えたユニークなものであった。

また、雑誌『日本歴史』において、「鎌倉幕府について」と題する座談会が行なわれ、豊田武氏が、北條氏所領は時頼の時期にもっとも多く増加したと指摘されているが、これは、なんとしても実証してほしい問題である。

そうこうしているうちに、各方面からの問題提起や指摘もなされてきたが、六〇年代も後半になると、研究史上に一定の傾向が現われてきた。

遠藤元男氏がその存在を指摘した得宗領について、前記西岡虎之助氏と田中稔氏が若狭国において行なわれたように、一定地域を限って、得宗領（北條一門領を含む）を網羅的に検出して、考察を加えるという方法がそれである。すでに、田中氏は、文永二年（一二六五）時に、若狭国の総田数に対して得宗領が占めた割合が、押領分も含めて、三二%弱に及ぶことを指摘されているが、このような方式を、若狭国以外でも行なおうという気運が生じてきて、続いて、若干の地域において、これが行なわれた。この種のものを列挙すると、つぎのようになる。

〔若狭〕

西岡虎之助氏『日本歴史地図』

田中稔氏「鎌倉御家人制度の研究」

〔信濃〕

湯本軍一氏「北條氏と信濃国」、「信濃国における北條氏所領」

〔九州諸国〕

石井進氏「九州諸国における北條氏所領の研究」

〔常陸〕

石井進氏「鎌倉時代の常陸国における北條氏所領の研究」

〔陸奥〕

奥富敬之「陸奥国得宗領の研究」㈠・㈡

豊田武氏・入間田宣夫氏・遠藤巌氏「東北地方における北條氏の所領」

〔武蔵・相模〕

奥富敬之「武蔵・相模における北條氏得宗」、「相模国得宗領の個別的研究」㈠・㈡・㈢

〔上総・下総〕

岡田清一氏「鎌倉政権下の両総――北条氏領の成立と御家人の動向」、「両総における北条氏領――補遺」

〔東海道沿線〕

奥富敬之「鎌倉末期東海道宿駅地域の地頭――相模、伊豆、駿河の分――」、「同――遠江、三河、尾張、美濃、近江の分――」

こうして、若干の地域について、得宗領の位置、分布、支配、伝領、面積、代官等々のことが明らかにされてきたが、まだまだ全国六十余ヶ国のなかの若干でしかない。この種の研究は、まだまだ続行されてゆかねばならないであろう。

同時に、全国各地に分布した得宗領を鎌倉において、いかなるかたちで総括的な支配を行なっていたかという問題を、直接的に取り扱った論考がきわめて少ないところに、まだ大きな問題が残されている。この種の論考としては、つぎのものしかない。

奥富敬之「得宗家公文所の基礎的素描」

入間田宣夫氏「延応元年五月廿六日平盛綱奉書について」、「北条氏と摂津国多田院多田荘」

得宗被官に関する研究については、若干のものが管見に入っている。

五味克夫氏「救二院と救二郷」

豊田武氏「安東氏と北条氏」

奥富敬之「得宗被官家の個別的研究㈠――南条氏の場合――」、「同㈡――工藤氏の場合――」

河合正治氏「北條氏御内人と文化」
北村美智子氏「得宗被官長崎高資の活動とその政治意識について」(上)
山岸啓一郎氏「得宗被官に関する一考察——諏訪氏の動向について——」
岡田清一氏「御内人〝尾藤氏〟に就いて」
奥富敬之「得宗被官家の研究——陸奥国曾我氏を中心に——」

なお、得宗研究においては、得宗政策や文化史的な側面からの研究も、必要不可欠のものであるが、これに関する論考は、きわめて少ない。

得宗政策に関するものは、つぎのとおりである。

島田次郎氏「在地領主制の展開と幕府法」
小泉宜右氏「悪党について」
笠松宏至氏「永仁徳政と越訴」
網野善彦氏「「関東公方御教書」について」
川添昭二氏「鎮西特殊合議訴訟機関」、「鎮西談議所」
上横手雅敬氏「弘安の神領興行令をめぐって」
宝月圭吾氏「永仁徳政に関する二、三の問題」
村井章介氏「正和の神領興行法をめぐって」

また、文化史的側面からこの問題に及んだものとしては、つぎの諸論がある。

河合正治氏「北条氏御内人と文化」

川添昭二氏「北条時頼の信仰」

以上のように、得宗領の検出と考察、その支配と機関、得宗被官、得宗政策および幕府末期の文化史的研究など、各種の側面からの研究が多くの人々によってなされ、鎌倉北条氏と得宗専制政権に関しては、かなりのところまで明らかになり、そのイメージがふくらまされてきている。その結果、鎌倉末期幕府政権の様相を全面的に描き出そうという試みもなされている。新田英治氏の「鎌倉後期の政治過程」は、すでにその先駆であったと云えよう。

八〇年代に入った現在は、研究史の上でも、得宗領、得宗被官などはもちろん、従来、比較的に手薄であった感の深い得宗政策および文化史的側面よりの研究が待望されているように思われる。前半の発刊をおえた竹内理三氏の『鎌倉遺文』の後半が刊行されつつあるので、将来への見通しは明るい。九〇年代に入る以前に、従来の諸成果を踏まえた〝鎌倉末期幕府政権史の研究〟も期待し得るようである。

本書は、得宗研究熱が最初の盛り上りを見せたときに、その熱気にあてられた私が、得宗領の国別検出もほとんどなされなかった時点において、まさに時期尚早の小論を発表したことがあったが、これを下敷きにしつつ〝鎌倉北条氏〟が史上に現われ、また消えて行ったさまを描こうと努めたものである。

目次

附　録

第一部　経済的基盤

――得宗領――

第一章　治承四年以前の北条氏

㈠　北条氏の系譜

治承四年（一一八〇）八月の源頼朝の挙兵以前における北条氏の所領、身分、勢力などに関しては、古くは、『吾妻鏡』（以下『鏡』と略称する）の「上（イ総）野介平直方朝臣五代孫、北条四郎時政主者、当（伊豆）国豪傑也」という記事とその後の北条氏の勢力などに眩惑されて（治承四年四月二十七日条）、相当な程度以上の大豪族であったと信じられていたようである。しかし、近年になると、このようなことを信ずる人は、ほとんどいないようである。最近になって、一般に信じられているのは、治承四年以前における北条氏は、その所領が狭小で、軍事力も弱小であり、身分としても、たかだか伊豆国の在庁官人程度の存在だったのではないかということであり、幕府成立の当初においては、三浦、和田、比企、安達、畠山等々の豪族武士たちに対しては、所領規模、軍事力などの点で、かなりのところまで遜色がある弱小土豪ではなかったかということである。

治承四年以前における北条氏の所領や軍事力が弱小なものではなかったかという現在の一般的な見方について、もっとも主要な根拠のひとつとなるのは、その系図である。鎌倉北条氏九代の初代である北条四郎時政より以前の時期における数代に関する系図は、

(A)『尊卑分脈』桓武平氏
(B)『続群書類従』系図部、北條系図
(C)『続群書類従』系図部、桓武平氏系図
(D)『系図纂要』平朝臣姓、北條流

の四書があるが、いずれも、平将門の乱を鎮圧するに功のあった平貞盛を祖としている点で一致しているものの、それから以降に関しては、きわめて多くの差異や矛盾を含んでいる。

(A)(C)(D)では、貞盛の子、維将の系統が北條氏に連続するとし、その子維時を経て、直方に続いているが、(B)では「実維将男、貞盛朝臣為子」と脇注のある維時が、貞盛から、すぐに続いている。この程度の瑕疵は、ある程度容認し得るとしても、それから以降は、まったく判然としないことになる。

従四位下、上総介であった平維時の次男直方（(A)(B)は次男とし、(C)は嫡男とする）は、平忠常の長元の乱を鎮圧する任を帯びて、検非違使として東国に下向している。長元元年（一〇二八）六月二十一日に忠常追討使に任ぜられた「検非違使右衛門少尉平直方、少志中原成道等」（『日本紀略』同日条）は、同年八月五日に「随兵二百余人」を率いて下総国に発向した（同書、同日条）。忠常追討のことは、はかばかしく行かなかったようで、翌年十二月一日には、直方の副将格の検非違使志中原成道は、「依不言上追討忠常之事」って、その職を停められている（同書、同日条）。忠常の乱は、さらに猖獗を極めたようで、同年三月二十七日には、安房守藤原光業が印鎰を捨てて、京都に逃げ帰っている（同書、同日

条)。そして、ついに、長元三年(一〇三〇)九月一日、平直方は、「無勲功、召還之」され、忠常追討の任は、源頼信に召し替えられてしまったのである(同書、同日条)。

召し還された直方は、その後、多く京都に住んでいたらしいが、前記系図(C)には、直方の項に「詞林云鎌倉ヲ屋舗トス」とあって、いつの頃か、彼が鎌倉に住んでいたことを示している。なお、前記四種の系図のうち、(A)(B)は、直方の極位極官を「従五位上、上総介」としているが、(C)は「従四位下、上総介」とし、(D)は「従五位上、上野介」としている。『鏡』は、その伝本によって「上総介」と「上野介」の両方がある。また、(A)および(D)には「大夫尉」にもなったとされており、(B)には「東三條院判官所雑色」であったとも記されている。東三條院は、円融天皇の女御、一條天皇の生母となった藤原詮子であるが、藤原兼家の娘としてよりは、道長の姉としてより有名であり、史上で最初の女院号を宣下されたのは、正暦二年(九九一)九月のことであり、長保三年(一〇〇一)には、この世を去っているから、直方が東三條院に勤めたのは、忠常乱より以前のことであったと思われる。

父頼信に従って、平忠常の乱を鎮定した源頼義は、乱後、三條天皇の嫡子、敦明親王の小一條院に仕え、判官代となっていたが、狩猟が好きな同親王に供奉して、しばしば騎射の妙技を示したという。頼義の射術に感動した直方が、娘を頼義に嫁がせたというのは、この頃のことであろう。八幡太郎義家、賀茂次郎義綱、新羅三郎義光などの生母は、この直方の娘であるという(「陸奥話記」『群書類従』合戦部、「北條系図」『続群書類従』系図部など)。源家は、これより以降、義家の代には、さらに東国にその勢力を扶植してゆくが、忠常乱鎮定に功のなかった平直方が、義家の母方の祖父であったにしても、源家の驥尾に付して、東国に勢力を扶植してゆくことは、ほとんど叶わなかったのではないかと思われる。

さて、『鏡』でいうところの直方から時政までのいわゆる「五代」の系譜こそが、もっとも判然としない時期である。

北條氏系図

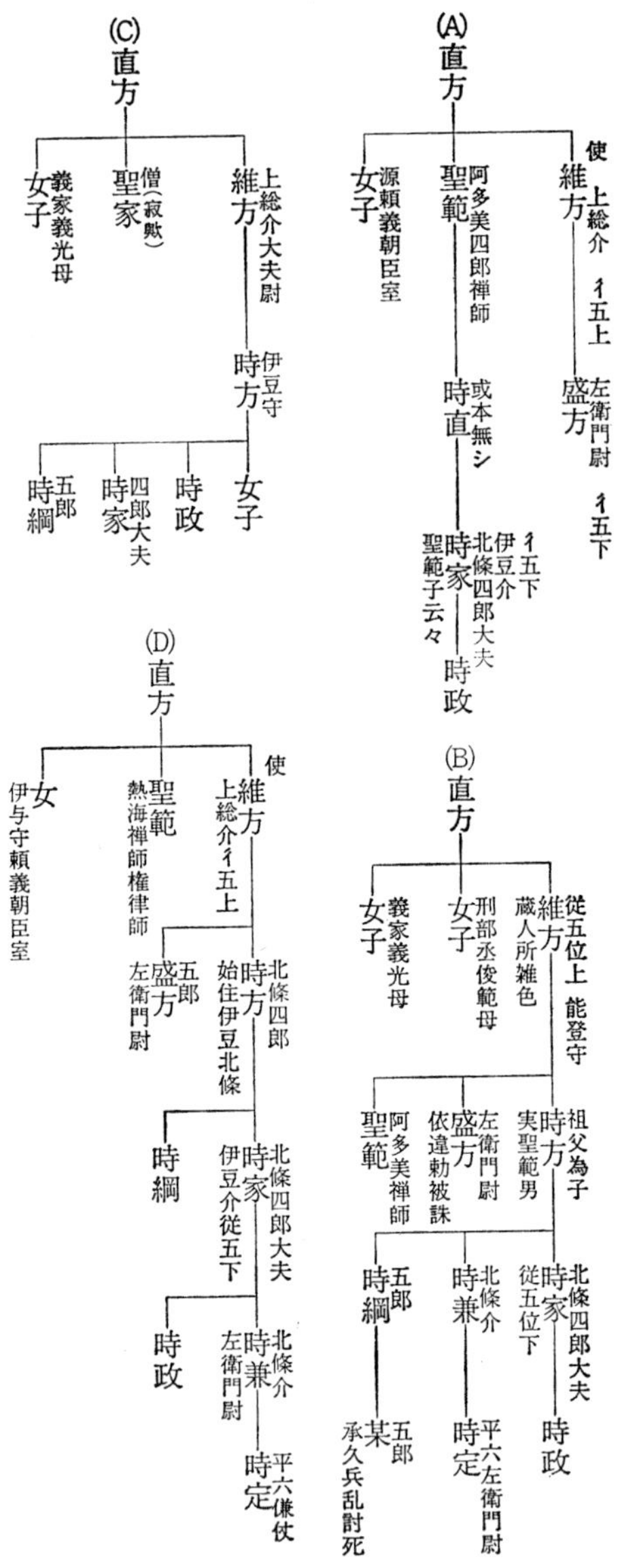

以上の四種の北條氏の系図には、一見して、数多くの相違点があることに気がつく。時政の地位を、直方より代々の嫡系としているのは、(B)と(C)であり、(A)と(D)は、時政を嫡系とはしていない。時政の父が時家であるとしている(A)(B)(D)に対して、(C)は時方を時政の父としている。その時方を時政の祖父としている(B)(D)に対して、(A)には時方の名すらない。だいたい、『鏡』では、直方より時政を「五代」としているが、代の数だけでも、これに合致するのは、(B)(D)

のほか、(A)で「或本無シ」とされている時直を入れて、ようやく、(A)も含められるが、(C)は四代でしかない。(C)に関しては、(A)(B)(D)で時政の父となっている時家が、時政の弟とされていて、しかも、時政と同じく「四郎」であったとされている。以上、大観すると、四種いずれも、確実なものではなく、きわめて信憑性に乏しいと云わざるを得ない。

東国との関係、とくに伊豆国との関係という点にしぼってみると、直方の嫡男という点では四書に共通している維方は、上総介あるいは(B)だけは能登守としていて、伊豆国とは直接の関係をもたない。その点で注目されるのは、(C)では聖家あるいは聖寂とされているが、他の三書では聖範となっている僧が「阿多美禅師」あるいは「熱海禅師」となっていることである。「阿多美」「熱海」は、伊豆国田方郡阿多美郷の走湯山権現（伊豆山権現）のことと考えられる。(A)で「聖範子」となっている時家は、はじめて北条を名乗って、伊豆介となっており、(B)で「実聖範男」となっている時方が、(D)では「始住伊豆北條」して、始めて北条を称している。そして、(B)(D)では、その時方の子、時家が「北條四郎大夫」を称しており、(D)では、さらに伊豆介であったとされている。

なお、(B)によると、直方の嫡男維方の次男である盛方には、「依違勅被誅」とある。この盛方が、(A)では、直方から嫡々相承三代目で、左衛門尉、従五位下となっていて、ここで、代が切れている。盛方の代で、あとが切れているのは、(D)でも、そうである。こんなところから、あらあら類推想像してみると、直方より時政にいたる間は、つぎのようではなかっただろうか。

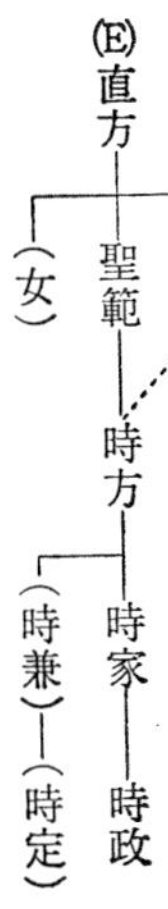

直方が「鎌倉ヲ屋舗トシ」ていたとき、子聖範が走湯山権現に住しており、維方―盛方の嫡系が、盛方の代において、「依違勅被誅」れたあと、時方が嫡系を嗣いで、「始住伊豆北條」して、北條を称し、その子時家の代になって「伊豆介」になっていて、時政の父となったというように、想像したのである。これは、以上の四種の系図から、要目を引き抜いて作り上げた想像でしかないが、おおよそは、そんなところだったのではないだろうか。

『保元物語』下巻の末尾頃に、大島にあった鎮西八郎為朝を追討した伊豆国の武士たちのことが、鹿《(狩)》野介工藤「茂光にあひしたがふ兵たれ〴〵ぞ、伊藤《(東)》、北條、宇佐美平太、同平次、加藤太、同加藤次、最六《(沢)》郎、新《(仁)》田四郎、藤内《(天野)》遠景をはじめとして五百余騎、兵船廿余艘にて、嘉応二年四月下旬に、大島の館へをしよせたり」と記されている。工藤茂光を将とした伊東、北條、宇佐美、加藤、沢、仁田、天野など八氏で五百余騎、兵船二十余艘という数字を、もし信用するとならば、平均五十余騎、兵船二～三艘程度を、各氏が持っていたということになる。これをもって、ただちに、嘉応二年時における北條氏の規模を算定することは、きわめて危険で、十年後の治承四年（一一八〇）九月二十三日、石橋山において、頼朝軍の背後を衝いてきた伊東祐親の軍は、ほとんど伊東一族のみで「三百余騎」であった（『鏡』同日条）。

だいたい、伊豆国は、その中央部が天城山系の山岳地域であるため、国内の豪族武士たちは、いずれも、海浜に面した平地を根拠地とせざるを得ず、いきおい、兵船の一艘や二艘は持っていて当然ということではなかっただろうか。武蔵や相模北西部の武士たちとは、その点で、根本から相違していても、不思議ではない。高尾一彦氏は、伊豆国の雄族、伊東氏と北條氏との間に姻戚関係があったとされ、ともに水軍を擁していたと推測されているが、これは、当然、考えられうることであった（「淡路国への鎌倉幕府の水軍配置」『兵庫県の歴史』七・八号）。

なお、近年になって、杉橋隆夫氏は、北條氏大豪族説を批判否定され、さらに、従来、時政の蔭に散見されただけの存在であった北條平六左衛門尉時定こそ北條氏の嫡宗だったのであり、時政は、本来は庶系であったが、頼朝の外舅としての地位から、ついに、北條家の惣領の地位を占めるにいたったのであるとの説を提示されている〔注〕（「北條時政と政子――その出身と心操――」『歴史公論』昭和五四年三月号）。きわめて重大な指摘であり、(B)において、時政の父時家が「北條四郎大夫」でしかないとき、時定の父時兼が「北條介」であり、(D)においては、明らかに、「北條介」時兼の嫡子が時定であって、時政が時兼の弟でしかなかったことを見ると、杉橋氏の説は、充分、首肯できるものを持っていると云えよう。ただ、若干気になることがあるので、疑問点としてあげておきたい。

今更云うまでもないことであるが〝太郎〟〝次郎〟〝三郎〟などの呼び名は、長男、次男、三男という、兄弟の序列を表わしたものである。源頼義の三子が〝八幡太郎〟〝賀茂次郎〟〝新羅三郎〟であり、それぞれ生まれた順序を意味していることはたしかである。しかし、果して、それだけであっただろうか、それ以外の意味を持つ場合も、ときにはあり得たのではないだろうか。というのは、北條氏の系図を見ていると、「四郎」の名が、いわば通り名のように頻見されるからである。(A)では、「阿多美四郎」の聖範、「北條四郎」の時家がある、(B)では、「北条四郎」時家、(C)では、「四郎大夫」時家、(D)では「北條四郎」の時方、「北條四郎大夫」の時家があり、時政自身も四郎であり、その次男で、鎌倉北條氏二代を嗣いだ義時も、「北條小四郎」「江馬四郎」などと呼ばれている。前記、(E)の想像による惣領の系統図作製の想像の根拠のひとつは、ここにあった。時政以前の北條氏において「四郎」が頻見されるということは、四男のまた四男という、ますます庶系であるという事実を物語るものであるかも知れない。鎌倉北條三代の泰時は、明らかに〝太郎〟であった。通り名・通字は、一般に〝時〟の字を用いる北條氏、〝頼〟あるいは〝義〟の字の源家、〃盛〃の字の平氏など、固有の名前に用いられるのが一般である。〃四郎〃をもととする卑見については、自分でも、まだ、自信がない。

〔注〕杉橋隆男氏が、時定嫡系説を立てられた根拠には、つぎの諸点がある。

(イ)『鏡』建久四年（一一九三）二月二十五日の時定卒去の日に、

平六左衛門尉(時定)於京都卒。北條殿(時政)腹心也。且為彼眼代、且為御使在京、多施勲功訖。人々所惜也。

前左衛門尉平朝臣年四十九

北條介時兼男

文治二年七月十八日、任左兵衛尉、

同五年四月十日、任左衛門尉賀茂臨時祭幷御祈功

建久元年七月十八日、辞退、

と、死没記事に別項をたてて出身・官歴を紹介する形式は、受領以上の者であり、頼朝在世中は、源氏以外の御家人の国守任官が許されていなかったのであるから、時定の場合は、まさに破格の扱いと云える。

(ロ) 時政が無位無官であったとき、時定は早くから傔仗を称し、左兵衛尉、左衛門尉と累進しており、「朝臣」とあるから、五位以上の位階も有していたに相違ない。

(ハ) 時政の父について触れていない『鏡』が、時定の父を「北條介時兼」と明記している。

以上の諸点を根拠として、時定嫡系説をたてられた杉橋氏は、在京中の時定の地位に関しても、「時政の眼代であると同時に鎌倉殿の御使でもあるという二重の性格」をもっていたとも指摘しておられ、時定の子孫が明らかでないのも「時政・時定両者の確執が後世におよぼした影響ではなかろうか」とも言及しておられる。

(二) 北條氏の規模

直方から時政にいたる北條氏の系図に、前記のような各種があり、相互に種々の相違があることは、従来、漠然と信じられていたように、もし、北條氏が大豪族であったとすると、これらの諸系図は、〝大豪族〟北條氏にはまったくふさわしくないものであると断ぜざるを得ない。東国の他の大豪族たちの場合にも、その系図に種々の異同がないわけではないが、北條氏の系図に見られるほどの数多くの差異は見当らない。

北條氏の諸系図からは、もうひとつの事実が読み取れる。それは、時政より以前における分流がほとんどないということである。かろうじて、時兼―時定の系統が、いわゆる北條氏の系譜のなかにやや異質的なものとして存在しているのみで、鎌倉時代における北條氏というと、みな、時政の系統のみであり、それより以前に分流した痕跡は見当らない。これも、当時の東国における大豪族武士団と比較すると、きわめて、その狭少性を感じさせることである。相模国三浦郡に蟠居していた三浦一族は、鎌倉初期における惣領、三浦義澄の下に、安西、津久井、芦名、石田、岡崎、真田、土屋、舞岡、杉本、和田、大多和、多々良、長江、長井、金田、佐原などの諸家を含み込んでおり（『続群書類従』系図部「三浦系図」）、武蔵国の江戸、畠山、小山田、河越、稲毛、葛西が同族であり（『尊卑分脈』桓武平氏。『鏡』治承四年八月二十六日条、同九月二十八日条、二十九日条など）、西湘の中村、土肥、二宮、土屋、小早川など、また一族である（『尊卑分脈』桓武平氏）。狭い伊豆国でも、伊東、工藤、狩野、田代、天野、河津などが同族であり、この一族からは、駿河国の船越、入江、岡辺、息津、蒲原、大田、野辺、渋川、吉香なども生み出している（『尊卑分脈』南家祖左大臣武智麿四男乙麿孫)。

このような例は、枚挙するに数限りなくある。これらの諸例に比して、北條氏の場合、いわば、まるでポツンと孤立しているかのように、その分流の形跡がない。

これを要すれば、系図の面から見ただけでも、北條氏は大豪族らしからぬ氏族であったと云わざるを得ない。

このことを、北條時政自身およびその行動に徴してみると、さらに、大豪族らしからぬものが、数多く見られるのである。

『鏡』の建保三年(一二一五)正月八日条に、北條時政の死没のことが記されている。

去六日戌刻、入道遠江守従五位下、平朝臣(時政)年七十八於北條郡卒去、日来煩腫物給云々、

時政の死亡年月日と享年については、前記(B)(C)系図が死亡の日を「八日」としている以外は、(A)(D)は「六日」に一致している。(B)(C)が「八日」としているのは、『鏡』における死亡記事のある日と誤記したものであろう。この年、七十八歳で死亡したというのであるから、逆算すると、保延四年(一一三八)の出生ということになろう。「武家年代記」には、「保延四生」と記されている(『続史料大成』)。

文治元年(一一八五)十一月二十五日、義経・行家追討と守護・地頭設置の奏請のために、北條時政は入京したが(『鏡』同日条)、このことを伝え聞いた京都の九條兼実は「頼朝代官北條丸」と時政のことを記している(『玉葉』同二十八日条)。このとき、時政は、実に四十八歳に達していたはずである。その四十八歳の時政が、〝北條丸〟と呼ばれているのである。これよりさき、治承四年の頼朝の挙兵を伝え聞いた九條兼実は、これを将門の乱と比定して、京都政界以外の地に関するその知識認識の欠如していることを暴露してしまっているが、それから五年もたち、平家の都落ち、

木曽義仲の失脚、平家の滅亡、そして鎌倉勢力の伸張という時勢の流れの前には、いやおうなく、東国に目を向けざるを得なかったであろうから、東国政権の主である頼朝の外舅として、時政の存在ぐらいは知っていたものと思われる。だからこのとき、時政になんらかの官位があったならば、東国武士を蔑視していた兼実とても、そのことを書き記したであろう。にもかかわらず、時政は、無位にして無官、ただの「頼朝代官北條丸」なのである。だいたい、〝――丸〟というが如き呼び名は幼名である。義朝の末三子が、今若丸、乙若丸、牛若丸であり、北條泰時の幼名が「金剛」丸である（『鏡』建久五年二月二日条）。四十七歳の時政が「北條丸」と呼ばれたとき、あまり尊敬されたものとは思えないのである。

後白河法皇とその近臣たちを相手とした、困難なる外交接衝戦において、見事に勝利をおさめて、関東に帰るとき、時政は、洛中警衛のために、一族の平六時定を将とした三十五人の被官を京都に残している（『鏡』文治二年三月二十七日条）。そのおり、帥中納言経房を通じて奏進された折書には、京都に留まることになった人々の名が注されている。

注進京留人々

合

平六傔仗時定	あつさの新大夫	の太の平三	やしはらの十郎
くはゝらの次郎	ひせんの江次	さかを四郎	同八郎
ないとう四郎	弥源次	ひたちはう	へいこの二郎
ちうはち	ちうた	うへはらの九郎	たしりの太郎
いはなの太郎	同次郎	同平三	やわたの六郎

のいよの五郎太郎　同三郎　同五郎　しむらの平三
とのおかの八郎　ひろさはの次郎　い屋四郎　同五郎
同六郎　かうない　大方十郎　平一の三郎
いかの平三　同四郎　いかの五郎

已上三十五人

三月廿七日　平（判）

まさに、いずれを見ても、やまが育ちとしか云いようのない名乗りの者ばかりである。かりにも、後白河法皇に奏進される注進状の交名である。ある程度までの実体があったならば、名乗りに書き加えられるべきであろうが、それがまったくない。主である時政自身が無位無官なのだから、その郎従らも当然、無位無官であってしかるべきではあろうが、それにしても、これはひどすぎるといわざるを得ない。なんとか官職あるいはそれらしきものを帯びているのは、一族の「平六傔仗時定」と「あつさの新大夫」だけである。

当時の武士社会においては、名乗りには生国、本貫地、所領などの地名が冠されることがしばしばある。このことを一の手掛りとして、なんらかの関係があったものと想像されるものを抽出してみると、つぎのようになる。

あつさの新大夫（長門国厚狭郡厚狭郷）　やしはらの十郎（駿河国志太郡芦原郷）
くはゝらの次郎（伊豆国田方郡桑原郷）　ひせんの江次（肥前国）
さかを四郎（相模国足柄郡酒匂）　同八郎（同）
ひたちはう（常陸国）　いはなの太郎（下総国相馬郡大井郷岩名）　同次郎（同）

大方十郎（上総国豊田郡大方郷）　いかの平三（伊賀国）　同四郎（同）　いかの五郎（同）

これらは、なんとか地名を牽強付会したにすぎず、これをもって、それぞれの地名の場所の出身者であったとは断定し得ず、ましてや、その地の領主であったとは、ますます云えない。この点で、やや例証傍例となり得るのは、大方十郎であろうか。彼の名が、上総国豊田郡大方郷に由来していたものとすると（これもひとつの仮定にすぎないが）、やや論を進めて、他を類推することも、やや可能になる。

上総国大方郷は、寛元元年（一二四三）十一月十一日付文書に、

一、三鳥居一基、大方郷役、関[左衛]門尉

とあって（『鎌倉遺文』六二四七号、六二四八号）、あきらかに、まだ得宗領となっていない。これが、得宗領となるのは、宝治元年（一二四七）六月五日の宝治合戦において、その関左衛門尉政泰が戦死したあとのことで（『鏡』同二十三日条）、文永年間頃には得宗被官領となっていた（年欠造宮記録断簡、「香取文書」『千葉県史料』中世篇）。

だとすると、大方十郎が時政の郎従として在京していた時期には、大方郷は、まだ北条氏の所領にはなっていなかったと考えられる。また、この時点において、大方十郎が大方郷の領主であったという可能性も低い。彼が大方郷の領主であったとすれば、時政の郎従となるよりは、一般的な御家人になるのが普通であり、また、大方郷が時政の郎従の大方十郎の所領であったとすれば、その後、北条氏の勢力は伸張してゆくのであるから、それが一般御家人の関氏の所領になるはずがないのである。[注]

このように考えてゆくと、大方十郎の名乗りが下総国大方郷に由来していたとすると、それは、彼の出身地を表わすにすぎないものであって、領主であったことを示すものではなかったと考えられる。さらに、領主でもないのに、

地名を名乗りに用いていた彼のその地における存在は、せいぜい名主クラスか、あるいは、それ以下のレベルのものだったことを暗示している。このことは、他の三十三名（大方十郎と北條時定を除いた）の場合にもあてはまるものではないだろうか。

の太（野田）、うへはら（上原）、たしり（田尻）、やわた（八幡）、しむら（志村）、とのをか（殿岡）、ひろさは（広沢）なども、また、どこかの地名に由来した名乗りかも知れないが、これまた、その地の領主であったというのではなく、その地の出身という程度の意味しかもたなかったのであり、それも、その地における名主クラス以上のレベルのものではなかったであろう。

以上の三十五人のうち、明らかに伊豆国出身と判るのは、北條氏の同族である傔仗時定のみであるが、ややはばを広げて、伊豆国の出身ではないだろうかと想像されるのは、伊豆国田方郡桑原郷と音韻が一致する「くはゝらの次郎」のみである。精々、点を甘くしてみたところで、三十五人のうち、挙兵以前から北條氏の氏人あるいは郎従であったかも知れないものはわずか二人だけである。他は、みな、北條氏の勢力伸張に伴って、その下に従ってきた新附のものだったかと思われるのである。

文治二年に時政が京都に残した三十五人の郎従の主将は、もちろん、一族の平六時定であったが（『鏡』同三月二十四日条）、副将格であったのは、「ひたちはう」、つまり、常陸房昌明であった。ほぼ同じ頃、時政が地頭となっていた最勝寺領越前国大蔵荘では、「北條四郎時政代時定并常陸房昌明等」が押領のことを行なって訴えられている（『鏡』文治三年九月十三日条）、ここに「昌明等」とあるのは、この三十五人が一括して考えられていたものであろう。

京都の治安維持を目的として、京都に残されたこれら三十五人は、大蔵荘のみならず、「陸奥所」という仮名を立てて、河内国の国領をも押領しており（『鏡』建久元年八月三日条）、その本来の任務をも果し得ず、京都には群盗が蜂起し、散在武士が狼藉を働いていた（『鏡』文治二年五月十三日条、同八月十九日条、同二十七日条）。京中が静謐に帰するのは、下河辺行平、千葉介常胤の上洛を待たなければならなかったのである（『鏡』文治三年十月八日条）。もと、比叡山延暦寺の住侶で、「武勇得其名」ていた常陸房昌明も（『鏡』文治四年六月十七日条）、この程度の存在だったのである。

〔注〕一度手に入れた所領あるいは所職を、北條氏が返付した例は、数少ない。一は時政の場合で、「諸国被補惣追捕使并地頭内、七箇国分」を後白河法皇より拝領した時政は、ただちにこれを上表、「尤穏便」として、これまたすぐに受理されてしまっているのが、これである（『鏡』文治二年三月一日条、同二日条、同七日条）。二は泰時の場合で、建保元年（一二一三）十二月十八日に彼の所領となっていた伊豆国阿多美郷地頭職は、仁田四郎忠常によって顚倒された走湯山権現の神領であったのを、その忠常が建仁三年（一二〇三）九月六日、比企氏事件の余波で殺されたあと、泰時が拝領したものであったが、その根本の由緒をこの日に知った泰時は、すぐに、この地を放生の地として、走湯山に寄進している（『鏡』同日条）。寄進とはいうものの、その実態は、前後の関係から見て、返付にほかならない。三は時氏が高野山に返付した紀伊国神野真国荘である。この荘は、本来は、神護寺領であったが（『鎌倉遺文』八九号、三三八号）、建久十年（一一九九）三月十九日に神護寺の文覚上人が佐渡に配流されたあと、同年の五月六日に、「旧田之小将公」と称する者が、五十余人の所従を率いて荘内に乱入、種々の非法を張行したので地主備後法橋智秀が高野山に寄進したのである（『鎌倉遺文』一〇六〇号）。その後、いつの頃か、後鳥羽院の近臣、按察使藤原光親の領となった。光親のこの荘における所職は、本家が高野山であったから、領家あるいは預所職であっただろう。が、承久三年（一二二一）七月十二日、承久の乱の直接の契機となった義時追討の宣旨を書いた本人として、駿河国加古坂において梟首された（『鏡』同日条）。神野真国荘における光親の所職は没官所に入れられ、関東から地頭が置かれようとしたが、安達景盛の尽力によって、地頭はおかれないことになった（『鎌倉遺文』二八三一号）。その後、しばらくは、弘法大師の「手印之最中」であるということで、地頭は不設置のままであった（『鎌倉遺文』二八五一号、二八五三号、二八五八号、二八五九号）。ところが、いつのことか、時氏が同荘の地頭になったようであるが、これに対して、高野山の衆徒が

訴えてでたので、嘉禄三年（一二二七）九月九日、二階堂行村の仲介もあって、時氏は地頭職を高野山に返付している（『鎌倉遺文』三六四四号、三六六四号）。

以上の三例は、いずれも特例的なもので、いったん北条氏領となったもので返付された例はほかにもあろうが、全体として、きわめて少なかったであろう。

なお、大方氏については、『鏡』建保元年五月二日条に「大方五郎政直」、同六日条に「大方小次郎」「同五郎」があり、和田氏方に与していて、「山内人々」のなかに含まれているが、この大方十郎との関係は不明である。

(三) 北条氏の本領

文治二年に時政が京都に残した郎従三十五人が、この時点における北条氏の軍事力のすべてであったわけではない。が、挙兵より五年を経たこの時点においても、この程度の兵力しか京都に残しておけなかったほど、北条氏の兵力は少なかったわけである。

その兵力の弱小性の故であろう。治承・文治の内乱において、北条氏が出陣参加した合戦は、数えるほどしかない。緒戦である山木判官兼隆への夜討ちと、止むを得ず遭遇戦を演じてしまった石橋山合戦のほかは、豊後国芦屋浦合戦において、太宰少弐種直の軍勢と義時が、下河辺行平、渋谷荘司、品河三郎らと共に戦い（『鏡』文治元年二月一日条）、十一名の武士と共に頼朝から賞状を得ているのみである（『鏡』同三月十一日条）。

このように、前後五年間の治承・文治の内乱にさいして、北条氏は、軍事的な側面においては、ほとんど、なんらなすことなくおわっている。このことは、まさに、この時点までにおける北条氏の軍事力の弱小性を示しているものといわざるを得ない。

軍事力の規模は、ある程度まで、その経済力の多寡にかかわっている。治承四年時における北條氏の所領規模は、どの程度のものだっただろうか。

北條氏の本領の所在地が、現在の静岡県田方郡韮山町字北條であったことは、まず間違いないものと思われる。律令制下の伊豆国田方郡は、新居、小河、直見、佐婆、鏡作、茨城、依馬、八邦、狩野、天野、吉妾、有雑（有弁）、久寝の十三郷に分かれていた（『倭名類聚抄』）。このうち、平安末期から鎌倉初期には、直見郷が阿多美郷、茨城郷が棘木（『鏡』治承四年八月十七日条）、狩野郷が狩野荘（『鏡』文治四年六月四日条、文暦二年八月二十一日条）、依馬郷は江間（郷）となっていた（『鏡』養和元年四月七日条。『曽我物語』巻二）。

このように、北條氏の苗字の地、本貫の地であったこの北條は、律令制下での郡でもなく、また郷ですらなかったわけである。

ところで、前記の律令制下における田方郡内の十三郷での平安末期の豪族領主たちを洗い出してみると、つぎのようになる。

狩野荘となっていた狩野郷には、伊豆大島に源為朝を討った「狩野介茂光」が嘉応二年（一一七〇）四月下旬より以前におり（『保元物語』下巻）、治承四年八月二十日に、頼朝が伊豆を出て石橋山に向ったときに、頼朝につき従っていた伊豆・相模の武士たち四十六騎のなかに「工藤介茂光」があった（『鏡』同日条）。同様に、為朝を討ったものの一人「藤内遠景」は、また頼朝の伊豆出国のおりの随従者四十六騎のなかの「天野藤内遠景」であり、天野郷の領主であったと思われる。依馬郷は、この時期には〝江間郷〟と記していたらしいが、流人時代の頼朝の子を生んだ伊東祐親の娘が嫁がせられたのが「江間小四郎」である。のちの北條義時の名乗りとは一致するが、もちろん別人であろう。のちに、頼朝によって討たれたという（『曽我物語』巻二）。当然、江間郷の領主であったと思われる。律令制下での新居郷の地内にあったと思われる仁田の地には、「新《仁》田四郎忠常」がいた。これも、四十六騎の一人であった。この仁田忠常によって、のち、その所領阿多美郷地頭職を顚倒されたのが、走湯山権現である（『鏡』建保元年十二月十八日条）。仁田忠常が旧新居郷の領主で、走湯山権現が阿多美郷を領していたものと考えられる。

北條の地と対句的な南條の地から由来したと思われる南條氏は、のち、得宗被官となっているが、鎌倉末期の延慶二年（一三〇九）二月二十三日にも、まだ「いつ《伊豆》の国なんてふ《南條》の南方たけ《武》正みやう《名》」を所領として有していた（南條時光自筆譲状、「大石寺文書」『静岡県史料』二輯）。

嘉応二年の為朝追討に従った伊豆の武士のなかに「加藤太、同加藤次」という者があったが、その「同加藤次」は、山木夜討ちに際して、山木判官兼隆の首級を挙げた加藤次景廉であり（『源平盛衰記』巻二十）、伊豆出国の四十六騎のなかの「藤次景廉」であった。その四十六騎のなかには「加藤五景員」「同藤太光員」の名もある。加藤五景員は、伊勢国の出身であったが、工藤茂光を頼んで、伊豆に下向したというが（『源平盛衰記』巻二十）、嘉応二年以前から伊豆国の住人となっていたものである。文暦二年（一二三五）八月二十一日に、「伊豆国狩野荘内牧郷地頭職」をめぐって、加藤景義と同景朝が相論をしているが、それによって「当郷者、伯父故伊勢前司光員所領也、承久三年五月卅日亡父景廉拝領之」ということが判る（『鏡』同日条）。平安末期には、狩野荘内に前記の工藤氏のほか、この加藤一族も蟠居していたことが知られる。

伊東荘と宇佐美荘は、ともに旧有雑郷内の地と思われるが、為朝追討の将に「伊藤」「宇佐美平太、同平次」があり、頼朝の四十六騎には「宇佐美三郎助茂」があり、これを追撃して、石橋山において頼朝を襲撃したのが「伊東二郎祐親法師率三百余騎」であった（『鏡』治承四年八月二十三日条）。

そして、旧小河郷内には、三島神社が鎮座しており、そのほかに、平家方の山木兼隆、堤権守信遠がいたわけであるが、これは、北條の地を含む茨城郷（棘木）内の地であったと思われる。さらに、頼朝の四十六騎にある「那古谷橘次頼時」も、文覚上人が流されたという「伊豆国奈古屋」、あるいは「奈古屋寺」のある地を領していたものと思われるが（『平家物語』巻五。『源平盛衰記』巻十九）、この地は旧茨城郷内にあったらしい。また、為朝追討勢中の「最《（沢）》六郎」は、その名より佐婆郷の人であったと思われるが、治承年間前後には現われてこない。

以上に述べた伊豆国田方郡内の十三郷における豪族および神社の蟠居の様相を、表示してまとめるとつぎのようになる。

新居郷	仁田				
小河郷					
直見郷	走湯山権現				
佐婆郷	沢				
鏡作郷					
茨城郷	北條	南條	山木	堤	奈古谷
依馬郷	江間				
八邦郷					

狩野郷　工藤　加藤
天野郷　天野
吉妾郷
有雑郷　伊東　宇佐美
久寝郷

さして広大でもない田方郡内に、これだけの勢力が存在していたのであり、なかでも、北條氏のいた茨城郷がもっとも混んでいたのであるから、この状態が続いていたならば、北條氏の勢力伸張は望み得べくもなかったかも知れない。また、同時に、北條氏の勢力圏が、いかに狭小なものであったかということも、かなりのところまで推測できるであろう。

なお、北條の地は、その文字から見ても、条里制に基づく地名であることがわかる。それが、鎌倉時代になると、「北條郡」として出現してくるのである（『鏡』建保三年正月八日条）。文治五年（一一八九）六月六日、時政が願成就院の建立を計った「伊豆国北條」が、この〝北條郡〟の意味だったとすると、そこには「所謂、南條、北條、上條、中條、各並境」べていたわけであるから（『鏡』同日条）、少なくとも、この時点には、北條郡には以上の四郷があったことになる。年代的にはかなり下るが、暦応二年（一三三九）四月五日付文書には、

北條五箇郷原木　山木　肥田　中條　南中村

の記載がある（足利直義寄進状案、「北條寺文書」『静岡県史料』一輯）。

また、建武元年（一三三四）八月十五日付文書には、「北中村、安富、鶴喰、糠田」の記載があり（足利尊氏御教書、「三島

神社文書」『静岡県史料』一輯）、また、同二年三月十二日付文書には「北中村、安富、鶴喰、糠田、御薗、長前、宮倉、神護」の地名があるが（雑訴決断所牒、「三島神社文書」前出）、前記の「北條五箇郷」のうちに〝南中村〟があり、建武の文書二通にある〝北中村〟と対応するものとすれば、これらはいずれも、いわゆる〝北條郡〟内の諸郷の名ということになる。律令制下における郡ではない新出のこの〝北條郡〟がいつ成立したかによって、ある程度まで、北條氏の勢力範囲が判るかも知れないが、管見の限りでは、時政死没の記事にかかる前記『鏡』と『増鏡』においてしか「北條郡」「北條の郡」は見当らなかった。鎌倉時代も末期になった頃には、

北條　南條　上條　中條　安富　鶴喰　原木　山木　肥田　糠田　御薗　長前
宮倉　神護　北中村　南中村

などの諸郷を、北條郡は内在させていたものであろうが、このうち、少なくとも、南條・山木の二郷を差し引かなくては、治承四年時における北條氏の所領というわけにはいかないばかりか、御薗郷の場合には、「三薗三原谷郷沙汰職」が、治承四年八月十九日に頼朝から三島神社に寄進されているから（源頼朝下文、「三島神社文書」前出）これらも差し引かなければならない。

だいたい、〝北條郡〟というものが、挙兵以降、時政死没までの北條氏の勢力伸張の過程において形成されたという可能性もないわけではないのである。ただ、上総介の場合などは当然として、千葉介、三浦介など郡名を冠した〝介〟の傍例と、前記、北條氏の系図において、時定の父時兼が「北條介」を称していた例とを勘案すると（Ⓑ Ⓓ）、挙兵のときより以前に、すでに〝北條郡〟が成立していた可能性もある。しかし、この場合でも、その〝北條郡〟のすべてが、挙兵時における北條氏の所領であったと見ることは許されないのである。

㈣　北條氏の伝説

平安末期の伊豆国では、律令制に基づく郡郷制はすでに改変され、国衙領は、新しいかたちでの郡郷制をとっていたようである。それが、前記した北條郡とその下の諸郷などであったかと思われる。その意味で、北條氏一族から伊豆国の在庁官人を出していたかも知れない。系図の(A)および(D)では、時政の父時家が「伊豆介」であり、(B)および(D)では、時定の父時兼が「北條介」となっている。諸系図のうち、もっとも疑わしい(C)によれば、時政の父時方は「伊豆守」になっているが、これは、この系図をもっとも疑わしくさせているもののひとつである。

時定が、かなり早い時期である文治二年（一一八六）三月二十七日に「傔仗」の官職を帯しているが（『鏡』同日条）、それより以前の『鏡』の治承四年八月二十日条、文治二年三月二十四日条においては、ただの「平六時定」と記されているだけなので、その任官の日が挙兵以前であったかどうか判然としない。しかし、時政は、この時期、少なくとも『鏡』によれば、まだ、ただの「北條四郎時政」、あるいは「北條殿」でしかなかった。このようなことから、杉橋氏の時定惣領説が主張される一の根拠ともなっているのである。

北條時政自身が伊豆国の在庁官人であったかどうか判然としない。時政が伊豆国の在庁官人であったという説を最初に主張したのは、大塔宮護良親王であった。「伊豆国在庁時政子孫高時法師」を追討することを命じた元弘三年（一三三三）四月一日付「大塔宮護良親王令旨」がこれである（「熊谷家文書」『大日本古文書』家わけ十四）。しかし、これよりやや さきだって、同年三月十五日に同じ護良親王が発した同種の文書によると（大塔宮護良親王令旨案、「結城文書」『福島県史』7、古代・中世資料）、「伊豆国在庁高時法師」となっていて、明らかに伊豆国の在庁官人どころではなかった北条高時が〝在庁〟であったとしている。同じ頃、同じく高時追討を命じた後醍醐天皇の綸旨では「前相模守平高時法師」となっていて（元弘三年四月一日付　後醍醐天皇綸旨案、「結城文書」前出。同月十日付後醍醐天皇綸旨案、「榊原家所蔵文書」および同月十七日付後醍醐天皇綸旨案、「結城文書」、ともに『神奈川県史』資料編2、古代・中世⑵）、真に正鵠を得ている。高時をもって、「伊豆国在庁」および「前相模守」とする令旨と綸旨の両方を受けた結城宗広は在庁とする令旨に対しては「伊豆国在庁高時法師」と記した請文を呈出し（同年五月九日付道忠結成宗広軍忠状案、「結城文書」『福島県史』）、前相模守と記した綸旨に対しては「前相模守平高時法師」とおうむ返しに記した請文を呈出している（同六月七日付結城宗広請文案、「結城文書」前出）。

護良親王が高時までも在庁官人であるとしたのは三月十五日であるが、四月一日には「在庁時政子孫高時法師」と修正されたわけである。「在庁高時」と書いた三月十五日の時点における護良親王は、(イ)高時が在庁官人どころではないという事実を知らなかったか、(ロ)知っていながら、高時を軽んずることによって蔑視の気分を表現したか、あるいは、(ハ)かつて時政が在庁官人であった事実と混同したかのどれかである。このさい、当面の敵の首魁であり、鎌倉幕府の長である高時を、伊豆国の在庁官人と誤認することは、まずあり得ないことのように思われる。同様の理屈で、時政と高時とを混同することもないようにも思われる。とすると、残るのは、高時蔑視の気分から、そう書いたものということになる。それは、わざわざ高時から九代もさかのぼって「時政子孫高時」と記さねばならぬ必然性がないことから見ても、考えられることである。建武一統の世になってからの護良親王の武家蔑視の傾向は、『太平記』にも散見するところである。四月一日になってから、わざわざ「伊豆国在庁時政子孫高時法師」と記して、前書をいわば訂正しているさいにも、そこには、軽蔑の気分が感ぜられるようである。同時代人であった高時についてすら、蔑視の意図をもっていたにせよ、一時は「在庁」と記してしまったほどの護良親王が、それよりも九代もさかのぼる時政について、どれほどの知識をもっていたであろうか。このように考えてくると、時政をもって伊豆国の在庁官人であったとする護良親王の見解は、きわめて信憑性に乏しいといわざるを得ない。皮肉なことに、時政を伊豆国在庁と貶したつもりの護良親王の記載は、もしかしたら、事実としては、在庁官人ですらなかった時政の地位を、反対に引き上げてしまったかも知れないのである。当面、時政が「伊豆国在庁」官人であったとする護良親王の令旨が信憑性に乏しいとすれば、現在のところ、時政が在庁官人であったかどうかという問題も、その解決は保留しておかなければなるまい。

それにしても、時政が事実として、伊豆国の在庁官人であったかどうかは別として、そのように護良親王たちに信じられるようになったのはどうしてであろうか。この問題の解答は、二種ある。ひとつは、それが事実だったからであるというものである。もうひとつの解答は、北条氏の急激なる勢力伸張とこれに眩惑された世人が作り出したいくつかの伝説によるものではないだろうかというものである。

はるか後代のものであるが、『太平記』（巻五）は、北条氏の九代にわたる権力の縁因が、初代時政の前世での善根に対する功徳にあるとする伝説を、つぎのように記している。

今、相模入道（高時）ノ一家、天下ヲ保ツ事、已ニ九代ニ及ブ、此事有故。

昔鎌倉草創ノ始、北条四郎時政榎島（江ノ島）ニ参籠シテ、子孫ノ繁昌ヲ祈ケリ。三七日ニ当リケル夜、赤キ袴ニ柳裏ノ衣着タル女房ノ、端厳美麗ナルガ、忽然トシテ時政ガ前ニ来テ告テ曰、

「汝ガ前生ハ箱根法師也。六十六部ノ法華経ヲ書写シテ、六十六箇国ノ霊地ニ奉納シタリシ善根ニ依テ、再ビ此土ニ生ル事ヲ得タリ。去バ子孫永ク日本ノ主ト成テ、栄花ニ可誇。但其挙動違所アラバ、七代ヲ不可過。吾所言不審アラバ、国々ニ納シ所ノ霊地ヲ見ヨ」

ト云捨テ帰給フ。其姿ヲミケレバ、サシモ厳シカリツル女房、忽ニ伏長二十丈許ノ大蛇ト成テ、海中ニ入ニケリ。其迹ヲ見ルニ、大ナル鱗ヲ三ツ落セリ。時政所願成就シヌト喜テ、則彼鱗ヲ取テ、旗ノ文ニゾ押タリケル。今ノ三鱗形ノ文是也。其後弁才天ノ御示現ニ任テ、国々ノ霊地へ人ヲ遣シテ、法華経奉納ノ所ヲ見セケルニ、俗名ノ時政ヲ法師ノ名ニ替テ、奉納筒ノ上ニ大法師時政ト書タルコソ不思議ナレ。サレバ今相模入道七代ニ過テ一天下ヲ保ケルモ、江嶋ノ弁才天ノ御利生、又ハ過去ノ善因ニ感ジテゲル故也。

初期北條氏の勢力の小規模なることを知悉していた当時の人々が、このような仏教的な善因善果の説によって、北條氏の飛躍的な勢力伸張をみずから納得しようとしたために、この種の伝説が生じたものであろう。それだけ、当時の世人にとって、北條氏の急激なる勢力伸張は、驚異の事だったのであり、さらには、それだけ世人の驚嘆のまとなるほどにまで、初期北條氏の勢力規模は小さかったのであろうと推察されるのである。

　このような北條氏の突然の出現とその勢力の急激なる伸張は、時人を驚嘆させたものであったと思われるが、この種の仏教的因果観によって、これを理解、すくなくとも納得しようとしたことは、すでに、嘉元三年（一三〇五）より以前には、一般に流布されていたものと思われる。その年に無住一円の著わした『雑談集』にも、つぎのように記されているのである（『古典文庫』）。

相州《（貞時）》禅門ノ事、（中略）彼先祖《（時政）》、夢想ノ事アリテ、七代保タルベシ云々。然ルニ仏法ヲ信ジ徳政行ハレ諸寺ニ寄進ノ事有之。尤モ久シク保タルベキ歟。

この種の伝説は、北條氏の勢力が僅々一世紀余の短期間に、後世から得宗専制と称されるほどにまで伸張したことに、驚嘆の気持を抑えきれなかった当時の人々の気持が生み出したもので、このいわば北條氏の出世譚が、当時の普通の常識を超えてしまっていたため、仏教的な輪廻とか善因善果の説によって、強いて納得しようとしたものであると解し得る。〔注1〕このような理解あるいは納得のしかたは、初期北條氏の勢力規模などをある程度まで知っていた東国豪族層やそれ以下の層の人々によって行なわれたものと推測されるが、〔注2〕これに対して、初期北條氏の勢力や所領の規模に関して、まったく知識を欠いていた京都の貴族層、とくに大塔宮護良親王たちは、その飛躍的な勢力伸張に驚嘆の目を向けることができず、かえって、初期北條氏が、その頭初から、千葉介、上総介、三浦介程度の存在であったと誤認してしまっていたのではないだろうか。

東国に育ち、東国に生活してきた東国における武士や農民は、現実の北條氏の勢力伸張をまさに目のあたりに見てきたため普通の常識では納得できず、仏教的な発想によって納得しようとしたのに対し、京都の貴族たちは、勢力伸張後の北條氏しか知らず、一応の常識以上の学問教養があったため、かえって常識的な判断を行なって、勢力伸張後の北條氏から逆にその以前の様相を類推して、時政の代において、すでに、伊豆国の在庁官人であったとしてしまったものではないだろうか。その逆推の結果が、護良親王の「令旨」にある「伊豆国在庁時政」という文字になって現われたのかも知れないのである。だとすると、これは、事実誤認の疑いが濃いものである。

このように考えてくると、時政が伊豆国の在庁官人であったという通説も、かなり信憑性に乏しいことになるが、前記の(B)の系図には、時政の母を「伴為房女」と記し、(D)では「母伊豆掾伴為房女」と記していて、すくなくとも、

(B)(D)では時政の父となっている時家は、伊豆国の在庁官人の娘を妻としていたことになっている。挙兵以前における北條氏の通婚圏を知るもう一つの手掛りとなるのは、時政自身の妻である。時政の先妻に関しては、まったく史料がないが、後妻となった牧の方に関しては、駿河国「大岡牧」(『鏡』治承四年八月二十八日条。『愚管抄』)、あるいは「大岡荘」(『鏡』元暦元年四月六日条)の領主であった大舎人允宗親の娘で、五位の尉、大岡判官時親の妹であったということが知られるが、牧の方の父と兄の官位が、挙兵以前のものであったかどうかは判然としない。そればかりか、時政と牧の方との間に最初に生まれた政範は、建仁三年(一二〇三)十一月五日(「北條系図」『続群書類従』系図部)、あるいは、元久元年(一二〇四)十一月五日に(『鏡』同日条)、十六歳で死没したというから、逆算すると、文治三年(一一八七)か同四年の出生ということになり、時政と牧の方との結婚は、これより以前とだけしかわからず、挙兵以前のことであったかどうかも判然とはしない。かりに、挙兵以前とすれば、北條氏の通婚圏が隣国の駿河国にも及んでいたということであり、時政が在庁官人であった可能性も、やや出てくると見ることができるかも知れない。

時政が伊豆国の在庁官人であったかという問題に対する解答は、いまのところ、まだ、保留にしておかなければならないであろう。

〔注1〕『太平記』でも「雑談集」にも、共通して、時政の善因の及ぶ範囲を「七代」までとしている。七代とは時宗のことである。それ以降の貞時、高時に関しては、この七代の間において「仏法ヲ信ジ徳政行ハレ諸寺ニ寄進ノ事有之。尤モ久シク保タルベキ歟」としているのが無住である。七代時宗と八代貞時との間に、このような差異があるのは注目に値する。時頼、時宗の代において成立した得宗専制が、ようやく世人の目を惹くようになり、時宗と貞時とに差を見出すようになったのかとも思われるが、むしろ、時頼の代に成立した得宗専制が、貞時の代になって、御内宿老専制へと、さらに変質したことが、ただちに世人の注意を惹いたものとも解釈し得るのである。なお、これとはまったく別に、当時、「七代」ということにある種の特

別な意味が含まれていたのかも知れないとも思われる。文治五年（一一八九）八月、大宰府天満宮の某に宛てた「源頼朝下文」には、「雖有罪科、七代者可御免」とあり（『鎌倉遺文』四〇三号）、さらに、今川了俊の「難太平記」によれば、八幡太郎義家の置文に「我七代の孫に吾生替りて天下を取べし」とあったともいう（『群書類従』合戦部）。

〔注2〕「雑談集」の著者、無住一円の系譜について、渡辺綱也氏は、

大日本仏教全書所収本、延宝伝燈録「生于相州鎌倉県。武族梶原氏子」とあるのを除けば、無住の出目に関して記している書は、殆んど梶原氏にゆかりの者としている。即ち、本朝高僧伝は梶原氏、無住国師道跡考は梶原景時の末裔、開山無住国師略縁起は源太景季の叔父、群書一覧は梶原景時の甥、弁疑書目は梶原景時の三男、鉄酸餡・東福寺末寺誌は、櫓原氏の族也、或称梶原源太叔父也とする。

として、梶原氏説を支持しておられる（岩波書店刊、『日本古典文学大系』所収「沙石集」の解説）。少なくとも、無住が東国の出身であり、東国武士にその出目を有していたことには間違いないようである。ということは、無住の著である「雑談集」に記してある北條氏関係の伝説が、当時、東国における武士社会一般に広まっていたものと見做し得るものであろう。

第二章　頼朝存生中の北條氏

(一)　将軍家御外戚

全体として山がちであった伊豆国においては、狩野川流域にややまとまったかたちでの平野部があるにすぎない。それが田方郡の地である。律令制下において、なんとか十三郷になっていたところであるが、平安末期には、この地に十指に余る豪族武士団が簇出蟠居していたのである。これらの武士団は、伊豆国の国府に近いところに、その本領を有していたこともあって、それなりに中央政界の情報にもある程度まで通じており、そのため、伊東、江間など若干の氏族を除くと、〔注1〕頼朝の挙兵にさいしては、いち早く平家に見切りをつけて、頼朝の傘下に結集するという政治的な博奕をうつ程度の政治性は有していたようである。武蔵野平野と秩父山系などの地形的条件によって、国衙に対して求心的な傾向をもたず、各個に分立していた畠山、河越、豊島、江戸等々の武蔵国の豪族武士団の多くが、このような地形的条件に基づく情報蒐集とそれによる情況判断に誤りをもち、頼朝の挙兵の後も、しばらくは、その麾下に馳せ参じてこなかったのと、好対象である。〔注2〕

しかし、これだけ情勢判断など、政治性を身につけていた伊豆国の諸豪族たちのなかでも、北条氏の場合は、とくにこれらを抽きん出るものをもっていた。かなり早い時期において、流人であり、いざとなれば、当然、平家から睨まれるはずの頼朝を女婿としていたことは、このことを示しているものと云えよう。この北条氏の場合にとくに卓越していた政治性は、狭小な田方郡内にあって、周辺を大小の豪族武士たちに囲まれていたことによって、見事なまでに琢磨されたものであろう。通常、云われているようなその本領が国衙に近かったからというだけのものではなさそうである。石橋山合戦に打ち負けて、杉山の中を逃げ隠れていたとき、時政と次男義時が箱根を越えて甲斐国に向い、嫡子宗時は、別に土肥山より桑原郷に降り、平井郷を経て早河に向っているように、いずれか一方だけでも助かろうという危険分散の方策がとられているのも、この政治力の一例であった。事実、嫡子宗時はこのときに、平氏方の平井郷の名主紀六久重に討ち取られているが、別の道を行った時政・義時は助かったのである（『鏡』治承四年八月二十四日条）。

このような北条時政の他に比して、すこぶる卓越していた政治性とそれに基づく政治力は、いち早く〝政治家〟頼朝の着目するところであった。挙兵に先立って、「於真実密事者、北条殿之外、無知之人」というように、頼朝の信頼を得ていたとされているのは（『鏡』治承四年八月六日条）、北条氏の権威づけのための曲筆であろうともいわれているが、あながちに否定されるべきことではなかったかも知れない。

その後の打ち続く対木曽義仲戦や対平氏戦にさいしては、保有する軍事力の弱小性の故に、なんらなすことなく終ったが、文治元年の守護・地頭設置の奏請のように、老獪きわまりない後白河法皇とその近臣を相手どった外交接衝戦となると、時政の独壇場となる。時政の入京に先立って「今度被支配国々精兵之中、尤為専一」という軍勢を率いた土肥実平がまず入京して、恫喝する作戦に出たのは（『鏡』文治元年十一月十九日条）、頼朝、大江広元、時政のいずれの発想から出たか判らないが、効果あったものと思われる。次いで、同年十一月二十四日に時政が入京したとき「千騎」を率いていたというのも（『玉葉』同日条。なお『鏡』では二十五日に入京したとある）、恫喝作戦の一端であったと思われる。このとき、時政が率いていた軍勢「千騎」は、時政自身の手勢だけではなく、多くは頼朝から付けられたものであろうと杉橋氏は指摘しておられるが（「北条時政と政子」前出）、まったくそのとおりであろうと思う。この恫喝作戦が功を奏したことはよく知られている事実であるが、それは、作戦自体にもよるものではあったが、この作戦を実地に実行し、困難なる外交接衝戦を戦かった時政個人の活躍にも負う所が大であっただろう。〔注3〕

この前後の時期、時政は九条兼実からは、「頼朝妻父、北条四郎時政」と呼ばれ（『玉葉』文治元年十一月二十四日条）、「頼朝代官北條丸」とも呼ばれているが（同書、同二十八日条）、他からは「北條殿」と呼ばれ（『鎌倉遺文』三三号）、鎌倉においても「北條殿」と呼ばれていたらしい（『鏡』）。頼朝の「鎌倉殿」とくらべてみても、遜色のない呼び方であり、そこには、相当な敬意が込められていたものと解される。建久元年（一一九〇）十月の頼朝の上洛に先立って、同九月二十九日に、随兵記が和田義盛と梶原景時に渡されているが、「彼記内、於家子并豊後守・泉八郎等、被加殿字」とあるように、その随兵記には、一部特殊の者だけに〝殿の字〟を付けることが許されている（『鏡』同日条）。「北條殿」と呼ばれていたことは、このことが示すように、常に〝殿の字〟を付けられていたのであり、それなりに名誉ある特権だったのである。ちなみに、このときの上洛には、時政は随ってはいない。

それにしても、頼朝存生中の鎌倉幕府における北條時政の地位は、いわく云い難いような一種特別なものだったようである。出自から云っても、源家の一族とは云い難く、また、なみの一般御家人とも相違していたのである。

ちなみに、頼朝は、鎌倉御家人のうちから、系譜および功績によって、一般御家人と区別する待遇をして、これらに一定の権威を与えるようなことをしている。最上位にランクされたのが、文治元年（一一八五）八月に関東御分国のうちの六国の受領に任ぜられたものであろう（『鏡』同二十九日条）。

山名義範　伊豆守　大内惟義　相模守
足利義兼　上総介　加々美遠光　信濃守
安田義資　越後守　源義経　伊予守

これらの人々は『尊卑分脈』の各人の項を見ると、それぞれ「文治元八十四源氏六人受領之内」とか（山名義範と義経以外の人の項）、「平氏追討源氏受領六人内」と註記がなされていて、このことを誇っていたことがしのばれるとともに、これが一定の名誉の格式であったことを物語っている。〔注4〕

この「源氏受領六人」に選ばれた人たちは、いわゆる「門葉」と呼ばれた人たちからえりすぐられたものである。「門葉」のなかには、頼朝の弟、阿野全成などが含まれていたのであろうが、そのことを示す史料はない。この「門葉」とほぼ同格なのが、源姓でない者から選ばれる「准門葉」であろう。前記の「家子幷豊後守」とされている毛呂季光は、藤姓であるが（『鏡』文治二年二月二日条）、「被准門葉」れており（『鏡』建久六年正月八日条）、また、藤原秀郷流の下河辺荘司行平は（『尊卑分脈』左大臣魚名公五男伊勢守藤成孫）、「於子孫永可准門葉」しとされている（『鏡』建久六年十一月六日条）。また、「家子幷豊後守」とあるように、「家子」というのも、一般の御家人とは区別されるものだったようである。

これらの「門葉」「准門葉」「家子」たちと一般御家人とは、書札礼などに関しても、一定の区別があったらしい。宝治二年（一二四八）閏十二月二十八日「六人受領」の家柄であった足利左馬頭入道正義（義兼）から結城上野入道日阿（朝光）に宛てられた書状に「結城上野入道殿、足利政所」とあったのに対し、結城日阿も「足利左馬頭入道殿御返事結城政所」と記したところ、足利義兼は「吾是右大将家御氏族也」、つまり「門葉」である、それに対して同等の書札礼を用いるとは無礼であるとして訴えて出ている。これに対して、結城朝光は、義兼と朝光とが「可為同等礼之由」を示した頼朝の文書を呈示して、いわば勝訴している（『鏡』同日条）。結城朝光も、下河辺行平と同じく、藤原秀郷流の人物であるから（『尊卑分脈』）、「門葉」の足利義兼と「同等礼」をとり得るということは、彼が「准門葉」であったことを示している。

なお、このとき、結城朝光が呈出した頼朝の文書に、「右京兆（義時）于時江間小四郎、為家子専一也」という内容があったということは、注目すべきである。たとえ「専一」ではあっても、義時は「家子」として扱われていたのである。

ところが、時政の場合には、頼朝から信頼され、重用されていながら、受領にも任ぜられず、「門葉」「准門葉」「家子」でもなかったようである。すくなくとも、頼朝存生中における彼の立場を的確に示す史料は、管見には入っていない。しかし、だからといって、一般の御家人と同列であったというわけではもちろんなかったようである。

すでに、上横手雅敬氏が指摘しておられるように、「主君に対する家臣の奉仕」である歳首の垸飯献上や頼朝の御行始を迎えるなどのことを、この時期の時政はいっさい行なってはいない（「垸飯について」『全訳吾妻鏡』四巻、月報四）。この意味では時政はまったく別格あるいは破格の取り扱いを受けていたのであって、単純化して云えば、御家人の扱いすら受けてはいなかったということである。流人時代の頼朝を女婿に迎え入れ、種々の庇護を加えてきた時政は、頼朝にとって、ただの岳父というだけの存在ではなかったのであろう。

訴訟などに際しても、北條時政に対しては、頼朝は決して公平ではあり得なかったことは、ほぼ同様の事件二種における頼朝の態度を見ることによっても、知られるところである（なお、両事件とも、『鏡』をもとにしているので、若干は割り引いて考えねばならないかも知れない）。

文治三年（一一八七）頃、伊勢神宮領伊勢国沼田御厨の地頭職を有していた畠山重忠は、彼がその地に派遣しておいた代官内別当真正なる者の奸曲のために、神人長家綱に訴えられた。重忠は「代官所行、不知子細」と陳弁したが、許されず、所領四箇所を召し放たれ、自身もその身柄を囚人として、千葉新介胤正に召し預けられてしまった。日頃から「存清潔、太越傍人之由、揷自慢意」んでいた重忠は、これをおおいに恥じ、七日間というもの寝食共に絶え、終始一言も発することなかったため、ついに顔色すら菜色を帯びるにいたったので、預り人胤正が頼朝にたっての赦免を願い出て、ようやく赦されたという（『鏡』文治三年九月二十七日条、同十月四日条）。これは、羽下徳彦氏の指摘されているように、所従や地頭代官の非法はその主人や地頭にも罪が及ぶという、当時の訴訟慣例によったからであった（「『検断沙汰』おぼえがき(1)」『中世の窓』五号）。

時期的にはほぼ同じ頃の建久元年（一一九〇）、北条時政の代官、平六左衛門尉時定が狼籍のことを行なった。

河内国々領を、時定か陸奥所と云仮名を立て、令押領之由有其聞。先陸奥所と云仮名、聞耳見苦之上、無礼と不存哉。彼奥州にて、出羽国内を押領せん為には、陸奥所とも云てん。縦押領して有とても、地頭許にて、有限国事を不対捍はこそ、過怠を遁所もあらめ。対捍濫妨為先て、如然不当を致事、奇怪之至、不及左右事也。早有限国事をは、任先例可致其勤、又可随国司下知也。若猶有懈怠者、将可令停止地頭職也。仰旨如此、仍執達如件、

八月三日　盛時奉

平六左衛門尉殿

これが事件であり、結着であった（『鏡』建久元年八月三日条）。時政の代官である時定の乱行に対して、頼朝が激怒していた様子は、その「陸奥所」云々というところに表わされている。にもかかわらず、「若猶有懈怠者」、地頭職を停止するというのであって、この時点では、地頭職は停止されてはいない。なによりも、時政の代官である時定の非法の廉で、頼朝の叱嘖を受けたのは、時定本人であって、本職の時政ではなかったのである。前記の羽下徳彦氏の指摘されているように、代官の非法は本職に及ぶというのが、当時の武家社会での慣例であった。にもかかわらず、時定の罪は時政に及ばなかったのである。頼朝の態度に、時政および北条氏に対する依怙があったことは、ここにも示されているのである。

頼朝は、時政および北条氏に対して依怙の沙汰をするのみではなかった。種々重用して、積極的に北条氏および時政に一定の権威を附与することにも努めていた。前記の義時をもって「家子専一」としたというのは、事実かどうかは判らないが、ありそうなことであった。頼朝の北条氏に対する権威付けの具体的な一例をあげておこう。

建久三年（一一九二）六月二十六日のことである。義時の嫡男金剛丸（のちの泰時）と路上ですれ違った御家人多賀次郎重行は、そのおり、金剛に対して下馬の礼をとらなかったので、頼朝から「礼者不可論老少、且又可依其仁事歟。就中、如金剛者、不可准汝等傍輩事也。争不憚後聞哉」と叱嘖されて、その所領を収公されている。一方、多賀重行をかばった金剛は「幼稚之意端、挿仁恵、優美」として、褒められ、剣を与えられている（『鏡』同日条）。泰時の仁恵の心を示すという意味で『鏡』がわざわざ書き記したエピソードかも知れないが、同時に、頼朝の北条氏に対する配慮、とくに権威付けの具体的な実例とも解されるものである。逆に考えれば、一小御家人多賀重行が、北条氏の嫡流を嗣ぐべき金剛を無視して、乗馬のまま打ち通ろうとした程度にしか、この時点での北條氏はまだ弱小な存在だったのである。しかし、頼朝の梃子入れもあって、少なくとも、その権威だけはあがりつつあったのである。

〔注1〕　流人時代の頼朝の子を生んだ伊東祐親の娘は、平家を憚る祐親の手によって、頼朝との間に儲けた子供を殺され、みずからは、江間小四郎の許に嫁がせられたという（『曽我物語』巻二）。頼朝の挙兵にさいして、その麾下に馳せ参ずることができない事情があったわけである。

〔注2〕　頼朝が挙兵したとき、武蔵国の豪族、畠山荘司重能と小山田別当有重は、大番役でおりふし在京していた。頼朝の挙兵に対する東国の諸豪族の動向に関して質問を受けた重能は「僻事にてぞ候らん。したしうなて候なれば、北條はしり候はず。自余の輩は、よも朝敵が方人をば仕候はじ」と答えたという（『平家物語』巻五）。伊豆国の武士たちに比べて、武蔵国の武士の情況判断力の低さを物語るものである。

〔注3〕　この時期に表わされた時政の政治力について、杉橋氏は、時政がいち早く、「北條殿公文所」を設置したことをあげて（『鎌倉遺文』三三号）、説明しておられる（前出）。たしかにそのとおりである。が、念を入れば、この「北條殿公文所」は、いわば、文治元年に時政が上洛した時点における臨時的なもので、いわば京都進駐軍としてのものだったわけで、永続してはいない。のちの得宗家公文所とは別個のものである。

〔注4〕　これよりさき、元暦元年（一一八四）にも、「御一族源氏之中」から四人が頼朝の推挙を受けて、受領になっている（『鏡』同五月二十一日、同六月二十日条）。

一條能保　讃岐守　源範頼　三河守
源広綱　駿河守　平賀義信　武蔵守

(二) 北条氏領の増加

この時期、北条時政の所領は、飛躍的に拡大した。頼朝から外祖父としての権威を付与されたのと同様に、この時期における時政の所領が増加したのも、その多くは頼朝から拝領したものであった。しかし、それだけではなかった。鎌倉時代の全期を通じて、北条氏の所領は増大しているが、この時期における時政の所領増加には、他の時期にはあまり見当らない特別なものもあった。

以下、頼朝の死んだ建久十年(一一九九)一月十三日の時点より以前において、すでに北条氏の所領となっていたことが判るものをあげてみよう。

1　山城国京都家地

文治二年(一一八六)七月十九日に在京中の大江広元が発した「没官京家地成敗注進状」は、同月二十七日に鎌倉に到着した。それには、

時政　一所綾小路北、河原東 景高領

と記されている(『鏡』同二十七日条)。前年十一月二十五日に入京した時政は、この年の三月二十七日には、京都をたって鎌倉に下向している(『鏡』同日条)。時政が京都に不在であるにもかかわらず、この京家地が時政領と注進されてい

ることは、これがたんに彼が在京したおりだけの臨時の宿所というようなものではなく、真に時政の所領とされていたことを示している。同族の平六時定が、その後しばらく洛中警衛の任を帯びて在京しているが、このとき、時定がこれを宿所としていたのかも知れない。同年九月十一日付「藤井則国解」に「相語北條小御館」と記されているのは、時定のことを指すと同時に、この家地のことをも意味していたのかも知れない（『鎌倉遺文』一七三号。『鏡』同二十五日条）。

このとき処分された没官京家地十処のうち、一條能保が三箇所も与えられているのは、たんなる臨時の宿所だったわけではないことを暗示しており、ちょうどこの時期に在京していた中原親能、土肥実平も一所ずつ与えられていることは、基本的には在京中の宿所として与えられたものであるが、同時に恩給地としての意味もあったものと思われる。その後の伝領に関しては、まったく史料を欠いているので不明である。なおこの家地の旧主「景高」は、治承五年（一一八一）閏二月十日に千余騎をもって、頼朝攻撃のために東国に下向した「前大将《宗盛卿》家人大夫判官景高」であり（『鏡』同日条）、『尊卑分脈』に藤原利仁流として「板津三郎景高」と記されている加賀国の住人のことであろう（中宮亮高房男時長孫）。具体的には記されていないが、時政は、この家地を頼朝から拝領したものであろう。

2　遠江国蒲御厨

建久八年（一一九七）六月日付「北條時政下文」につぎのように記されている（『鎌倉遺文』九二一号）。

（北條時政）
（袖花押）

下　　蒲御厨

補任蒲上下両郷地頭代職事

源清成
右、以人為彼職、可令執行所務之状如件、住人等宜承知、不可違失、故下、
建久八年六月　日

北條泰時が得宗家公文所を創設する前後の時期までにおける、北條氏領への地頭代官補任状の典型的な様式であり、現存するもののなかでの初見例かも知れない。地頭代職を補任している時政が、本職の所有者であることに間違いない。

蒲御厨というと、頼朝の弟蒲冠者範頼が思い出される。『尊卑分脈』によると、彼の母は「遠江国池田宿遊女」で、「於遠江国蒲生御厨出生之間、号蒲生冠者」したとあるが（清和源氏）、『鏡』では「蒲冠者」である（養和元年閏二月二十三日条、元暦元年一月二十日条、同二十七日条、同二月一日条、同五日条、同七日条、同二月十五日条、同三月六日条）。確証はないが、範頼の所領だったものと想像される。建久四年八月、範頼は曽我兄弟の事件に関係して伊豆に配流され（『鏡』同二日条、同十日条、同十七日条、同十八日条、同二十日条）。やがて、「於伊豆北條、依舎兄源二位（頼朝）命被討了」っている（『尊卑分脈』）。彼が蒲御厨の地頭であった可能性は、かなり高いように思われるが、そうだとすると、この時点で、所職は収公改替されたであろう。時政の所領となったのは、このときだったかも知れない。それより以降、蒲御厨の地頭職は、頼朝の死の直後の建久十年（一一九九）三月二十三日、頼朝の跡を嗣いだ頼家によって、一時停廃されたが（『鎌倉遺文』一〇四四号）。その後また復活し、北條時房（同、三六七二号）、北條時頼（同、六九五九号、七六九二号）、北條時宗（同、九一三二号、九一三五号、一一〇七五号。弘安七年六月二十八日付「沙弥性如奉書」、弘安八年八月十四日付「氏名未詳下文」、弘安十年二月七日付「氏名未詳別当職補任状」、いずれも「蒲神明宮文書」『静岡県史料』五輯）、北條師時（正安四年十月二十四日付「北條師時公文所奉書」前出所収）から北條泰家を経

て、元弘収公ののち、新田岩松経家に与えられている（元弘三年七月十九日付「後醍醐天皇綸旨」、「由良文書」『福島県史』七、古代・中世資料）。鎌倉時代のほぼ全期を通じて、北條氏領だったわけである。

3　遠江国河村荘

『鏡』の建久二年（一一九一）十二月二十三日条に、つぎのような記載がある。

以遠江国河村荘、本主三郎高政奉寄附北條殿。有愁訴之故也。

ここでいう「本主」というのは、根本領主、すなわち開発系の領主の意味であろう。「沙汰未練書」には、「開発領主トハ。根本私領也。又本領トモ云」と記されている（『続群書類従』武家部）。「河村荘」とあるから、このときよりは以前に立荘されていたものであろう。高政が本領主であれば、多分、この荘で彼が有していた所帯は地頭職であったであろうから、その地頭職が時政に寄進されたものと思われ、また、高政自身は、地頭代官に補任されたものであろう。「愁訴」というのが、なんであったか、まったくわからない。この高政自身、管見の限りでは、『鏡』には、この日以外には登場してはこないばかりか、藤原秀郷流の「河村系図」（『続群書類従』系図部）や『尊卑分脈』にも記されてはいない。

なお、正応二年（一二八七）七月九日付「関東下知状」に、「十二月中旬之比者、自熊野山下向之次、依先達之縁、壱［　］逗留遠江国河村荘東方、同廿七日下着金成村之由、資親［　］之間、且被尋彼東方地頭相模左近大夫将監師時」と記されていて（「岡本元朝家蔵文書」『福島県史』前出）、すくなくとも、荘内の東方の地頭職が北條師時の所職であったことがわかる。河村荘の地頭職は、時政より以降、いつの頃か分割されながらも、総体としては、鎌倉末期まで北条氏の所領だったものと思われる。

4　駿河国益頭荘

『鏡』の文治四年（一一八八）六月四日条に、つぎのような記載がある。

八条院領

信濃国　大井荘　　常陸国　村田　田中　下村荘　　同国　志太荘

下総国　下河辺荘　　越後国　大面荘

此旨、早可被仰含維清也。

相模国　山内荘　　武蔵国　大田荘　　駿河国　益頭荘

同国　大岡牧　　同国　富士神領　　信濃国　伊賀良荘

以上、件荘領年貢、或先々注進、或本文書紛失、平家時分、令致自由沙汰事も候き。又不知荘大小増進事も候き。子細荘家皆存知歟。委捜可令計沙汰。益頭荘事も、彼辺同事と思食て、被仰能保朝臣候き。時政地頭にて、他人沙汰不可入之様に聞召しかは、其上不及沙汰。如此事可計沙汰之由、可被仰也。

この記事の「此旨……」より以前の七ヶ荘と以後の六ヶ荘のすべてが八条院領であるかどうかをめぐる研究史を、この記事はすでに有している。（注）最近、福田以久生氏は、後段六ヶ荘に関して、「この相模・武蔵の各一カ所と駿河国の三カ所と信濃一カ所は、八条院ではなく、時政が地頭のため」として（『駿河相模の武家社会』一〇八頁）、「時政地頭にて」の字句が、後段六ケ荘のすべてにかかるように解しておられるが、結果的に、この六カ荘のすべてがのち北条氏領になるにしても（各後述）、この時点ではまだこのすべてが北條氏領になっていたわけではなかったようである。たとえば、山内荘に関しては、建保元年（一二一三）の和田氏の乱のあと、北條義時が勲功の賞として拝領したのである（『鏡』同五月七日条）。

益頭荘に関しては、文治三年（一一八七）九月二十日付「後白河法皇院宣」に、

一、円勝寺領駿河国益頭荘叓
　非没官領内、故信業朝臣年来所知行也。仍件荘去比雖被仰付能保朝臣、所辞申也。早致沙汰、寺家年貢无懈怠可令進済給。

とあって（『鏡』同十月三日条、『鎌倉遺文』二六八号）、これを与えられた一條能保が拝辞したことが知られる。時政が益頭荘地頭職を拝領したのは、これからの約八ヶ月後のことだったわけである。その後の伝領については、まったく不明である。

5　駿河国富士郡

『鏡』の文治三年（一一八七）十二月十日条に、つぎの記事がある。

　橘次為茂蒙免許、為北條殿計、賜富士郡田所職。是父遠茂者為平家方人、治承四年奉射二品。仍日来為囚人云々。

遠茂が駿河国富士野において、頼朝方の武田・安田の軍に敵対して、生け捕りになったことは、『鏡』治承四年（一一八〇）十月十四日条に見える。『鏡』の文治二年（一一八六）六月九日条に、

一、富士領事

件年貢早可進済。可為御領之由、先々被仰了。定存知歟。

として（『鎌倉遺文』一二三号）、この地が関東御領であることを後白河法皇から認められていたところである。そこへ、「為北條殿計」て、田所職補任のことがあったということは、時政がこの地の地頭であったことを暗示するものである。のち、北條氏領が関東御領を多く侵食していったという指摘を石井進氏がされているが、その早い例でもあろうか。以降、建暦二年（一二一二）五月七日に北條朝時がこの地に下向し（『鏡』同日条）、郡内上方上野郷に得宗被官南條氏が蟠居していたことは、すでに拙稿「得宗被官家の個別的研究」（『日本史攷究』一四号）に記したとおりである。

6 伊豆国江間郷

『鏡』に北條義時が「江間四郎」として現われるのは、養和元年（一一八一）四月七日条である。それより以降、「江間小四郎」「江間殿」「江間四郎」「江間四郎殿」と元久元年（一二〇四）二月二十五日条まで頻出する。『鏡』は後代の編纂にかかるものであるから、『鏡』の各時期において義時がそのように呼ばれていたということを確実に示すものではないが、しかし、一定の資料をもとにして編纂されたとされているのだから、おおよそのことは正しいものと思う。義時が、このように呼ばれたということは、彼が江間郷を所領としていたことを示すものであろう。『曽我物語』（巻二）には、流人時代の頼朝の「北の御方とりたてまつりし江間小四郎もうたれけり。跡を北條四郎時政にたまはり、さてこそ、江間小四郎とも申けれ」とあるが、江間郷を賜わったのは、北條義時であろう。以降、北條氏の庶流に江間（江馬）氏があるから、鎌倉末期まで続いたことがわかる。

7　伊豆国寺宮荘

建久元年（一一七〇）十月の頼朝の初度の上洛にさいして、留守を預かる御家人を定め、これに近々の所領を充行なっているが、その筆頭に記されているのが、

　伊豆国寺宮荘　北條殿

である（『鏡』同九月二十一日条）。その後の伝領は、まったくわからない。

名越家地伝領図

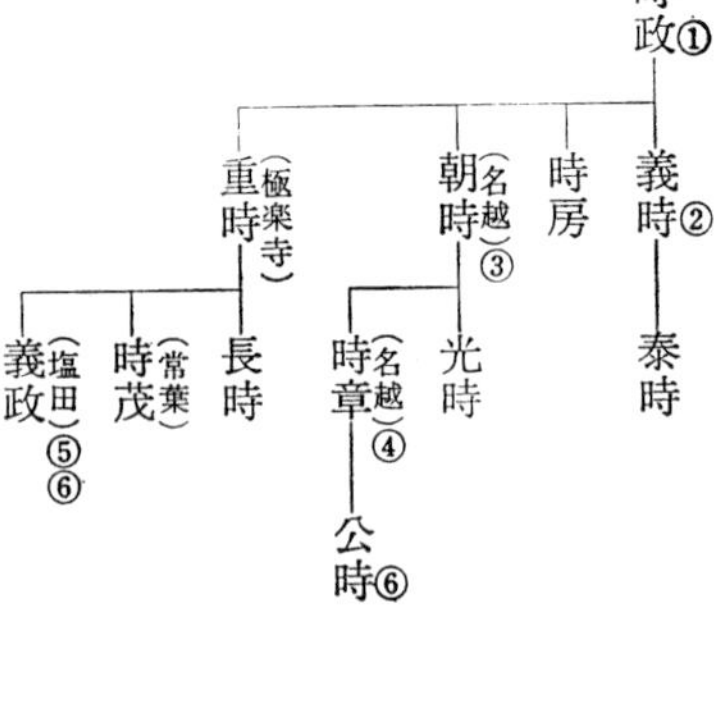

8　鎌倉名越家地

建久三年（一一九二）七月十八日、北條政子は、のちの実朝を出産するために、御産所に点ぜられた北條時政の「名越御館号浜御所」に移った（『鏡』同日条）。これは、「名越殿」とか（同書、二十四日条、建仁三年九月二日条）、「名越浜御所」とか（同書、建久三年十月十九日条）、「名越御亭」（同書、建仁三年九月六日条）とか呼ばれたもので、のち、「相州（義時）山荘」（同書、建永元年二月四日条）とあるように、義時に伝領され、さらに、北條朝時（同書、安貞元年十二月十四日条、同二年十二月十二日条、寛喜三年九月二十七日条、暦仁元年十二月十九日条、仁治二年二月二十二日条）、北條時章（同書、宝治元年十二月五月条、正嘉元年八月十八日条、同二年五月五日条、同八日条）、北條義政（同書、弘長三年八月九日条）、北條義政と同公時（同書、弘長三年十二月二十八日条）と伝領されて行った。

　これを系図に示したのが、右である。塩田流義政をのぞくと、いわゆる名越流北條氏によって伝領されていることが判る。だから義政の名越家地は、同名別所かも知れない。

9　鎌倉小町家地

この時期、北條義時が住んでいたのは、この小町の家であった、これは、建久二年（一一九一）三月四日に延焼しているが（『鏡』同日条）、その後、再建されたと思われる。そののち、建保元年（一二一三）五月二日には、まだ、ここに義時が住んでいたが、ほぼ同じ承元四年（一二一〇）十一月二十日には、泰時もここに住んでいるから、同一敷地を義時・泰時父子で分けたか、または、義時邸の近隣に泰時邸が建てられたかのいずれかであろう（同書、各同日条）。このときの義時邸の方は、その後、北條経時の「花第」となり（同書、寛元三年六月十七日条）、泰時邸の方は、しばらくは泰時邸のままであったが（同書、承久二年二月二十六日条、元仁元年六月二十七日条、嘉禄二年十二月十三日条）、その後、極楽寺流北條重時（同書、宝治元年七月十七日条）、北條時頼（同書、建長三年十月八日条、同六年六月十五日条）、と伝領されている。

これは、極楽寺重時の例をのぞけば、みな得宗家内で伝領されていることに注目される。

なお、建久五年（一一九四）閏八月七日、義時は「（安田）義定朝臣跡屋地」を拝領しているが（同書、同日条）、これが、前記建保元年時に彼が住んでいたところで、それ以前に住んでいたところ（承元四年時の泰時邸）の「北隣」の地であったかも知れない（同書、寛元三年六月十七日条）。

10　越前国大蔵荘

『鏡』の文治二年（一一八六）九月十三日条に、つぎのように記されている。

最勝寺領越前国大蔵荘事、北條四郎時政代時定并常陸房昌明等致押領之由、副寺解、所被下院宣也。仍被経御沙汰、自今以後、時政雖知行地頭職、不可忽緒本寺下知、早停止新儀之無道、従本寺之進止、可令致年貢課役勤之由、所被仰下也。

代官の非法はあったものの、時政の地頭職保持に関しては問題はなかったわけである。多分、拝領によったものと思われるが、北條氏領化の経過やその後の伝領については、まったく不明である。

11　肥後国阿蘇社（預所・地頭両職）

建久六年（一一九五）正月十一日付「北條時政下文」で、時政がこの地のことを令しているから（『鎌倉遺文』七六四号）、このときより以前に、北條氏領になっていたわけである。以降、義時、泰時、経時を経て、時定（為時）、定宗、随時、治時と続く阿蘇氏系の北條氏に伝領されたものと石井進氏は推定しておられる（「九州諸国における北條氏領の研究」『荘園制と武家社会』所収）。

〔注〕『鏡』のこの記事に関する研究史上の論考を列挙すると、つぎのようになる。

(イ)清水正健氏『荘園志料』の武蔵国大田荘の項。
(ロ)西岡虎之助氏「坂東八ヵ国における武士領荘園の発達」『荘園史の研究』下巻一、五五七頁。
(ハ)『鎌倉市史』総説編三三七～三三八頁。
(ニ)安田元久氏「古代末期に於ける関東武士団」『日本封建制成立の諸前提』五九頁。
(ホ)上横手雅敬氏『日本中世政治史研究』二三七～二三八頁注(16)の項。
(ヘ)奥富敬之「相模国得宗領の個別的研究」(一)『神奈川県史研究』一一号。
(ト)福田以久生氏『駿河相模の武家社会』一〇三～一一〇頁。
(チ)湯本軍一氏「北條氏と信濃国」『信濃』一九巻一二号、八四三頁。

(イ)は、後段六ケ荘のうち、武蔵国大田荘については八條院領として、冒頭の「八條院領」が後段にもかかると見られた。

(ロ)は、相模国山内荘、武蔵国大田荘を八條院領と見做された。

(ハ)は『鏡』のこの記事をもとにして、山内荘が、この時期には八條院領であったとしている。なおその後、建久二年までに長講堂領になり、後白河法皇の領となったとしている。『鏡』の記事の解釈では、まだ「八條院領」が後段にも及ぶと見なしていたわけである。

(ニ)は、この点については触れていない。

(ホ)にいたって、前段の「大井荘から大面荘に至る諸荘は、八條院領たる証拠が他にもあるが（平安遺文五〇六〇、吾妻鏡文治二・三・十二、同四・三・十七条、嘉元四・六・十二昭慶門院御領目録）、（中略）山内荘のほか、富士神領は後白河院御領なること明白であり、益頭荘・伊賀良荘はそれぞれ円勝寺・尊勝寺領で、これらも後白河院御領に含まれる（吾妻鏡文治二・六・九、同三・十・三、同二・三・十二各条）」とされた。

(ヘ)は、深くも考えず、(イ)(ロ)(ハ)をそのまま踏襲してしまった。ここで、撤回して、後白河院領説に左袒したい。

(ト)は、後段六ケ荘に関しては「八條院領ではなく、時政が地頭」としておられる。本文でも云ったように、この時点では、まだ、この六ケ荘全部が時政領であったかどうか疑わしいところである。

(チ)は、「時政地頭にて」が前段にまでかかると見做されるものである。山内荘を例にとっても、(ト)(チ)はともに成立しないことと明らかである。

(三)　北條氏領の支配

以上、頼朝存生中に北條氏の所領となったことがほぼ確実なものを列挙したが、このほかにも、史料的な裏付けにやや欠けるが、この時期に北條氏領化したと思われるものもあり、その反対のものもある。

(1)　伊豆国仁科荘

建暦元年（一二一一）七月十八日付「北條時政袖判下文」によって、このときより以前に北條氏領化されていたはずである（『鎌倉遺文』一八八三号）。のち、貞永元年（一二三二）三月九日、北條泰時は、この地の賑給のことを行なっている（『鏡』同日条）。

(2)　伊豆国三島大社

元久二年（一二〇五）二月二十九日付「北條時政御教書」で時政は同社の西大夫を排して、東大夫に社務を行なうよう令している（『鎌倉遺文』一五一四号）。

(3)　伊豆国桑原郷

石橋山敗戦のあと、本軍から離れた北條宗時は、「自土肥山降桑原、経平井郷之処、於早河辺」で戦死しているが

（『鏡』治承四年八月二十四日条）、その墳墓は「当国《伊豆》桑原郷」にあった（同書、建仁二年六月一日条）。文治二年に時政が京に残した兵士のなかにある「くはゝらの次郎」は、この桑原郷の住人でもあろうか。

(4)　伊豆国奈古谷郷

この地の住人であったらしい奈古谷橘次頼時は、頼朝の伊豆出国に随った四十六騎のなかの一人であるが（『鏡』治承四年八月二十日条）、建久三年（一一九二）五月二十六日、泰時に下馬の礼をとらなかったことを叱嘖された多賀重行が、「若公《泰時》与扈従人」にその由を尋ねらるべしと云ったのに対して、頼朝は泰時と奈古谷橘次とに、詳細を尋ねている。ここに、〝扈従人〟＝奈古谷橘次ということが知られる（同書、同日条）。御家人にして北条氏の被官となった早い例であろう。奈古谷郷が奈古谷氏の所領であったとすれば、いわば、北条氏領化したものと見做し得よう。

(5)　常陸国下妻荘

石井進氏は、建久四年（一一九三）、「北條時政に「有挿宿意事」という理由で梟首された下妻四郎弘幹（『鏡』同年十二月十三日条）の旧領であったと考えるなら（『吉記』承安四年（一一七四）三月十四日条に「常陸国下津真荘下司広幹乱行事」とみえることを参照されたい）、この荘は広幹が殺された後、直ちに北条氏の所領とされた可能性もまた否定できないのである」としておられる（「鎌倉時代の常陸国における北條氏所領の研究」『茨城県史研究』一五号）。

(6)　丹波国由良荘

文治二年（一一八六）九月五日付「源頼朝下文」において、「有限之神役」を闕怠したので、「停止義時之知行」されている（『鎌倉遺文』一七〇号）。これより以前に義時領だったことと、これから以降は義時領ではなくなったことがわかる。

(7)　陸奥国平賀郡

(8)　陸奥国鼻和郡

(9)　陸奥国田舎郡

(10)　陸奥国山辺郡

豊田武氏は、建久元年（一一九〇）、大河兼任の乱後、義時がこれらを拝領したものと推定しておられる（「東北地方における北條氏の所領」『日本文化研究所研究報告』別巻七集）。拝領の時期については確証はないが、妥当なものと思われる。

(11)　肥後国健軍社（預所・地頭両職）

(12)　肥後国郡浦社（預所・地頭両職）

(13)　肥後国甲佐社（預所・地頭両職）

肥後国阿蘇社と同じ時期に北條時政の所領となったものと、石井進氏は推定しておられる（「九州諸国における北條氏所領の研究」前出）。以降、鎌倉末期まで、北條氏領であった。

(14)　伊賀国黒田荘作田十余町

文治二年（一一八六）七月、北條時定は、義経の家臣伊豆有綱をかくまった黒田荘住人成守を追捕し、「称没官、所令押領彼輩作田十余町」であった（『鎌倉遺文』一三三号）。ただちに東大寺から訴えられているが、その後のことはわからない。多分、返付されたのではないだろうか。

⒂　信濃国伊賀良荘、同大井荘など

湯本軍一氏は、文治四年（一一八八）には時政領であったとしておられるが（「北條氏と信濃国」『信濃』一九ノ一二号）、これは、『鏡』の同年六月四日条をもとにされたものと考えられる。「時政地頭にて」が、どこまでかかるかが問題である。湯本氏は後段の六ヶ荘はもちろん、前段の八条院領までも含めておられるようであるが、前記の福田以久生氏は後段六ヶ荘のみとされているらしい。私は、この時点では、他に明証のない限り、益頭荘のみに限定しておきたい。

以上の八例のうち、⑴〜⑸までは明徴は欠くが、この時期における北條氏領と見做され得るものと思う。前節の十一例とあわせて、その結論をまとめたのが、次表である。

1	京都家地	時政	拝領
2	遠江国蒲御厨	時政	拝領カ
3	遠江国河村荘	時政	寄進
4	駿河国益頭荘	時政	拝領カ
5	駿河国富士郡	時政	拝領カ
6	伊豆国江間郷	義時	拝領カ
7	伊豆国寺宮荘	時政	拝領
8	鎌倉名越家地	時政	拝領カ

9　鎌倉小町家地二所　義時　拝領カ、拝領
10　越前国大蔵荘　時政　拝領カ
11　肥後国阿蘇社　時政　拝領カ

(1)　伊豆国仁科荘　時政　拝領カ
(2)　伊豆国三島社　時政　拝領カ
(3)　伊豆国桑原郷　時政　拝領カ
(4)　伊豆国奈古谷郷　時政　被官化による
(5)　常陸国下妻荘　時政　拝領カ
((6)　丹波国由良荘　義時　拝領カ、地頭職停止)
(7)　陸奥国平賀郡　義時　拝領カ
(8)　陸奥国鼻和郡　義時　拝領カ
(9)　陸奥国田舎郡　義時　拝領カ
(10)　陸奥国山辺郡　義時　拝領カ
(11)　肥後国健軍社　時政　拝領カ
(12)　肥後国郡浦社　時政　拝領カ
(13)　肥後国甲佐社　時政　拝領カ

通観して、まず最初に気が付くことは、意外と少ないということである。これには、管見に洩れたものもあるかも知れないし、史料の残存も少ないのかも知れないが、それにしても少ないようである。

北條氏は、得宗九代の各期において、一定の国を目指して、おのが所領の拡大と勢力の扶植を行なったというよう

に見られている。

このような観点に立つと、頼朝存生中の北條氏がまず最初に目指したのは、出身地である伊豆国であったと云い得る。ほぼ確実な十一例中二例が伊豆国内であり、明徴を欠く五例のうち四例が伊豆国であった。つぎに目指されたのは、十一例中各二例を占める遠江国と駿河国である。頼朝の死後、時政が受領になったとき、それが遠江守であったことと関係があるかも知れない。鎌倉時代の全期を通じて、得宗家が受領であった武蔵・相模両国からは、一例も北條氏領が検出されなかったことにも注目したい。

なお、このことに関連して、治承・文治の内乱期における平家方の武士たちとその所領の行方も、今後、検討を要するように思われる。伊豆国では伊東氏、相模国では波多野、松田、大庭、梶原、俣野、長尾、糟谷、曽我、河村、渋谷、海老名、山内、武蔵国では河越、畠山、豊島、江戸、村山、金子、熊谷などが平家方になっているが、その多くは族滅までにはいたらず、ほとんどその所領を全うして御家人になっている。つまりは、治承・文治の内乱において、頼朝のとった帰順奨励、宥和政策のために、東国では、所領没収の憂き目に遭ったものがきわめて少ないために、頼朝が戦功のあった御家人に分給するものも少なかったのではないかとも考えられるのである。このような事情が、この時期における北條氏領の意外なまでの少なさの背景になっているものであろう。頼朝としても、無い袖は振れない道理である。

この時期における北條氏は、独自の政策や方針を、所領や勢力の増大という点において、実行してゆけるだけの実力もなく、背景すらなかったと思われる。たんなる頼朝の妻の父ということによる権威だけしかなかったのである。だから、頼朝から与えられたもので満足しなければならなかったであろう。所領拡大に一定の方向性が、この時期の北条氏にもしあったとするならば、それは、出身地の伊豆国が第一であり、つぎにはその外周に位置して、時政の後妻牧の方の出身地である駿河国ということであろう。

もしかすると、私に一定の先入感があってそう見えるのかも知れないが、この時期から泰時の代にいたる北条三代の時期には、伊豆国北条とその周辺の所領に関しては、北条氏は直務支配に近い支配を行なっていたのではないかとも考えられる。時政・義時も、おりに触れては、伊豆に下向しており、泰時については、とくに例が多いのである。

これ以外のところは、当然のことながら、みな代官支配だったようである。わかるものの名を列挙すると、つぎのようになる。

2　遠江国蒲御厨　地頭代、源清成
3　遠江国河村荘（地頭代、河村三郎高政）
10　越前国大蔵荘（地頭代）北条時定并常陸房昌明等

遠江国蒲御厨の源清成は、もとから在地の住人であったらしく、治承四年（一一八〇）十二月十三日に、「源朝臣」某から、厨内の惣検校として、「田畠在家并加徴米、在家田米等」を免除されている（『平安遺文』三九四一号）。その後、その子孫と思われる源清倫、源吉祥子、源清永、源清行と続き（『鎌倉遺文』三六七二号、六九五九号、七六九二号、九一三二号、九一三五号。一一〇七五号。弘安七年六月二十八日付「沙弥性如奉書」、弘安八年八月十四日付「氏名未詳下文」、弘安十年二月七日付「氏名未詳別当職補任状」、正安四年十月二十四日付「北條師時公文所奉書」、乾元二年八月十七日付「北條師時公文所奉書」、以上「浦神明宮文書」『静岡県史料』五輯）、幕府滅亡後も源清保の名が見える（建武三年十一月日付「源清保着到状」、同書）。

河村荘の「本主三郎高政」については、まったく不明である。大蔵荘の北条時定、常陸房昌明については、すでに記した。常陸房昌明は、文治五年（一一八九）八月十九日に頼朝が奥州藤原氏攻めに出陣したとき、随兵のなかにその名がある（『鏡』同日条）。このときの合戦には、時政は留守を守っていたのである。この随兵交名に昌明の名があるということは、関東御家人の一人であったことを示すものである。常陸房昌明は、御家人でありながら、時政の代官をも務めていたのである。承久の乱の頃には、昌明は但馬国に住んでいて、京方から勅喚を受けたが、院宣の使者を斬り捨てて、深山に馳せ入り、やがて上洛してきた泰時軍に身を投ずるなどの忠功の故に、北條政子からも賞されており（『鏡』承久三年八月十日条）、乱後に六條宮を但馬国に遷座したときの守護役でもあった（同書、同七月二十四日条）。

なお、『鏡』の文治二年（一一八六）六月十七日条に、つぎのように記されている。

梶原刑部丞朝景自京都進使者、執申内大臣家訴事。是家領等、為武士被押妨事也。所謂越前国北條殿眼代越後介高成妨国務、般若野荘藤内朝宗、瀬高荘藤内遠景、大島荘土肥次郎実平、三上荘佐々木三郎秀綱、各或三年或一両年、煩所務抑乃貢云々。一品殊令驚給。速可止妨之由、面々可被仰含之由云々。

越前国には前記大蔵荘が北條氏領であったが、この時点での越後国では、まだ北條氏領は管見に入っていない。越前国における時政の眼代として、越後介高成なる者があったというのであるが、越前国大蔵荘には北條時定と常陸房昌明がいたのであるから、他にも北條氏領があった可能性が強い。

この越後介高成は、「北條殿室家（中略）兄弟武者所宗親、外甥越後介高成」であり（『鏡』建久二年十一月十二日条）、「越後介高成、（中略）可格勤于営中之由被仰下。日来北條殿眼代也。然而被家人異他之上、為室家外甥。又依有文章被召出之」という人物である（同書、同十二月一日条）。このことから、時政が妻の実家牧氏関係の者を〝家人〟としていたこと、そして、時政の〝家人異他〟る待遇を頼朝から受けていたことなどが知られる。時政の後妻牧の方が、「（大岡）大舎人允宗親ト云ケル者ノムスメ」で、その「セウトトテ大岡判官時親トテ五位尉ニ」なっていた者があり、また、「其宗親、頼盛入道ガモトニ多年ツカイテ、駿河国ノ大岡ノ牧ト云所ヲシラセ」ていたことは、よく知られている（『愚管抄』巻六）。これから、さらに類推すると、牧の方の父および兄の知行していた大岡牧についても、北条氏の所領となっていて、大岡氏（牧氏）が地頭時政の代官になっていた可能性が考えられる。のち、大岡牧（荘）は、北条氏領となっている（元弘三年七月十九日付「後醍醐天皇綸旨」、「由良文書」『福島県史』七、古代・中世資料）。

将軍家外舅として、一定の権威は附与されながらも、実質的な所領や権力については、この程度のものだったのかも知れない。

なお、陸奥国における義時領の大きさにも注目されるが、代官支配などについては、入間田宣夫氏・遠藤巌氏の「東北地方における北条氏の所領」（前出）に詳しい。義時が陸奥国に、時政が肥後国に、というように関東の武士の本来の勢力圏ではないところに、北条氏領が伸びていることにも注目すべきであろう。

第三章　正治・承久間の北條氏

㈠　御家人から執権へ

建久十年（一一九九）正月十三日、源頼朝はこの世を去った。その死因については、種々のことが取り沙汰されてきている〔注1〕が、近衛家実の日記、『猪隈関白記』に「依飲水重病、去十一日出家」し「去十三日早世」とあるのが（同十八日条、同二十日条）、もっとも正鵠を得たもののようである。

この時期における頼朝の死は、鎌倉幕府の対京都関係が重大な様相を示しつつあったときだけに〔注2〕、その対京都政策にも大きな影響を与えたが、幕府内部における北條時政の地位にも、大きな転換を余儀なくさせたものであった。

頼朝の死んだ翌年の正治二年（一二〇〇）の元旦、北條時政は二代将軍頼家に垸飯を献上した（『鏡』同日条）。上横手雅敬氏がすでに指摘しておられるように、頼朝存生中には、別格扱いとして、垸飯献上、御行始のお迎えなど、主君に対する家臣の奉仕に外ならない行為を、北條氏は行なわなかったのであるが、頼家の代になるや、たちまち、このことが始まったのである。歳首元旦の垸飯役を勤仕したことは、時政が御家人のナンバー・ワンにランクされたことなのであった（「垸飯について」『全訳吾妻鏡』四巻「月報」四）。前章で見たような頼朝存生中の時政の別格あるいは破格の待遇は、ここになくなった。時政が将軍外舅たる地位を根拠として、頼朝から与えられていた待遇と権威の附与は、ここになくなり、頼家は外祖父である時政をも、たとえそのナンバー・ワンの地位を認めたにしても、とにかく、御家人の一人として扱うことになったのである。

しかし、時政の地位が、別格あるいは破格のものから御家人（のナンバー・ワン）におとされたにしても、まだ、若干質を異にするにしても、別格の待遇は受けていた。時政がはじめて垸飯を献上した年の四月一日、時政は遠江守に任ぜられ、従五位下に叙せられたのである（『鏡』同九日条）。前章で見たように、頼朝は源家の者を「門葉」とし、このなかからえりすぐって、若干の者を受領に推挙している。換言すれば、受領になるということは、先代頼朝の時期の規準に照らすと、源家の「門葉」としての扱いを受けたということになる。平氏の出である北条氏が、源家の「門葉」に准ぜられたとはいいながら、いわゆる「准門葉」のなかで受領になった者は少なかったようである。とすると、この時政の遠江守任官は、平氏の出でありながら、源家の「門葉」に准ぜられたものであって、きわめて特殊なものだったわけである。

こうして、頼朝存生中におけるものとは些かニュアンスを異にはするものの、やはりまだ、一定の権威を附与された存在だったのであるが、同時に、二代頼家のときは、北条氏の権力への指向が、ようやく顕著になる時期でもあった。正治元年（一一九九）四月十二日、頼家の親裁をとどめ、有力御家人十三人の合議裁決制が始まったとき、その十三人のなかには、時政のみならず、義時までが入っていることに注目されるのである。幕府政界という権力の中枢部に北条氏が最初にその地位を得たものとして、このことは重要である。

しかし、同年十月二十八日、鶴ヶ岳廻廊に集結して、梶原景時を弾劾した六十六人のなかに、北条一族からは誰も参加していなかったということも、同時に注目すべきであろう（『鏡』同日条）。頼朝存生中から培われてきた権威性の故に、十三人の宿老会議には参加できても、御家人たちが自発的に結集した鶴岳廻廊結集六十六人には入っていないというのが、頼朝死去の直後における北条氏の権力であり、権威だったのである。

このような情況は、建仁三年（一二〇三）九月、比企氏が滅ぼされ、頼家が廃立されて、三代実朝の時期に入ると、また一変する。その直後の十日には、「今日、諸御家人等所領如元可領掌之由、多以被下遠州御書、是危世上故也」とあって（『鏡』同日条）、すでに、時政が実質的に執権の座についていることが示されているが、翌月九日の新将軍実朝の政所始めには、時政が政所の「別当」となっていて、従来の別当であった大江広元はたゞの家司とされている（『鏡』同日条）。まさに一大飛躍ともいうべきで、時政は、ここに幕府権力の中枢の座を占めたのである。

この頃から、北条氏の勢力拡大の方向が武蔵国を目指していたということは、すでに岡田清一氏の指摘されているころである（「武蔵国留守所惣検校職に就いて」）。時政の女婿で武蔵守である平賀朝雅が十月三日に上洛するや（『鏡』同日条）、その留守を預かったという意味らしく、同二十七日には「武蔵国諸家之輩、対遠州不可存弐之旨、殊被仰含之」ているのも、その具体的な例であり（『鏡』同日条）、やがて、元久二年（一二〇五）六月の畠山氏の滅亡を迎える。

元久二年（一二〇五）閏七月十九日のいわゆる牧氏事件により、北条時政は鎌倉政界から姿を消したが、執権職を嗣いだ義時の下、北条氏の武蔵侵攻は続き、承元元年（一二〇七）正月十四日には、北条時房が武蔵守に就任し（『鏡』同二月二十二日条）、泰時の代にまで、この方針は堅持されている。しかし、執権義時の新たなる目標は、侍所別当和田義盛とその一党であった。建暦三年（一二一三）五月、和田氏を滅した義時は、同五日、侍所の別当を兼任し、六日には、被官の金窪行親を侍所の所司に任命して、ここに政所・侍所の両衙を独占する体制を成立せしめたのである。その後、建保六年（一二一八）七月二十二日、侍所の別当に泰時が就任し（『鏡』同日条）、翌七年正月二十八日に三代将軍実朝が暗殺されたが、義時の地位や権力は、ますます固まって行くばかりであった。

〔注1〕　源頼朝の死因に関する諸説のうち、主要なものを記しておく。

建久九年（一一九八）の末、頼朝は稲毛「重成法師新造之、遂供養之日、為結縁故将軍家渡御。及還路有御落馬、不経幾程薨給畢」とあるように（『鏡』建暦二年二月二十八日条）、相模河の橋供養の帰途、落馬して、ほどなく死んだのであるが、『明月記』・『百錬抄』・『業資王記』・『愚管抄』などでは、ただの「所労」によるとしており、後世の『保暦間記』や『盛長私記』などでは、相模河に亡霊が出現したとの説を唱え、「武家俗説弁」・『温故随筆』では「近習の士」、あるいは「安達盛長」、さらには「北條政子」に殺されたとし、ついには「広益俗説弁」のごときは、壇の浦で戦死したはずの平教経に深手を与えられて死んだとまでしている。医史学の大家、富士川遊氏は、脳出血による落馬説を出しておられるが、服部敏良氏は、京都の医師を呼ばなかったなど「北條氏の間接的陰謀が頼朝の命を奪った」のではないかと推論しておられる（『鎌倉時代医学史の研究』一七三〜一七五ページ）。なお、『猪隈関白記』にある「飲水」の病気とは、現今の糖尿病のことである（拙稿「三代の死の謎と政子」『歴史読本』五四年二月号）。

〔注2〕　建久七年（一一九六）十一月の京都の政変により、九條兼実が氏長者を罷免され、その娘任子は後鳥羽天皇中宮より退出し、慈円が天台座主を解任され、翌八年十月には一條能保の死があり、同九年一月の後鳥羽天皇の土御門天皇への譲位と院政の開始、同九月の一條高能の死など、京都政界に対する耳目を頼朝が失っており、一方では、土御門通親の政権掌握があった。頼朝の死の直後の二月には、いわゆる「三左衛門の変」があり、西園寺公経、源隆保らの出仕停止、あるいは配流があり、文覚上人も、このとき佐渡に流されている。この間の事情については、龍粛氏の『鎌倉時代』（上下二冊）が詳しい。

(二) 更なる北條氏領の増加

頼朝没後から承久の乱までに増加した北條氏領を検出してみる。

1 某国江□荘

2 山城国醍醐寺角房上山地

建暦元年(一二一一)七月十五日付「僧仁民山地避状」に、つぎのような記載がある(『鎌倉遺文』一八八二号)。

避進 (醍醐寺)寺家政所

東院西角房上山地事

四至、東西限本地中垣巡、北限峯

南限房垣、但阿伽井北端巡也、

右、山地者、為角房領代々知行也。然為平民部丞盛時領之時、被没収之、関東相模守義時知行也。而相模守為愚僧所領江□荘地頭之間、年々所当未進、積及(千石)□□。此房地依為近隣之便所、先年之比、便補彼巨多未進、永以所給也。(下略)

きわめて難解なものであるが、大意をとってみると、つぎのようなことなのだろうか。

この山地は、角房領だったが、平民部丞盛時の領となっていたときに没収されて、北條義時の所領となった。ところで、角房住侶仁民のもうひとつの所領である江□荘の地頭も、その義時であったが、彼はこの江□荘の年貢を年々未進し、未進分が（千石にも）つもってしまったので、その分として、この山地を仁民に（返し）給してきた。

このように解釈しても、はっきりしないことが多い。「平民部丞盛時」が元暦元年（一一八四）十月二十日より建暦二年（一二一二）二月十九日までのあいだに五十回以上も『鏡』に幕府の公事奉行人として登場する人物と同一とすれば、この間において、彼は一度も所領没収の憂き目を見るようなことをしていない。このことから想像すると、この「平民部丞盛時」は、元久元年（一二〇四）四・五両月に伊勢国に起った、いわゆる「三日平氏の乱」の首魁の一人、「平氏雅楽助三郎盛時」のことではなかっただろうか（『鏡』同五月六日条）。この乱のあと、義時がこの山地を手に入れたとしても、以上のような解釈が正しいとするならば、これは義時の手を離れたということになる。なお、所在不明の江□荘については、近江国江辺（江部）荘かとも考えられるが、確証はない。このときより以前に義時領になっていたわけである。

3　相模国山内荘

4　相模国菖蒲

ともに、建暦三年（一二一三）五月七日、和田氏の乱の勲功の賞として、義時が拝領したものである〔注〕（『鏡』同日条）。菖蒲の地は、延勝寺領大井荘内にあり（『鏡』文治四年六月四日条）、荘内の吉田島は文永三、四年頃（一二六六、七）、二階堂行久領であり（『鎌倉遺文』九五四一号、九七〇二号）、荘内金子郷も二階堂氏の所領であった（欠年「所領文書目録」、「二階堂文書」『神奈川県史』資料編1、古代・中世(1)）。

義時領となってから以後の伝領は不明である。

5　鎌倉荏柄前家地

建暦三年（一二一三）三月、泉親衡の乱に縁座して和田平太胤長が逮捕配流されたときに収公され、一度は和田義盛の手に返されたあと、義時が拝領したもので、のち、和田氏が乱を起す直接の契機をなしたところである。

これを拝領した義時は、ただちに被官の金窪行親と安東忠家に分給している（『鏡』同十七日条、同二十五日条、同四月二日条）。

6　上総国橘木荘

欠年二月二十四日付「北条義時書状」において、「相模守」義時が本荘十三郷の去々年の年貢を進済するよう下知したことを伝えている（「橘神社文書」『千葉県史料』中世編、諸家文書）。同じく、欠年「某置文」は「をきのゐん」（隠岐院）の文字があって、発給されたのが承久三年（一二二一）以後とわかるが、それにも「としころ、こんのたいふとの（権太夫殿）のうけところ（請所）のやうにて」と記されている（「橘神社文書」前出）。岡田清一氏は、前記の「義時書状」を「義時が相模守任官中、すなわち元久元年（一二〇四）三月から建保五年（一二一七）正月のうちに書かれたことになる」としておられる（「両総における北条氏領――補遺」『房総の郷土史』三号）。時期および所在から見て、もと和田氏領だったのではないかと考えられるが、確証はない。拝領したものと思われるが、それも確証がない。岡田氏は、貞応三年（一二二四）にも北条氏領であったと推測されているが、以後の伝領は不明とされている。

7　上総国飯富荘

建暦三年（一二一三）五月七日、和田氏の乱の賞として、北条時房が拝領した（『鏡』同日条）。旧領主については、『鏡』元暦二年（一一八五）六月五日条に若干のことが記されているが、以後の伝領とともに判然とはしていない。

8　上総国畔蒜南荘

岡田清一氏は、弘安六年（一二八三）七月に同南荘内亀山郷が北条時宗領となっており（「北条時宗申文」、「円覚寺文書」『鎌倉市史』史料編二）、文治二年（一一八六）六月十一日に、同荘が足利義兼と和田義盛に分給されていたことから（『鏡』同日条）、文治年間に和田氏領であったのは同南荘であって、これが和田氏の乱のあと、北条氏領になったものと推察されている（前掲書）。

9　信濃国塩田荘

いわゆる塩田流北条氏の祖、塩田義政は弘安四年（一二八一）十一月二十八日、この「於塩田卒」しているが（「北条系図」『続群書類従』系図部、『尊卑分脈』桓武平氏北条流）、文治二年（一一八六）正月八日には、惟宗（島津）忠久がこの荘の地頭であり（『鎌倉遺文』三六号）、比企氏の乱の直後の建仁三年（一二〇三）九月四日、比企能員に縁座して、薩・日・隅三国の守護職を収公されているから(『鏡』同日条)、このときに塩田荘も収公され、同時に、北條氏領になったと推定されたのは、湯本軍一氏である(「北條氏と信濃国」『信濃』一九ノ一二)。

10　信濃国小泉荘

延応元年(一二三九)七月十五日には、この地は北條泰時の所領となっているが(『鎌倉遺文』五四五二号)、前記の湯本軍一氏は、建暦三年(一二一三)、泉小次郎親衡がこの地を収公されて(『鏡』同二月十五日条、十六日条、三月二日条など)、北條氏領になったものと推定しておられる(「北條氏と信濃国」、前出)。

11　陸奥国遠田郡

建暦三年(一二一三)五月七日、北條泰時が和田氏の乱の賞として拝領している(『鏡』同日条)。承元四年(一二一〇)正月三十日に、この地の地頭に補任された山鹿三郎遠綱が(『鎌倉遺文』一八二六号)、八田系宇都宮朝綱の子孫から起った氏族と推定され、そのため、和田氏の乱において、和田方にあったので、この地を没収されたものであろうと、遠藤巌氏は推定しておられる(「東北地方における北條氏の所領」、前出)。以後、鎌倉末期まで得宗領であった。

12　越前国牛原荘

寛元元年(一二四三)七月十九日付「関東下知状」に、

醍醐寺領越前国牛原荘(中略)、当荘者、故遠江入道、山城入道、土佐三郎三代知行、

とある（『鎌倉遺文』六二〇四号）。この荘の地頭が、寛元元年以前に、

遠江入道（北条時政）→山城入道（二階堂行政）→土佐三郎（土佐広義）

と変転していたわけであるが、時政が地頭であった時期は判然としない。「故鎌倉右大将家被停止地頭」ともあるから（『鎌倉遺文』二九二二号）、頼朝存生中の正治元年（一一九九）よりは以前だったとは思われる。ひとたび北条氏領になりながらも他氏に伝領されて行った、数少ない例のひとつである。時政から二階堂氏の手にわたったいきさつについては、まったく不明である。

13　信濃国春近領

貞応三年（一二二四）十一月十一日付「関東下知状」に、

可令早左馬允藤原能成為信濃国春近領内榕郷地頭職

右人、如元可為彼職之状、依仰下知如件、

貞応三年十一月十一日　　　武蔵守平（泰時）（花押）

とある（『鎌倉遺文』三三〇七号）。この藤原能成は、二代将軍頼家の側近で有名な中野五郎能成である（『鏡』建仁二年九月二十一日条、同二十九日条等）。建仁三年（一二〇三）九月二日の比企氏の乱の翌々日、同四日には、能成ら頼家側近は召し禁ぜられているので（『鏡』同日条）、このときに、その所領を収公されたものと見られる〔注〕（島津氏はこの日に所領を収公されている）。

ただ、不思議なのは、中野五郎能成が召し禁ぜられたその日の日付で、

信濃国住人中野五郎(能成)、可令安堵本所之状如件、

建仁三年九月四日　　　　遠江守(時政)（花押）

と、北條時政の所領安堵状が出されていることである（『鎌倉遺文』一三七八号）。能成の所領は、いったんは没収されたが、すぐにその多くは返付安堵されたものと思われるが、この春近領については、貞応三年になるまで返されていなかったのであろう。同十三日付の「北條泰時書状」には、

中の〻馬允(能成)給候御下文進上之候。この所ハするかの守(北条重時)給て候し間、おほせあはせられ候ところに、かへしたひ給へきよし、去まいらせて候あひた、御下文なされて候。

とあるように（『鎌倉遺文』三二〇八号）、貞応三年十一月までは、極楽寺流北條重時の所領だったのである。重時から中野能成への引き渡しは、うまく行かなかったらしく、嘉禄元年（一二二五）九月九日にも、この樒郷（志久見郷）に関する重時の下文および書状が書かれている（『鎌倉遺文』三四〇三号、三四〇四号）。すくなくとも、建仁三年九月から貞応三年あるいは嘉禄元年九月までは、春近領内樒郷は、北條氏領だったわけであるが、さらに下って、寛喜元年（一二二九）十一月に、志久見山に関して中野能成と木島兵衛尉実親とが争論を行なったとき（『鎌倉遺文』三九〇四号）、裁許をしているのが重時であることを見ると（『鎌倉遺文』三九〇八号）、この志久見郷に関しては、中野能成が地頭であったにしても、それよりも上級の所職は重時のものとして続いていたことが推測される。すなわち、春近領自体の地頭職が北條氏領であったと思われるのである。以後、建長四年（一二五二）八月にも北條時頼の所領だった形跡が濃い（『鎌倉遺文』七四六三号）。

14　播磨国在田上荘
15　同　　下荘

貞応元年（一二二二）七月二十三日付で、北條義時が、在田上下荘の田畠所当を支配しているところから見て、義時の所領になっていたものと思われる。前後の関係は、まったく不明であるが、文治年間における梶原景時と播磨国との関係を思うと（『鏡』文治二年三月二十四日条、同四月十三日条、同六月九日条、同四年六月四日条）、もと景時の所領だったのではないかとも推測される。以後の伝領などについては、まったく不明である。なお、『鎌倉遺文』二八一四号に、在田荘に関係があったらしい人物が「京方被殞命候了」とあるから、承久の乱のあとのことかという不安も残っている。

16　尾張国富田荘

嘉暦二年（一三二七）五月十八日付「尾張国富田荘領家雑掌有宗契状」に、

尾張国富田荘領家（近衛家北政所）年貢事
右、於彼年貢者、任承元五年北條殿（義時）御請文、可有沙汰之処、連々対押（捍）之間、雖及訴訟、所詮、不論損否、毎年十一月中、佰拾貫文可被京進之由、被出請文之上者、云未進訴訟、云巡見使之入部、被停止畢。（下略）

とある（「円覚寺文書」『鎌倉市史』史料篇第二）。承元五年（一二一一）以前に義時の所領になっていたものと思われるが、その契機などに関しては不明である。

〔注〕　この志久見郷が元仁元年（一二二四）に中野能成から没収されたもので、それは伊賀氏事件によるものではなかろうかと推論されたのは、稲垣泰彦氏である（「春近領について」『一志茂樹博士喜寿記念論文集』）。また「貞応二年（一二二三）十二

月の義時の男子出産のさい、中野能成が得宗被官安東左衛門尉らと験者に給する馬を索いており、さらに、彼は仁治元年（一二四〇）修理権大夫（時房）の逝去に際して出家した」ことなどから、中野能成が北条氏被官になりつつあった存在であると推定しておられるのが湯本軍一氏である（「信濃国における北条氏所領」『信濃』二四ノ一〇）。

㈢　代官支配の確立

以上、頼朝の死去より承久の乱までの間の時期において、北条氏領化したことがほぼ推測されるものを列挙したが、このほかにも、北条氏領化した時期を示す史料的裏付けにやや欠けるものの、この時期において北条氏領化したらしく思われるものもある。

⑴　相模国糟谷荘

建仁三年（一二〇三）九月二日、「比企能員聟」であった糟谷有季は、比企方として戦死している（『鏡』同日条）。「糟谷系図」では「切腹」となっているが（『続群書類従』系図部）、たいした相違ではない。当然、その所領である糟谷荘は収公されたものと思われるが、幕府滅亡の直後に、大仏流北条貞直の旧領として、本荘は足利尊氏に与えられている（「比志島文書」『大日本史料』六篇之一）。北条氏の所領となったのは、比企氏の乱後、収公されてすぐのことだったのではないかと想像されるのである。なお、糟谷荘内には、櫛橋、善波、大山、富岡などの郷々に糟谷氏の庶流と思われる人物が居住しており、幕府滅亡時、近江国番場で北条仲時に殉じて戦死した人々や、北条時益と共に戦死した人々のなかに、糟谷三郎宗秋、糟谷七郎、糟屋弥次郎入道明翁、櫛橋次郎左衛門尉義守などの名があって（「近江国番場宿蓮華寺過去帳」『群書類従』雑部、『太平記』巻九、主上上皇御沈落事、同越後守仲時已下自害事）、北条氏の被官となっていたようである。〔注1〕

(2)　陸奥国金窪

建暦三年（一二一三）五月七日、和田氏の乱の賞として、金窪左衛門尉行親が拝領している（『鏡』同日条）。その名乗りから見て、これ以前から行親は、この地と関係があったものと推定される。金窪行親が、この時点より以前に北条氏の被官になっていたらしいことは、『鏡』元久元年七月二十四日条、建暦三年三月九日条、同四月二日条などによって推測される。和田氏の乱の直後の同五月六日には、侍所別当となっていた義時の命で、侍所の所司に任命されている（『鏡』同日条）。

(3)　島津荘日向方

(4)　島津荘大隅方

建仁三年（一二〇三）九月の比企氏の事件に縁座した島津忠久が、これらを没収され、以後、北条時政のものとなったと推定しておられるのが、石井進氏である（「九州諸国における北条氏領の研究」、前出）。以後、鎌倉末期まで、北条氏領であった。

以上、頼朝の没後、承久の乱にいたるあいだの時期において、北条氏の所領となったもの、および、そのように推定したものを表示してみる。

1　某国江□荘　義時
(2　山城国醍醐寺角房上山地　義時　伊勢平氏の乱、返給)
3　相模国山内荘　義時　和田氏乱
4　相模国菖蒲　義時　和田氏乱
5　鎌倉荏柄前家地　義時　泉氏乱
6　上総国橘木荘　義時　(和田氏乱カ)
7　上総国飯富荘　時房　和田氏乱
8　上総国畔蒜南荘　不明　(和田氏乱カ)
9　信濃国塩田荘　不明　(比企氏乱カ)
10　信濃国小泉荘　不明　(泉氏乱カ)
11　陸奥国遠田郡　泰時　和田氏乱
12　越前国牛原荘　時政　のち二階堂氏へ
13　信濃国春近領　時政　(比企氏乱カ)
14　播磨国在田上荘　不明　(梶原氏乱カ)
15　播磨国在田下荘　不明　(梶原氏乱カ)
16　尾張国富田荘　義時カ　(不明)

(1)　相模国糟谷荘　不明　(比企氏乱カ)
(2)　陸奥国金窪　金窪行親　和田氏乱

(3)　島津荘日向方　時政ヵ　(比企氏乱ヵ)
(4)　島津荘大隅方　時政ヵ　(比企氏乱ヵ)

まず気が付くのは、管見に入ったものが予想していたものよりもはるかに少ないということである。残念ながら、洩れたものも少なくないであろうとも思われるし、史料の残存も少ないせいかも知れない。

頼朝存生中における北條氏領の形成が、出身地である伊豆国をのぞくと、関東においてはきわめて少なく、もと平氏の勢力圏であった九州とくに肥後国や、もと奥州藤原氏の勢力圏であった陸奥国において、かなり顕著に北條氏領の形成が見られ、しかも、頼朝からの拝領という形式をとったものが多かったのに対し、頼朝の死後、御家人の列に下り、しかも、梶原、比企、泉、和田などの諸豪族の族滅事件を経て、執権職についていたこの時期においては、これら諸豪族の旧領を収公して、形式的にはともかくとして、実質的にはこれを自領にしてゆくという権力的態度が顕著であり、これに相応して、東国に多く北條氏領の形成が見られる。

前記の表を、各事件ごとにまとめてみると、つぎのようになる。

○梶原景時の事件（正治二年、一二〇〇）　播磨国在田上荘　同下荘
○比企能員の事件（建仁三年、一二〇三）　信濃国塩田荘　信濃国春近領　相模国糟谷荘　島津荘日向方　島津荘大隅方
○伊勢平氏の乱（元久元年、一二〇四）　山城国醍醐寺角房上山地
○泉親衡の事件（建暦三年、一二一三）　鎌倉荏柄前家地　信濃国小泉荘
○和田義盛の事件（建暦三年、一二一三）　相模国山内荘　相模国菖蒲　上総国橘木荘　上総国飯富荘　上総国畔

蒜南荘　陸奥国遠田郡　陸奥国金窪

このように見てくると、比企氏事件や和田氏の乱は、たんに将軍外戚の地位や侍所別当掌握など、幕閣における政敵の除去とそれに伴う幕閣における地位の保全や獲得というだけにはとどまらない意味があったものとも考えられる。比企氏事件は、北条氏の手が信濃国に及んだ事件であり、守護職が北条義時の手に帰すという結果におわり（佐藤進一氏『鎌倉幕府守護制度の研究』）、さらに信濃国住人泉親衡の事件を経て、和田氏の乱に連続する。一方、比企氏事件によって、相模国糟谷荘を得て、相模国の一角を崩した北条氏の手は、「すへて相模のものとも、謀叛をおこす」という和田氏の乱によって（『鏡』建暦三年五月三日条、『鎌倉遺文』二〇〇四号）、鎌倉に西隣して、のち「得宗領、為闕所之随一」とされた山内荘の獲得に続くものであり（欠年「正続院雑掌申状事書案」、「円覚寺文書」『鎌倉市史』史料篇第二）、江戸湾を越えた上総国への進出の手掛りをも与えたものでもあったのである。

代官支配の面においても、頼朝存生中のそれと、この時期におけるのとでは、格段の差異があるように思われる。頼朝存生期における北条時政の代官としては、前章で見たように、北条時定、越後介高成、常陸房昌明らがすぐ浮かぶが、北条時定は同族であり、越後介高成も、後妻牧の方の実家の関係での縁者であるから、准同族と見做し得る。非血縁の時政代官としては、まず常陸房昌明こそ、一の典型的な例であると見做し得よう。

常陸房昌明は、もと、比叡山延暦寺の住僧であった。それが、なにかの関係で、北条時政の代官となり、その所領越前国大蔵荘において地頭代を勤め、時政が京都に残した手勢のなかにも、その名が記されていたのであるが、もともと延暦寺にあったときから「武勇得其名」ていた、いわば悪僧ないし僧兵であったようで、在京中に源行家を誅してから、ますます武名があがり「人憚之」るほどになったという。山城国「強田」（紀伊郡木幡）のあたりに所領を有していた土豪的存在でもあったようである。ところが、この昌明が、時政の代官であった時期は、少なくとも文治四年（一一八八）七月十七日より以前のことで、この日、彼は、頼朝が俊兼に書かせた「雖為僧、勇士也。在京之程、可被召具宿直之候。右兵衛督《(一條能保)》殿」という内容の文書をもって上京しているのである（『鏡』同日条）。要するに、彼れ昌明は、時政について、その代官を勤め、やがて、上京して、一條能保の許で宿直役を勤めるのであり、さらに、頼朝の奥州藤原氏追討戦にも、一人の御家人として、参陣している存在であった（『鏡』文治五年七月十九日条）。このことから見ても、彼は、純然たる時政の被官になっていたのではなく、ときに応じて、時政の代官も勤め、一條能保の宿直もするという、いわば〝陣借り〟をして歩くような存在だったわけで、いちおうの身分としては、御家人だったわけである。だから、時政の代官をしていたときも、いわば、頼朝の命によって、時政に付けられていた存在であり、時政にしてみれば、もちろん譜代の被官どころではなく、臨時の〝借り武者〟でしかなかったわけである。その後、但馬国に住んでいたようであるが、承久の乱のとき、京方に付くようにとの院宣を蒙ったが、「院宣之召使五人」の首を斬って、鎌倉方なることを示したため、討手を受けて深山に逃げ入り、泰時の上京を待って、これに加わったという功によって、「但馬国守護職并荘園等」を政子から拝領している（『鏡』承久三年八月十日条）。事実、乱後、六條宮雅成親王を但馬国に遷座した際、泰時・時房がその守護を命じたのは、昌明であった（『鏡』承久三年七月二十四日条）。

　頼朝存生中に時政の代官であった常陸房昌明とは、こういう人物だったのである。時政の代官というのも、頼朝から付けられたものであり、まさに〝借り武者〟的な代官だったわけである。

　ところが、頼朝没後の北條氏領を在地で支配したのは、そのような存在ではなかった。

　時期的には頼朝の晩年にもかかっているが、時政領肥後国阿蘇社を時政の代官として預っていた宇治氏は、建久七年（一一九六）八月一日に阿蘇社大宮司職に補任されるや（『鎌倉遺文』八五九号）。それ以降、「北條氏、あるいは大宮司の側の当事者の何れかが交代するたびに新たな安堵状が出されている」という譜代性を有するようになるのである（石井進氏「九州諸国における北條氏所領の研究」、前出）。この宇治氏の場合は、在地の有力豪族が北條氏被官化して、代官に起用されたものである。

陸奥国における義時領津軽四郡についても、得宗家と在地の代官となった被官家において、相互に代がわりがあったときに新たな安堵状が発信されていて、ここにも譜代性が成立しているのを見ることができる（拙稿「陸奥国得宗領の研究」『目白学園女子短期大学研究紀要』六・七号）。元亨二年（一三二二）春にいわゆる〝奥州安東氏の乱〟を起した安東氏の「先祖安藤五郎ト云者、東夷ノ堅メニ義時ガ代官トシテ津軽ニ置タリケルガ末」であった（『保暦間記』『続群書類従』雑部）。「異本伯耆巻」にも、「安東と云は、義時が代に夷島の押として、安東か二男を津軽に置ける」と記されている（『群書類従』合戦部）。

陸奥国の場合は、北條氏所領の代官に任ぜられたものが、在地の住人ではなかったという点において、肥後国阿蘇社の場合と相違していた。また、北條氏領一所に一代官を置いたのではなく、一郡を各郷に分けて、被官を分散して代官にしたという点にも相違点があった。

津軽鼻和郡内では、絹家島郷、尻引郷、片野辺郷に安東氏、目谷郷に工藤氏があり、平賀郡では、岩楯村、乳井郷、平賀郷、大平賀郷などには曽我氏がいたが、同郡内中町井沼楯村には片穂氏、法師脇郷には野辺氏がいた（前出 拙稿）。安東氏の場合には、前九年の役における安倍氏の末ともされているから〔注2〕（「安藤系図」『続群書類従』系図部）、在地豪族が代官に起用されたのかも知れないが、工藤氏、曽我氏などは伊豆国の出身であり〔注3〕、片穂氏は常陸国の出身だったようで

ある。〔注4〕

このように、東国において一定の被官を獲得して、これを遠隔の所領在地に代官として置き、主従相互の間における代がわりごとに安堵状を発するということが定式化した時点において、北條氏所領における代官支配の方式が確立したとみることができよう。あとは、所領のさらにさらなる増加と、鎌倉における公文所などの家務機関の設置を待つばかりとはなったのである。

〔注1〕　糟谷荘については、拙稿「相模国得宗領の個別的研究(三)」(『神奈川県史研究』一九号)がある。

〔注2〕　「安藤系図」には、つぎのように記されている(『続群書類従』系図部)。

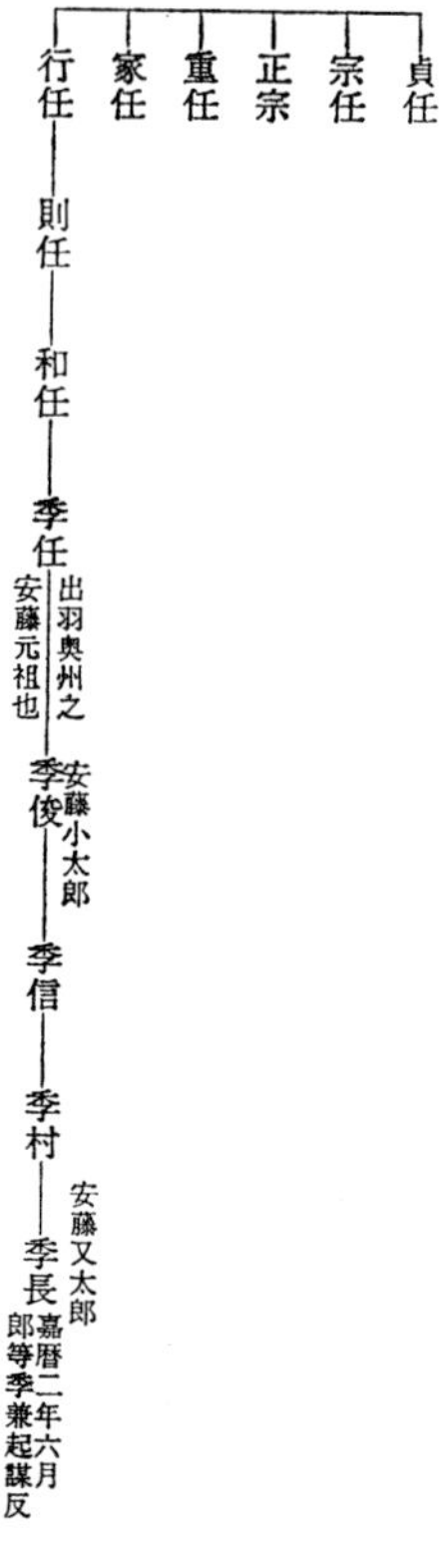

〔注3〕　工藤氏については、拙稿「得宗被官家の個別的研究――工藤氏の場合――」(『日本史攷究』一七号)がある。曽我氏は、正応三年(一二九〇)頃まで、伊豆国に所領を有している(弘安七年七月二十三日付「平祐行請文写」、正応三年七月四日付「前尾張守某奉書」、「南部文書」『岩手県中世文書』上巻)。

〔注4〕　石井進氏「鎌倉時代の常陸国における北條氏所領の研究」(前出)。常陸国には片穂荘という荘園もあった。

第四章　承久の乱と北条氏

㈠　承久の乱直後の北条氏領

承久三年（一二二一）五・六月における承久の乱は、京都公家政権と鎌倉武家政権との対決という点においても、重大な事件であったが、後鳥羽上皇の院宣が「応早令追討陸奥守平義時朝臣身」とあるように（『鎌倉遺文』二七四六号）、鎌倉幕府や将軍藤原頼経ではなく、北条義時個人の追討を命じていて、しかも関東御家人たちが北条氏の下に結集して勝利をおさめたことは、幕府における義時の地位をさらに強固なものにしたものと考えられる。承久の乱は、鎌倉幕府の京都政権への勝利であると同時に、いやそれ以上に、鎌倉幕府内部における北条義時の一般御家人たちに対する勝利でもあったのである。

その勝利によって鎌倉幕府が獲得した所領にしても、大きいものであった。治承・文治の内乱によって平氏没官領となったのは、「平家知行所領カキタテヽ、没官ノ所ト名付テ五百余所」にすぎなかったが（『愚管抄』）、承久の乱において幕府が獲得したのは、「叛逆卿相雲客并勇士所領等事、武州《（泰時）》尋註分凡三千余个所也」であった（『鏡』承久三年八月七日条）。これら三千余ケ所の承久没収地について、「二品《（政子）》禅尼件没収地、随勇敢勲功之深浅、面々省宛之、右京兆《（義時）》雖執行、於自分者、無立錐管領納、世以為美談」とあるように（『鏡』同前）、政子の命により、義時が御家人に対する行賞のことを執行したが、義時自身は自分の分については〃針を立てる〃ほども受け取らなかったとされているが、果して、事実はいかがであっただろうか。承久の乱直後における北条氏領を吟味しておきたい。

1　大和国波多荘

貞応元年（一二二二）九月二十七日付「和泉守某書状」に（『鎌倉遺文』三〇〇二号）、

武蔵守《（泰時）》知行内波多荘官使直雅□□へ被申候、

とある。明らかに武蔵守＝北条泰時の所領であった。承久の乱による北条氏領化かどうか判然とはしない。また、その後の伝領も不明である。本所は東大寺であったようである（『鎌倉遺文』二一〇七号）。

2　河内国若江郡八尾則光名

寛元元年（一二四三）十一月日付「大和海竜王寺僧申状」に、つぎのように記されている（『鎌倉遺文』六二五六号）。

河内国若江郡八尾水田拾町壱段子細状

（中略）

爰件若江郡水田者、本願施入之後、久送五百余歳之星霜也。而去承久逆乱之尅、被追捕彼所住人江則光之時、件田相接於則光私領之間、誤被打入彼没収内了。是則不慮事也。而此田本名雖号角寺以寺号為田名。今改称則光名。而六波《（北条時盛）》

羅南殿御知行歟。雖為不便事、寺僧尫弱不能申開、乍歎徒経年月之処、去嘉禎年中之比、粗雖達子細於南殿、依無奏者之入眼、空以罷過畢。(下略)

海竜王寺領河内国若江郡八尾の角寺という水田十町一段が、隣接した地の領主江則光が承久京方として追捕、所領を収公された際、誤って、則光所領に打ち入れられて幕府に没収された。幕府では、江則光にちなんで「則光名」とし、六波羅南方北條時盛に与えているというのである。承久幕府軍の一手の大将であった北條時房が、元仁元年(一二二四)六月十九日まで六波羅南方を勤めており、そのあとを嗣いで六波羅南方になったのが、時房の嫡子時盛で、その在任期間は元仁元年六月二十九日から仁治三年(一二四二)一月十九日までであり、海竜王寺僧がこの申状を執筆した時点には、六波羅南方は空席だったはずである。いわば、〝前六波羅南殿〟の意味だったのであろう。

以上のことから見て、則光名(角寺田)を承久収公ののち、給与されたのは北條時房であり、六波羅南方を交替したときに、嫡子時盛に譲られたものと推定される。以後の伝領は不明であるが、〝奏者之入眼〟がなければ、僧の提起した訴訟が〝乍歎徒経年月〟なければならなかったのであるから、得宗専制への傾斜を強くしていた幕府の様相をも併せ見るならば、〝尫弱〟な寺僧の訴訟はついに陽の目を見るにいたらず、則光名は則光名として、幕府滅亡時まで北條氏所領のままであったと考えられる。

3　摂津国多田領(多田院・多田荘)

多田満仲以来、多田源氏に伝領されてきた多田院および多田荘は、元暦二年(一一八四)六月八日、多田蔵人行綱の手から没収され、頼朝によって大内惟義に与えられたが、その子大内惟信が承久京方であったため、所領を収公されて、北条泰時がこの地の地頭に「承久御補任」された。これは、領家土御門宰相中将家領摂津国枳祢《きね》荘のほか「多田御領山九万八千町」をも含む広大なものであった（元暦二年六月八日付「源頼朝書状」、石井進氏「源頼朝の文書三通をめぐって」、『鎌倉遺文』一巻「月報」一、『鎌倉遺文』八三九七号）。本荘の支配構造などに関しては、入間田宣夫氏の「北條氏と摂津国多田院・多田荘」（『日本歴史』三三五号）がある。

4　伊勢国勾御厨
5　伊勢国丹生山
6　伊勢国南堀江
7　伊勢国永恒
8　伊勢国黒田御厨
9　伊勢国某所両金法師跡

『鏡』承久四年（一二二二）三月三日条に、つぎのように記されている。

相州（時房）賜伊勢国守護職御下文。是去年依合戦賞拝領之処、彼状焼失之由、依被申之、重所被成下也。此外、同国中十六个所賜之。所謂勾御厨、丹生山、南堀江、永恒、黒田御厨、両金法師跡以下云々。

〃去年〃＝承久三年の〃合戦賞〃として、北条時房が伊勢国において十六ヶ所の所領を拝領したわけであるが、その地名がわかるのが、以上の六ヶ所である。だから、地名不明のものが、まだ他に十ヶ所あったはずである。

この六ヶ所のうち、丹生山公田には文治三年（一一八七）頃、四方田五郎弘綱が地頭として存在した（『鏡』同四月二十九日条）。承久乱時に京方だったのであろうか。はっきりしない。彼は、文治年間には、伊勢国において、多々利荘、松永名などをも知行していたが、建長三年（一二五一）三月一日には、閑院造築のさいの築地用途一本が「四方田五郎跡」として課されている（『鏡』同日条）。他の五ヶ所については、まったく不明である。

なお、嘉禄二年（一二二六）七月一日、時房は、この十六ヶ所のうち四ヶ所を辞退している（『鏡』同日条）。

橘右馬允公高并本間太郎左衛門尉忠貞、小河左衛門尉、同右衛門尉等、蒙去承久三年六月勢多合戦勧賞。彼輩加相州（時房）陣雖励軍忠、未預其賞之間、相州連々被挙申之処、猶依無許容、自分勲功之賞、伊勢国十六个所内、辞四个所令申、与御下文給云々。

辞退した四ヶ所が、前記十六ヶ所のうちの地名の判るところであるかどうか不明である。以上の地名のわかるところのうちの二カ所について、高尾一彦氏はユニークな指摘をしておられる。すなわち、「勾御厨は今の松坂付近で、黒田御厨は今の津付近であるから、伊勢の主要な港湾をおさえたと見られる。（中略）いうまでもなく伊勢は平家の時代から舟運の要地であるから、同国の時房の守護領には重要な水軍基地がふくまれていた、と考えるべきである。かく時房が伊勢守護となり、同時に西の淡路志筑荘を領知していたことは、ともに上方周辺の水軍指揮の必要からと推測される」とされている（「淡路国への鎌倉幕府の水軍配置」（下）、補3）。

10　伊賀国予野荘

安貞三年（一二二九）三月日付「伊賀国役夫工催使解状」に、つぎのように記されている（『鎌倉遺文』三七三七号）。

予野荘者、田五十四町一段百廿歩、分米五十四石一斗三升三合、建永時所済四十石也。而今度付配符於在地之処、当時相模国司（北条時房）御知行之間、無彼下知者、不可遵行之由、土民依令申、言上子細於関東之刻、守符旨、任先例、無懈怠可致沙汰之由、被成下御下文畢。

この時点で春日神社領予野荘が北條時房領となっていたことは確実であるが、北條氏領化の時期については、まったく不明である。春日社に送進されるべき年貢米が、きっかり一町別に一石であること、そのうち四十石が建永年間（一二〇六～七）に所済されていることから推測すると、建永年間以前にすでに北條氏所領と化していたのではないかとも推測される。少なくとも、本文からは、承久の乱との関係は指摘できない。

11　駿河国賀島荘（実相寺）

文永五年（一二六八）八月日付「駿河実相寺衆徒愁状」はきわめて長文なので、本稿の論旨に添う箇所だけ抄記しておく。

駿河国賀島荘実相寺乗（衆）徒等謹言、

請殊任武蔵前司（北條泰時）入通殿御下知、并本願上人（智印）記文、日本国例正道、住僧等中被撰補院主職処、当世始被仰付他所高僧。以後御祈陵遅、仏法破滅間、為君為寺、被改補、被崇神事仏事、五十一ヶ条愁状

（中略）

副進　貞応三年十一月十五日前司入道殿御下知状、当寺院主自今以後、住僧等中可被撰補之旨、被定置之。

但歴年序之後、漸以乱行之間、任本願上人記文、可被改替之由、寺僧等訴申。前司入道殿之曰、僧都年闌齢傾、暫可相待。於自今以後者、住僧等中可被撰補之旨、被成置御下知畢。（中略）

一、同代於前司入道殿御建立不動堂、令女会、偏事酒宴、令穢道場事、（下略）

貞応三年（一二二四）十一月十五日に、北條泰時が、「住僧等中可被撰補院主職」と定めたというのは、実相寺院主職の補任権が泰時の権限に属していたということであり、これを敷衍すれば、実相寺の所在する賀島荘も泰時の所領であったということになる。では、賀島荘がいつ北條氏の所領になったかというと、これは判然とはしない。前々章で見たように、頼朝存生中に富士郡は時政の所領になっていたわけであるが、この賀島荘は富士郡内の地であるから、当然、包摂されていたのかも知れないとも思われ、また、「右大将家《頼朝》先仰付平家追討之法、遠江守殿《時政》永被修治国繁栄之祈」ともあって、まさにそれらしくも感ぜられるが（『鎌倉遺文』一〇五四一号）、一方、建治元年（一二七五）七月頃には、「ふし《富士》・かしま《賀島》のへん」と両地を別個のものと見做した記述もあるので（同、一一九五六号）、便宜、ここに収めておく。

12　駿河国興津郷

安貞三年（一二二九）二月十三日付「北條泰時袖判書下」に、つぎのように記されている（『鎌倉遺文』三八〇八号）。

（袖花押）《北條泰時》

興津郷内小河内并島内船太郎屋敷事

任親父左衛門入道去嘉禄三年十二月六日譲状、無相違可令領知給也。背父之所命、向後雖有成違乱之兄弟、不可有御承引。可被存其旨給之由所候也。仍執達如件。

安貞三年二月十三日　　左衛門尉盛治

興津虎石殿

北條氏得宗と北條氏領在地を代官として預かる被官家とのどちらかにおいて代がわりのことがあった際に、新たな安堵状が発給されることはすでに述べておいたが（本書第三章㈢）、これはまさにその一例である。当然、興津郷内小河内并島田船太郎屋敷は北條氏領であるが、延慶三年（一三一〇）十二月十三日付「沙弥某問状奉書案」に「興津郷内公文名」の記載もあり（「興津文書」『静岡県史料』第二輯）、興津郷自体が北條泰時の所領であったと思われる。なお、左衛門尉盛治なる人物は、在鎌倉の得宗家公文所雑掌の一人であったと思われる。

13　常陸国方穂荘

この荘に由縁も深く、すくなくともその一部を所領としていた片穂氏が、承久の乱のさいには、北條氏の被官であったことは、すでに石井氏も指摘しておられる（「鎌倉時代の常陸国における北條氏所領の研究」、前出）。北條氏被官の所領も、広義には、北條氏所領と見做し得よう。

14　信濃国諏訪社

「諏訪大明神絵詞」に、つぎのように記されている（『続群書類従』神祇部）。

承久弐年冬、湖水の御渡違例せり。見冬。祭礼　諸人怪と思処に、同三年五月、天下の大乱起りて、都鄙軍旅を馳せとゝのふ。関東には左京権大夫平義時朝臣諸国を相催す事有。信濃国其専一也。神氏の一族各相談て云、当社大祝此を神躰としてさうきやう異他の重職なり。仍当職の間は郡内を出る叓なし。況他国をや。潔斎厳重にしてかつて人馬の血肉に触れず。将来此職を相続すべき類は、予能其身を慎来れり。されば、保元平治の逆乱、寿永養和の征伐にも、庶子親類を遣しき。所謂祢津神平貞直、千野六郎光弘、藤沢次郎清親等是なり。今度は君臣の争上下の国（闘カ）なり。天心測がたし、宜く冥鑑を仰ぐべしとて、時の祝敦信大明神宝前にして可否を卜筮しけるに、速に発向すべき神判有。疑殆立処に解て、長男小太郎信重に、一族家人の勇士等相副て発遣せしむ。神氏の正嫡自戦場に臨事、是最初なるべし。（中略）其より入洛の日にいたるまで、度々の戦功抜群なりしかば、後日に義時朝臣書札を敦信祝に送て、勲功を褒美し神験を感歎す。委細の趣書載に及ばず。彼状今に相伝せりとぞ聞ゆる。然間抽賞傍倫にこえ、名誉当時に盛なり。其後神家の輩多く西国北国に居住し、後胤なを相続せり。是皆彼恩賞の地なるべし。

この「絵詞」の記事は、諏訪神社神職家が承久の乱において鎌倉幕府方に就いたことと、神職家が北条義時に厚遇されたということ以上を説明したものではない。『鏡』にも、承久の乱の頃には、神職家の惣領である「諏訪大祝盛重」（「絵詞」では〝敦信〟）が「世上無為懇祈」をしたこと、その「子息太郎信重相具小笠原上洛」したことしか記されていないが（承久三年六月十一日条）、それからやや経った寛喜二年（一二三〇）三月三十日には、北条泰時の被官として有名な「尾藤左近入道、平三郎左衛門尉」と並んで「諏方兵衛尉（盛重）」の名があり（『鏡』同日条）、このときまでに諏訪氏がいわゆる得宗被官の一員、それもかなり上層部に位置するものになっていたことが示されている。詮ずるところ、諏訪氏が得宗被官になってゆく一の契機をなしたものが承久の乱だったということである。この前後の頃から、諏訪神社および同社領は、北条氏所領と見做しても差し支えないものと思うのである。

これについて、山岸啓一郎氏は、「諏訪神社領（その領主は諏訪氏一族）も、そのような形で（その所領の所職を留保したまま）、北条氏に寄進されたものと考えられる。おそらく諏訪神社領は、得宗領とはいえないまでもそれに準じた形であったことは推察される」としておられる（「得宗被官に関する一考察――諏訪氏の動向について――」『信濃』二四ノ一）。しかし、湯本軍一氏は、池大納言平頼盛と頼朝が信濃国諏訪社と伊賀国六ケ山とを相博したのであるから（『鏡』元暦元年四月六日条）、この段階で諏訪社は明らかに関東御領になったのであり、だから「北條氏の幕府政治の実権を掌握、確立する過程で関東御領を何らかの形（たとえば預所とかその外の所職を獲得）で浸蝕する場合」の一例であるとしておられる（「信濃国における北條氏所領」『信濃』二四ノ一〇）。

15　陸奥国石河荘

『鏡』承久三年（一二二一）六月十四日条に、宇治川合戦の戦死者として石河三郎、石河平五の名があり、後者が片穂刑部四郎らと共に「武蔵守殿（泰時）御手」であったことから、石河氏はこの段階で北條氏の被官となっていることを指摘し、これが「石河荘北條氏領化の時期を考えるさいの一材料となるであろう」としておられるのは、遠藤巌氏である（「東北地方における北條氏の所領」、前出）。

16　紀伊国神野真国荘

嘉禄三年（一二二七）九月九日に、北條時氏が本荘の地頭職を高野山に返付している（『鎌倉遺文』三六六四号）。いったんは、北條氏領になったわけである。このことに関しては、本書第一章参照。

17　紀伊国山東荘

18 紀伊国渋田荘

承久四年（一二二二）四月十日付「六波羅下知状」に、つぎのように記されている（『鎌倉遺文』二九四六号）。

高野山伝法院領
山崎荘　地頭伊豆御曹司
岡田荘　地頭高麗兵衛尉
山東荘　地頭大炊助入道
渋田荘　地頭遠江太郎
相賀荘　地頭大田馬允
石手
弘田

右、件荘々地頭代等、同意前座主定浄律師、背院宣并御室御下文、不用領家預所職之由、有其訴。事若実者、尤不穏便之次第也。兼又於石手、弘田両荘者、号守護之輩、可令停廃也。早任御室下文旨、停止濫妨、可随荘務之状如件。

承久四年四月十日
武蔵守（北條泰時）平（在御判）
相模守（北條時房）平（在御判）

地頭の名が記されている五ケ荘のうち、高麗・大田両氏は、少なくとも、この時点までは北條氏の被官ではなかったようであるが（高麗氏はのち得宗被官として現われてくる）、伊豆御曹司は、その呼び名からして北條氏の一族かとも思われるが、清和源氏武田氏流の若槻氏が代々伊豆守となっていて、この時期には、若槻頼定が「伊豆左衛門尉」、「伊豆判官」などと称しているから（『鏡』承久元年七月十九日条、安貞二年七月二十三日条、嘉禎二年八月四日条）、これは、北條氏の族人ではないようである。

しかし、山東荘の地頭「大炊助入道」は、『鏡』の嘉禄元年（一二二五）五月十二日条に、「武州（泰時）并駿河守重時、陸奥四郎政村、同五郎実義、大炊助有時等除服祓事」とある伊具氏流北條氏の有時のことであろうと思われる。また、渋田荘の地頭「遠江太郎」は『鏡』の嘉禎二年（一二三六）八月四日条に「遠江太郎」と記され、下って建長二年（一二五〇）三月二十六日条に「遠江太郎清時」として登場する北條清時のことであろう。彼は、下図のように続く大仏氏流の人物である。

北條清時系図

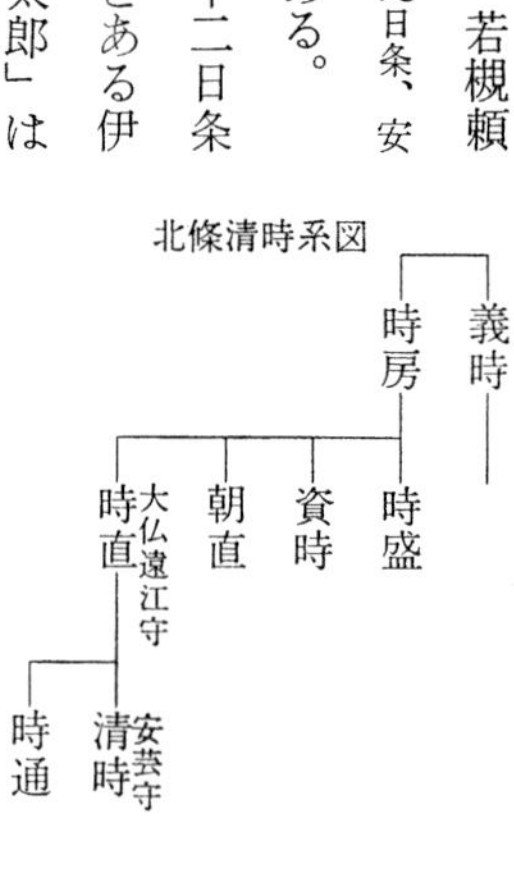

19　淡路国志筑荘

貞応二年（一二二三）四月日付「淡路国大田文」に、つぎのように記されている（『続群書類従』雑部）。

新熊野領
志々荘　前地頭源三太郎義（広）、国御家人。当時相模守殿御領。　田百町、畠、浦。

この「志々荘」という荘名は、淡路国には見当らず、〝志筑荘〟のことであろうとされている（『大日本史料』五ノ一二、仁治元年正月二十四日、北條時房死没の項）。この〝相模守殿〟は、北條時房のことであり、この「大田文」が、承久の乱の前後における地頭の交替を示したものであるだけに、「前地頭源三太郎義（広）、国御家人」が、承久の乱後、この荘の地頭職を収公されて、かわりに北條時房が拝領したものであろう。このことに関して、高尾一彦氏は、「時房の所領志筑荘を中心とする淡路島中央部に、幕府の水軍の前哨基地あるいは隠し基地があったのではないか」との指摘をされている（「淡路国への鎌倉幕府の水軍配置（下）」『兵庫県の歴史』）。

20　伊予国大山積神社（三島社）

やや下るが、仁治三年（一二四二）九月日付「北條泰時充行状」に、つぎのように記されている（『鎌倉遺文』六〇八〇号）。

三島御油畠事

合壱町内 柒段 領家御分
参段 地頭分

右、件畠、先沙汰人依違乱不作云々。而任光実房申状道理、如元所宛也。有限御油無懈怠、可令致其沙汰状如件。

仁治三年九月　日　（北條泰時）（花押）

わずか一町にすぎない畠地のことではあるが、その地の沙汰人を泰時が申し宛てていることは、この地が泰時の所領であったことを物語っている。このことを、さらに敷衍すると、この地の領家である三島神社の所領における地頭職が泰時のものであったことを推定させるものがある。

本来、三島大社は河野氏との関係浅からぬところであり、「元暦元年、通信三島三神を封ジ、軍神ト崇メ家ノ紋トス」とあるように因縁の深いものがあったが（「河野氏系図」『続群書類従』系図部）、承久の乱には、四男通久が北條時政の娘の所生の子であった関係から幕府方についたほかは、一族の惣領、河野通信に率いられた一族の多くが宮方についたため、「当国他国領所五十三ケ所、公田六十余町、一族百四十余人、旧領迄被収公訖」ということになり、通信自身も「承久ヨリ奥州平泉ト云所ニ流サレ、軈て出家シテ観光ト云シガ、貞応二年癸未五月十九日逝去」という悲運に見舞われたのである。承久の乱のさいに、河野通信が収公されたもののなかには、「中ニモ三島七島社務職等ハ全ク他ノ競望不可有事ナレ共、京都ヨリ善家ノ者進止セラル事、誠ニ無念ノ次第也。善三島ト云ハ飯尾ノ末葉也」とあるように、三島大社の社務職も収公され、三善氏の一流飯尾氏の知行するところとなったのである（「予章記」『群書類従』合戦部）。なお、社務職を握ったのは、三善氏であると記されているが、前記、泰時の「充行状」から見て、北條氏がこの地に所職を握った時点が承久の乱後であるらしいことと考え侍せると、社務職以上の所職も北條氏のものとなったのではないかとも思われるが、少なくとも、前記の「充行状」から、領家については「領家御分」としてあって、北條氏ではなかったらしく、たんなる地頭職しか北條氏所領にならなかったのかも知れないとも思われる。

21　肥後国志岐浦

石井進氏は、建暦（一二一一～三）以後、寛喜（一二二九～三二）以前において、この地を志岐弘円が北條氏に寄附し、代官職に任ぜられていることを指摘しておられる（「九州諸国における北條氏所領の研究」、前掲）。承久の乱とは、直接の関係はないようである。

22　筑後国竹井荘

前項の志岐弘円の祖父家弘が、本荘の「御代官職」を相伝しているが、前後の関係から見て、寛喜年間以前のことであることを、石井進氏が指摘しておられる（前出）。前項と考え合わせると、志岐氏が北條氏の被官になったことによる北條氏領化であろう。

㈡ 承久の乱と北条氏

承久の乱から程遠からぬ時期に北条氏の所領となったことが、ほぼ推定し得るところを、前節において列挙したが、そのほかにも、明徴は乏しいが、この時期に北条氏の所領となったのではないかと推測されるものが、若干ある。

(1) 美濃国高城荘

(2) 美濃国西郡荘

(3) 美濃国大榑荘

『鏡』貞永元年（一二三二）十一月十三日条に、つぎのような記事がある。

依飢饉、可救貧弊民之由、武州（泰時）被仰之間、矢田六郎左衛門尉既下行九千余石米訖。而件輩今年無拠于弁償之間、又愁申之。可相待明年糺返之趣、重被仰矢田云々。凡去今年飢饉、武州被廻撫民術之余、美濃国高城西（イ四）郡大久礼以上千余町之乃貢、被停進済之儀、遣平出左衛門尉、春近兵衛尉等、於当国株河駅被施于往反浪人等。於尋縁辺上下向輩者、勘行程数而施旅粮、至称可止住由之族者、預置于此荘園之間、百姓被扶持之云々。

北条泰時が、この賑給のことを行なったのは、執権という幕府の公的な地位についている者としてではなく、私人としてであったことは、平出・春近両氏ともに、他の史料からして、泰時の被官であることが確かめられることによっても明らかである。とすれば、この「美濃国高城西郡大久礼以上千余町」が泰時の所領であったことも、また、明らかである。ただ、若干困惑するのは、これをどのように読むかということである。吉田東伍氏の『大日本地名辞書』では、「高城」を〝多芸〟と解して、〝高城四郡〟と〝大榑荘〟と読んでおり、国学院大学日本史研究会も『吾妻鏡地名索引』において、同様に読んで、これを二ヶ所とされている。清水正健氏の『荘園志料』では、西郡荘と大榑荘は認めているが〝高城〟に関しては記されてはいない。『岐阜県史』の通史編中世では、〝高城荘〟（郡名不詳）、大野郡内に〝西郡荘〟、安八郡内に〝大榑荘〟の所在を認め、これを三ヶ所の地と解しておられる。本稿では、便宜、『岐阜県史』に従っておいたが、これは、根拠はやや薄弱とはいうものの、〝等〟が二個のものを指して用いられているのに対し、〝以上〟の文字が三個以上のものを総称するさいにしばしば用いられているかに思われるからでもある。北条氏所領となった時期は、まったく不明である。

(4)　陸奥国伊具荘（郡）

建暦三年（一二一三）の和田氏の乱に、和田義直を討った者に伊具右馬太郎盛重があり、承久の乱のときに、伊具太郎、伊具六郎とがあり、貞応三年（一二二四）の義時後室伊賀氏の事件のときに、一條実雅に私的に従って所領を召し放たれたのが伊具盛重であるなどのことから、この伊具氏が得宗被官だったのではないかとの疑問を提起し、これらのことが、「北條氏が伊具荘に関係するようになる時期を考える一材料となろう」とされたのは、遠藤巌氏である（「東北地方における北條氏の所領」、前出）。

以上、承久の乱のほぼ直後に北条氏の所領となったらしいところを、前節の分も含めて列挙すると、つぎのようになる。

1 大和国波多荘 泰時
2 河内国則光名 時房―時盛 承久収公地 旧江則光領と誤認 もと竜王寺領
3 摂津国多田領 泰時 承久収公拝領地 旧大内惟信領
4 伊勢国勾御厨 時房 承久拝領地
5 伊勢国丹生山 時房 承久拝領地
6 伊勢国南堀江 時房 承久拝領地
7 伊勢国永恒 時房 承久拝領地
8 伊勢国黒田御厨 時房 承久拝領地
9 伊勢国某所両金法師跡 時房 承久拝領地
10 伊賀国予野荘 時房
11 駿河国賀島荘 泰時
12 駿河国興津郷 泰時
13 常陸国方穂荘 被官化による
14 信濃国諏訪社 義時 被官化による
15 陸奥国石河荘 泰時ヵ被官化による
16 紀伊国神野真国荘 時氏 すぐ返付
17 紀伊国山東荘 伊具氏流北条有時
18 紀伊国渋田荘 大仏氏流北条清時
19 淡路国志筑荘 時房 承久収公拝領地 旧源三太郎義広領

20　伊予国三島社　泰時　承久収公拝領地
21　肥後国志岐浦　在地領主の寄進による
22　筑後国竹井荘　被官化による

(1)　美濃国高城荘　泰時
(2)　美濃国西郡荘　泰時
(3)　美濃国大榑荘　泰時
(4)　陸奥国伊具荘　義時カ有時

大観して、以上のとおりであるが、このうち、承久の乱そのものによって北条氏の所領となったことが判明するものを、まとめてみると、つぎのようになる。

河内国則光名（時房）　摂津国多田領（泰時）　伊勢国勾御厨（時房）　伊勢国丹生山（時房）
伊勢国南堀江（時房）　伊勢国永恒（時房）　伊勢国黒田御厨（時房）　伊勢国某所両金法師跡（時房）
淡路国志筑荘（時房）　伊予国三島社（泰時）

承久の乱後、勲功の賞として、北条氏が拝領したもののなかには、時房が拝領した分が圧倒的に多いことが判るが、このほかに、伊勢国において拝領した十ヶ所がある。これは、そのうちの四ヶ所を辞退しているが、それにしても、差し引き、これに六ヶ所を付け加えなければならない。承久の乱によって、もっとも多く所領を増大させ得た北条氏は、この時房だったということになる。

承久の乱後の論功行賞の際に、義時が「於自分者、無立錐管領納」というように、自分の取り分は皆無であったというが、今、見てきたように、現存する史料からは、そのことが事実として裏付けられたわけである。「世以為美談」とあるのも、故のないことではなかったらしい。しかし、結局のところは、北條氏一門の所領にも北條氏嫡宗家（得宗）の支配が貫徹してゆくのであるから、結果的には、大差はない。が、少なくとも、承久の乱直後の時期だけに限ってみれば、まさに「美談」となすだけの意味はあったわけである。

それにしても、承久没収地は全国で「三千余个所」であったといわれているが、今見てきた限りでは、前記の十ヶ所のほか、時房が辞退した分なども含めても、総計二十ヶ所しか、北條氏の所領にはなっていなかったことになる。もちろん、史料が残存していない分や、無念ながら管見から洩れているものもあろう。それにしても、少ないように感じられる。

しかし、その史料の残存しない分や管見から洩れた分も多数あることを考慮に入れつつ、治承四年（一一八〇）以降の北條氏領の増大を振り返ってみると、一定のことが見えてくるようでもある。

○治承四年（一一八〇）以前の北條氏所領　伊豆国田方郡北條のみ一所

○治承四年以降建久十年（一一九九）までの十九年間における北條氏所領の増大　京・鎌倉の家地四ヶ所を省き、確実なもの八ヶ所。他に十三ヶ所が推測される。計二十一ヶ所、一年平均の増加率一・一〇五ヶ所

○正治元年（一一九九）から承久三年（一二二一）までの二十二年間における北条氏所領の増大　確実なるもの十六ヶ所。他に四ヶ所が推測される。計二十ヶ所、一年平均増加率〇・九〇九ヶ所

○承久の乱による北條氏所領の増大　地名が判るもの十ヶ所。地名不詳のもの十ヶ所。計二十ヶ所（うち四ヶ所はのちに辞退）、増加率はいわば二十ヶ所

以上は、それぞれの地の面積、地形、肥沃度、政治ないし軍事あるいは交通などに関する質的なものをいっさい省いて、ただの数量のみに限ったものである。郡地頭金沢氏流北条氏が年々五十両の砂金を徴収している陸奥国遠田郡(遠藤巌氏「東北地方における北条氏の所領」、前出)や、「多田御領山九万八千町」という摂津国多田院(入間田宣夫氏「北条氏と摂津国多田院・多田荘」、前出)、鎌倉に西隣して「得宗領、為闕所之随一」といわれた相模国山内荘などという、個々の土地の個性を無視して、たんに数量化しただけのものであるが、頼朝存生中に将軍家御外戚としての権威の故に与えられた所領の一年あたりの増加率一・一〇五ヶ所、頼朝の死後、幕閣にあって種々暗闘の末、多く豪族を族滅させて得た結果としての一年あたりの増加率〇・九〇九ヶ所などに対して、承久の乱は、一挙に二十ヶ所以上もの所領と北条氏に与えたのである。これを見るだけでも、承久の乱の北条氏にとっての意味が推定されるところである。

やがて、北条氏三代を嗣いだ泰時は、義時の遺領配分にさいして、「嫡子分頗不足」であったというが(『鏡』貞応三年九月五日条)、それにしても、その時点までに、北条氏の所領であるとほぼ推定し得るものが、少なくとも六十ヶ所以上あったわけである。

ほとんど同じ時期の元仁元年(一二二四)閏七月二十九日、義時後室伊賀方の実家である伊賀式部丞光宗が、政所執事職を改められて、所領を没収されたとき、その所領は「五十二个所」であったという(『鏡』同日条)。現在、北条氏所領と判明するものだけでも、秀郷流藤原氏の名家であった伊賀氏の所領に匹敵、あるいはすでに凌駕していたわけであり、史料の残らなかった分、管見から洩れている分などもまだ多数あったはずである。これに付け加うるに、先述したように、個々の北条氏所領がそれぞれに富裕あるいは地形その他いろいろの面で他に卓越したものをもっていたのである。

さらに付け加えるならば、義時追討を令したのであって、幕府の転覆を号したわけでもなかった御鳥羽上皇の軍に対して、幕府の御家人たちが結束して、これに当ったという事情によって、これまでは、隠謀、奸策などによる簒奪者的存在であった北条氏の幕府における地位が、御家人連合政権としての執権政治体制における御家人たちの代表者的な地位にまで昇華安定して行ったのである。

承久の乱は、東国武士政権の京都貴族政権への勝利というだけにはとどまらなかった。それは、なによりも、北条氏の一般御家人たちに対する勝利でもあったのである。

こうして、のちの得宗専制政権樹立という方向に対する経済的基盤は、ここに成立した。あとは、これらの所領を一門庶子に配分しつつも、全体として統括して、もって軍事的政治的権力に換えてゆく仕事だけが残されていたのである。

なお、若干の蛇足であるが、伊賀国予野荘の場合、領家である春日社に送進される分が、田積一町別に米一石とはっきり決められていることに、注意しておきたい。地頭請所になっていたのではないかと推定されるのである。陸奥国津軽平賀郡岩楯村では、貞応二年（一二二三）に検注が行なわれて、検注目録が作成され、「定田玖町玖段陸拾歩」に対する所当は「布四十九端二丈三尺三寸三分并紫四升九合六勺」と決められたが、延応元年（一二三八）三月二十八日には、これに「今加廿端一丈六尺六寸七分之間、都合布柒拾端并御衣面壱切紫染衣析地絹」えて、「被停止諸方使入部者、不論損亡不作毎年無懈怠、可令究済」と、在地における北条氏被官曽我光弘が申請して、泰時が「任申請、可為請所」と令している例がある（『鎌倉遺文』五四〇一号）。

一般に、北条氏所領では地頭請が早くから始まっていたようであるが、これは、地頭の年貢対捍を防止するためという通説とはやや相違して、北條氏の場合には、初期における被官不足にともなう事務の簡素化が目的ではなかったかと思われる。

〔注〕　承久の乱における北條氏所領の増加に関しては、史料の信憑性の問題をある程度まで無視したり、北條氏領化するまでの過程がやや間接的であるなどの点を抜きにすれば、他にも、例は多い。

「承久兵乱記」に、「よしとき《（義時）》、此ことのちにきき給ひて、かすかのきやうぶ《（春日刑部）》、子とも二人うしなふのみならず、やすときか《（泰時）》いのちをつきたるものなれは、こんとの第一のほうこう《（奉公）》のものなりとて、かふつけのくに《（上野国）》七千よちよう《（余町）》たまはりけり」とあることなどである。この春日氏も北條氏被官なのである。

第二部　政治的過程

――得宗専制――

第一章　将軍独裁制

㈠　政権の構造

平安末期の東国に見られた武士団結合の一典型としての〝党〟は、いわゆる共和的関係の上に成立していたと云われている。構成員としての諸家は、共通の棟梁に対するとき以外は、相互には平等の関係に立っていたのである。このような関係によって成立している〝党〟的結合を、さらに地域を広げ、構成員の住国を東国一帯にまで押し広げたのが、鎌倉幕府であるとも云い得るかも知れない。その意味でも、鎌倉幕府は、すくなくとも、その成立の当初は、すぐれて東国的な政権であった。源頼朝を共通の棟梁として仰ぐほか、関東御家人相互の関係は平等なものだったのである。

鎌倉幕府の成立年代に関しては、頼朝が征夷大将軍に任命された時点にそれを求める古典的な説のほか、京都公権との接触、それよりくる認容、国家公権の一部受任等々、多くの学説が提起されているが、東国武士社会に多く見られた〝党〟的結合が、質的には大差なく、量的に拡大したものが鎌倉幕府というすぐれて東国的な政権であったと見倣すとき、治承四年（一一八〇）十二月十二日という日を無視することはできない。『鏡』のこの日の記事に、つぎのように記されているのである。

十二日、庚寅、天晴風静、亥刻、前武衛（頼朝）新造御亭、有御移徙之儀。為景義奉行、去十月有事始、令営作于大倉郷也。時刻、自上総権介広常之宅、入御新亭。御水干、御騎馬石禾栗毛、和田小太郎義盛候最前。加々美次郎長清候御駕左方。毛呂冠者季光在同右。北條殿、同四郎主、足利冠者義兼、山名冠者義範、千葉介常胤、同太郎胤正、同六郎大夫胤頼、藤九郎盛長、土肥二郎実平、岡崎四郎義実、工藤荘司景光、宇佐美三郎祐茂、土屋三郎宗遠、佐々木太郎定綱、同三郎盛綱以下供奉。畠山次郎重忠候最末。入御于寝殿之後、御共輩参侍所十八ケ間、二行対座。義盛候其中央、着到云々。凡出仕之者三百十一人云々。又御家人等、同構宿館。自爾以降、東国皆見其有道、推而為鎌倉主。所辺鄙而海人野叟之外、素卜居之類少之。正当于此時、閭巷直路、村里授号。加之家屋並甍、門扉輾軒云々。

いわゆる大倉御所の建築完成と頼朝の新邸入御というだけにとどまらないものであり、東国武士政権の発足を正式に宣言した儀式に外ならないものであった。三百十一人の東国武士たちが、頼朝をもって「推而為鎌倉主」し、これを棟梁と仰いで、ここにその結果を固めたのである。まさに、東国武士政権としての鎌倉幕府の成立は、この時点にこそ求められるべきであり、少なくとも、当時の東国武士たちには、そのように意識されていたものと思われる。

御家人相互の関係が頼朝の前では平等であったとはいうものの、頼朝は、意識的に〝門葉〟〝准門葉〟〝家子〟などの差格を設けて、重層的な支配の関係を造成しようとしたかに見えるが、その目的としたところは、むしろ、一般御家人のわきにこれらを置こうとしたものとも解し得るものであった。頼朝が行なったこれらの差格は、頼家の代においてほとんど衰滅し、その遺習のみが各御家人家に、曽つての栄誉として記憶されて残るのである。のち、宝治二年(一二四八)閏十二月二十八日に足利・結城両家の間に起った書札礼論争は、その一例である(『鏡』同日条。本書第一部第二章(一))。

頼朝が真に意図したものは、「顧服之郎従」を多数擁している大豪族小山氏とそれを持たないために「直励勲功揚其号」げなければならない小土豪熊谷氏というような差異を減らし(『鏡』文治五年七月二十五日条)、大小の差のある武士たちを直接的に把握することだったように思われる。

頼朝につき従ったときに「二万騎」をも率いていた上総介広常を誅殺して、その下にあった「上総国御家人周西二郎助忠以下、多以可安堵本宅」く令し、さらに「上総国御家人等、多以私領本宅如元可令領掌之旨、給武衛御下文」しているのは、その具体的な一例である(『鏡』治承四年九月十九日条、寿永元年十二月三十日条、元暦元年二月十四日条)。甲斐・駿河における一条次郎忠頼(『鏡』元暦元年六月十六日条)、遠江の安田義定(『鏡』建久五年八月十九日条)が誅殺されているのも、同じ線上の事件だったと思われるが、さらには、西国において一定の軍勢を組織し得た可能性の強い源義経、同範頼などが頼朝の追捕を免れていないことにも注目される。この頼朝の方針は、頼家・実朝の代にまで堅持されていたかに見える。西国に一定の勢力を扶植していたらしい梶原、和田などの族滅も、たんなる豪族間の暗闘というだけではなく、それを利用した上での大豪族抹殺の基本方針が貫かれているかに見える。二代頼家が「治承養和以後新恩之地、毎人於過五百町者、召放其余剰、可賜無足近仕等之由、日来内々及御沙汰」んだというのも(『鏡』正治二年十二月二十八日条)、たんなる頼家の暴政というだけのものではなかったのではないだろうか。

このような源家三代にわたる基本的な方針は、大豪族の誅殺とその下の層の御家人化、所領の均等化というだけではなく、より平和的な方法でも実行されていたかに見える。上野国の豪族新田義重の遅刻を叱るのみならず、その嫡男および次男が逸早く頼朝の麾下に参じたのを機として、共に御家人として新田本宗家からの一定の自立を認め、里見、山名などとしているのも、その一例として見えなくもない（『鏡』治承四年十二月十二日条、同二十二日条）。

このような源家三代における御家人たちに対する基本方針を、便宜、〝均等化政策〟と名付けておこう。この源家三代の間にさまざまな形で行なわれた〝均等化政策〟によって、もっとも大きな利を得たのは北条氏であった。頼朝の代においては、その庇護による権威付けをしてもらわなければならないほどの弱小な北条氏は、頼朝の〝均等化政策〟の対象として、誅滅されねばならぬほどのこともなく、他方、他の大豪族達の消えてゆくのを見守っていればよかったのである。頼家の代において、頼家が北条時政を追討せんとしたことがあるが（『鏡』建仁三年九月二日条）、これは北条氏と比企氏との暗闘のなかから出た特殊例外的なものと見做し得よう（頼朝以来の〝均等化政策〟を遵守した頼家の立場からすれば、この時点で、北条氏がその〝均等化政策〟の対象となり得るまでに成長したと認めたのかも知れない）。

やがて、義時の跡を嗣いで、泰時が立ったときには、すでに大豪族の多くは姿を消していたのである。この間、時政、義時、泰時の三代は、〝均等化政策〟を免れていた大豪族に対しては、姻戚関係を結ぶことによって、その欠を補塡していた。時政の娘は、足利義兼、畠山重忠、伊予の河野氏に嫁しており、義時の娘は、藤原季時、一条実雅、足利氏に嫁ぎ、泰時自身は三浦義村の娘を娶り、その娘は足利義氏、三浦泰村の室に入っている（「北条系図」『続群書類従』系図部）。それのみならず、北条氏が幕政末期にいたるまで、三浦、安達などの大豪族を誅滅して、頼朝以来の〝均等化政策〟を忠実に踏襲していたことは、あまりにも有名である。

この一種陰惨な感すら与えかねない〝均等化政策〟を推進しつつも、源家三代の時期には、一定の明るさのようなものが感じられる。それは、幕府の創業当初ということにもなるのかも知れないが、頼朝と御家人たちの間における一種特別な親密なものがあったからかも知れない。

頼朝と個々の御家人との間にあった親密な主従関係を示すエピソードは、『鏡』の随所にちりばめられていて、枚挙するにいとまがないほどである。そのほかの例をも、いくつか、ここに示しておこう。

いつ《伊豆》のとう《藤》ない《内》とをかけ《遠景》ハ、ほうこう《奉公》たに《他》ことなる《異》あひた《間》、とをかけ《遠景》十たい《代》、よりとも《頼朝》十たい《代》、いかなるふしき《不思議》ありといふとも、とか《咎》におこなハ《行》るへからす。これハふひんニおほしめすゆえ也。

ふんち《文治》二年七月十日

これは、平家も滅亡した翌年の文治二年（一一八六）に、伊豆の挙兵以来の御家人であった天野遠景に与えた頼朝の書状（『鎌倉遺文』一一八号）である。

また、頼朝が上洛したときのエピソードであるが（『増鏡』）、

遠江国橋本の宿に著きたるに、例の遊女多くえもいはずさうぞきて参れり。頼朝うちほほえみて、

はしもとの君になにをかわたすべき、

といへば、梶原平三景時という武士、とりあへず、

たゞそま山のくれであらばや、

いとあひだちなしや。

つまり、頼朝と景時との連歌調の対話を評して、〝なんと主従の分けへだてのないことよ〟と感心しているのである。

この頼朝と東国御家人たちとの間における緊密なる主従関係は、一朝一夕にして成立したものではなかった。古くは、前九年・後三年などの諸合戦を通じて、源家と東国武士との間に形成された譜代意識を根底とし、治承・文治の内乱によって鍛えられて、さらに強固なものに発展していたものであった。

治承四年の頼朝の挙兵を知った三浦義明が、「幸逢于貴種再興之秋」と喜悦し（『鏡』治承四年八月二十六日条）、石橋山の合戦において、北條時政が敵対した大庭景親に対して、

「景親、慥に承はれ、故八幡殿《（義家）》、奥州の貞任、宗任を攻められしより以来、東国の輩、代々相続《つ》いで、誰人が君の御家人にあらざる。随つて景親も父祖相伝の者なり。馬に乗りながら子細を申す條、奇怪なり。（中略）三代相伝の君に敵し申すぞ。忠臣は二君に仕へずと云ふ事あり」

と罵ったといわれるが、これもその一例である（『源平盛衰記』巻二十、石橋合戦の事）。

このような歴史的背景の上に立つ三代相伝の譜代性と、さらに治承・文治の内乱をともに戦い抜いたことによって、この緊密なる主従関係は、いやが上にも発展してゆき、ついに、「軍中聞将軍之命、不聞天子之詔」ということが当然というまでに昇華してゆくのである（『鏡』文治五年六月三十日条）。「ナンデウ朝家ノ事ヲノミ見グルシク思ゾ、タダ坂東ニテカクテアランニ、誰カハ引ハタラカサン」と云ったという上総介広常の言葉にも（『愚管抄』）、よく示されているものである（このような東国における雰囲気が、承久の乱における幕府の勝利の基礎的な要因にもなっているものであろう）。

頼朝との間にこのような緊密な主従関係をもって結ばれていた東国武士たちが、生命を賭けて戦ったがために、治承・文治の内乱も幕府軍の勝利のうちに終結したのであるが、諸合戦を通じて、幕府の成立発展には貢献できた東国武士たちは、いったん成立した幕府政権を運営してゆく事務的官僚的機能を、ほとんどまったく有してはいなかった。

いったん成立した幕府政権を保持運営してゆく必要が生じたとき、その成立に貢献した東国武士は、その種の業務にはまったく向いていなかったことがわかったのである。

頼朝自身が京都から招き下した筑後権守藤原俊兼に対して、

「汝富才翰也。盍存倹約哉。如常胤（千葉介）実平（土肥）者、不分清濁之武士也」

として、京下貴族と東国武士とを明確に区分しており（『鏡』元暦元年十一月二十一日条）、頼朝が梶原景時を重用したのも、「雖不携文筆、巧言語之士也、専相叶賢慮」ったからであった（『鏡』治承五年正月十一日条）。つまり、一般の東国武士は、「不分清濁」ず、「不携文筆」、「巧言語」みでなかったのである。

武士を直接的に把握し、これを統率してゆくための機関として設置されたのが侍所であるが、その別当をみずから志願して、これに補された和田義盛には、その業務すらがその手にあまるものがあったようである。一ノ谷、屋島と平家を西海に追い詰めつつあった元暦二年（一一八五）の頃、西国にあった「東国之輩、頗有退屈之意、多恋本国。如和田小太郎義盛猶潜擬帰参鎌倉。何況於其外族乎」とあるように、東国武士たちを統率してゆくべき義盛までが、鎌倉に帰参したがっているのである（『鏡』同正月十二日条）。これでは、御家人統率の任を全うすることは叶わなかったであろう。

義盛の侍所別当としての所務のなかには、御家人相互の間に起った闘諍を押し鎮めることもあったようで、毛呂豊後守季光と中條右馬允家長とが、いったんの口論から闘諍に及ばんとしたさいには、これをうまく取り鎮めているが（『鏡』建久六年正月八日条）、義盛の同族である三浦義澄の郎等と足利長氏の所従との間に闘諍が生じたときには、義盛は三浦義澄の宿所に馳せつけてしまっていて、侍所別当としての所務をまったく放棄してしまっているのである（『鏡』

建久六年五月十五日条)。

鎌倉武士団を統轄するという武士的な所務を主管する侍所別当である和田義盛にしてからが、この程度である。他は推して知るべしであろう。しばらくの後、和田義盛の侍所別当の職務も、所司であった梶原景時に借り上げられてしまったという(『鏡』正治二年二月五日条)。政所、問注所のごとき、文筆事務を主内容とする所職に適合するものは、東国にはほとんど見当らなかったであろう。

にもかかわらず、幕府政権の生長につれて、この種の文筆事務関係の所務も増大して行き、これを管掌する官僚的存在の必要性も増して行った。頼朝は、その挙兵の前後の頃から、「洛陽放遊客」であった大和判官代藤原邦通(『鏡』治承四年八月四日条)、筑前国住吉神社神職家の佐伯昌助(同、七月二十三日条)、北條時政後室牧の方の実家大岡氏の一族で「依有文章」って召し出した越後介高成(同、建久二年十二月一日条)などを側近文筆事務官僚として用いていたが、その種の所務の増大は、従来からのこれらの者たちでは処理しきれないまでになっていた。

ここに、鎌倉幕府第二の集団ともいうべきものの登場が必至となるのである。いわゆる公事奉行人と呼ばれるものたちである。京都にあっては貴族ではあっても下級であったが、そのためにかえって文筆事務に練達していたことから、鎌倉に招き下されて、幕府の事務官僚になるのである。事の当然の結果として、これら京下りの下級貴族たちは、事務官僚としての職責から、頼朝の側近に近侍するようになり、それなりの地位を占めてゆくのである。大江広元、三善康信、三善康時、大中臣秋家、藤原俊兼、平盛時、源邦業(国成)、藤井(鎌田)俊長、中原親能、中原(小中田)光家、中原仲業、中原久経などがこれである(『鏡』建久三年八月五日条など)。

これら公事奉行人は、練達した事務的才腕によって、幕政運営の諸々を托され、やがてそれなりに一定の権力を掌握して行った。反面、おのが生命を賭して戦った東国武士は、おのが階級的利害を代弁してくれる政権を手に入れるどころか、漸次、おのれが創った幕府から遠去けられて行った。このことは、東国武士たちの胸に、強い反感を呼び起さずにはいなかった。頼朝が安堵状の形式を、従来の袖判下文から政所下文に改めようとした時、千葉介常胤が、

「謂政所下文者、家司等署名也。難備後鑒。於常胤分者、別被副置御判、可為子孫万代亀鏡」

と、とくに願い出ているのも、頼朝と御家人との間の親密なる主従関係を表現したというにとどまらず、家司＝公事奉行人らの署名を軽んじたものであり、さらには、京下官僚に対する反感をも露呈したものと云えるかも知れない（『鏡』建久三年八月五日条）。

東国武士と京下官僚との間における反目と対立、および両勢力の力の均衡の上に座していたのが頼朝の権力であった。通常、頼朝の政治を〝将軍独裁制〟と称しているが、頼朝のその〝独裁的〟な権力は、その意味で絶対的なものではなかったのである。頼朝の位置するところは、両勢力の緩衝物としてのものであり、その意味において、独裁的な権力を掌握していられたのである。

幕府における両勢力の存在は、結局、両輪の如きものでありながら、東国武士にとっては、自分たちと頼朝との親密な主従関係の間に京下官僚が介在してきたかの感を与えたものだったろう。頼朝がしばしば由比ケ浜などにおいて射芸などをしているのも、東国武士との親密な関係の温存保持に心を配ったことの現われであるとも解し得るし、京下官僚の一人、藤原俊兼の華美な服装を諸人の面前で頼朝が叱責したりしているのも（『鏡』元暦元年十一月二十一日条）、両勢力のバランスを保とうとする〝偉大な緩衝物〟としての頼朝の配慮から出たものであったかも知れない。

(二)　政権構造の変化

〝偉大なる緩衝物〟頼朝の死は、両勢力の反目対立を表面に露呈しかからせた。幕府の分裂を怖れた両派の上層部十三人が談合を加えて、頼家の親裁をとどめ、十三人の宿老による会議に訴論のことを委ねたのは、頼朝死去から百カ日を経ない建久十年（一一九九）四月十二日のことであった。その十三人の宿老は、北條時政・義時父子のほか、つぎのような顔ぶれであった。

大江広元　三善康信　中原親能　足立遠元
二階堂行政　梶原景時　比企能員　安達盛長
三浦義澄　八田知家　和田義盛

北條父子を除く十一人のうち、純然たる京下官僚は、大江広元、三善善信、中原親能の三人でしかなかったが、比企能員は将軍頼家の外戚であり、武蔵国比企郡を領していたにせよ、その出身が「阿波国ノ者也」ということから見れば（『愚管抄』）、京下派と目視し得るものであり、伊豆・駿河に繁延していた工藤氏系の二階堂行政も（「工藤二階堂系図」『続群書類従』系図部）、政所の次官である「令」になっているから（『鏡』建久三年八月五日条、および数多の「政所下文」など）、これも事務官僚派と見做し得る。梶原景時は、相模国の出身とはいいながらも、すでに将軍側近の官僚になっていたことは確かである。とすると、以上十三人の宿老のうち、北條父子をのぞくと、純然たる京下官僚三人、ほぼ官僚派に属すると思われるもの三人、純然たる東国武士派五人という内訳になる。両派の均衡がぎりぎりのところで、辛うじて保たれている様子が窺われるものである。

宿老会議が成立して、親裁をとどめられたことは、若い頼家の心を傷つけた。宿老会議成立の直後、頼家は、梶原景時をして、近侍の若者五人の狼藉を許可し、「彼五人之外、非別仰者、諸人輙不可参昇御前」と布告を発して、親密であった東国武士との間の窓を閉ざした（『鏡』同四月二十日条）。

このことは、頼家に親昵し、旧来からの親密な主従関係を維持することを願っていた東国武士たちに冷水をあびせかけた結果を生み、京下貴族および側近官僚に対するその反感をいやが上にも昂ぶらせた。その反感の焦点となったのは、同じ東国の出身でありながら、将軍の側近に侍し、官僚派に鞍がえしたかに見える梶原景時であった。有力御家人六十六人が鶴ヶ岳廻廊に参集して、景時の私曲を弾劾した連署状を作成し、代表となった和田義盛と三浦義村が、その弾劾状を将軍頼家に抜露すべく、大江広元に托したのである。このとき、景時を憚かった広元が遅疑逡巡するのを見た和田義盛が、

「可被披露否、今可承切之」

と、頼家にその状を抜露するよう、広元に迫ったことは注目に値する（『鏡』正治元年十一月十日条）。和田義盛・三浦義村のごとき、挙兵以来の大豪族にしてからが、将軍との間を閉ざされており、書状の上呈も大江広元という事務官僚の手を通さなければならなくなっていたのである。それだけ京下官僚の地盤としての官僚機構が固定していたとも見ることができる。

「一ノ郎等ト思ヒタリシ」「鎌倉ノ本体ノ武士」梶原景時とその一族は、やがて族滅して行った。

しかし、この程度では東国武士の反感は押しとどめられなかった。

頼家の蹴鞠のために、御所内に松を植えるというので、御家人らに松の献上が課されたときのことである。頼家の蹴鞠の師範として京都から招かれていた紀内行景が、東国武士の一人、山口次郎有綱の献上した松を嫌って、これを採用しなかったのを見た有綱は、「殆変顔色」えて、

「数本之中、限有綱所進嫌申、所存之念在不審。京下輩多有如此事、不当々々」

と怒っているが（『鏡』建仁二年十月二十九日条）、頼家の京下の側近一人の態度からただちに「京下輩……」とその怒りの対象を拡大しているところに、東国武士の京下官僚に対する反発の根強さが感ぜられるのである。

その後、建仁三年（一二〇三）九月に起った比企氏の事件は、梶原氏の族滅と同一直線上の事件と見做し得る性質をもっていた。将軍側近の事務官僚に対する東国武士の反感が、梶原景時の場合と同じようにして比企氏に集中され、それを将軍家外戚の地位の独占を企図した北條氏が利用したものと解し得るのである。その意味で、この時期の北條氏のよって立つ地盤は、将軍家の外戚であり、側近官僚であったにもかかわらず、時政・義時の父子ともに、一般東国武士のそれと一致していたものと考えられる。

比企氏の事件の直後の同六日、北條時政は「於名越御亭」て「被行能員追討之賞」れており（『鏡』同日条）、同十日には「今日諸御家人等所領如元可領掌之由、多以被下遠州《時政》御書」ということを行なっている。これは「危世上故」ではあったが、事実上、時政の執権職就任を意味している（『鏡』同日条）。翌月九日の三代将軍実朝の政所始めには、時政が政所別当となって登場しており、従来の別当であった大江広元は他の家司たちの一人として記されている（『鏡』同日条）。東国武士の側が一応の勝利を収めたわけである。

㈢ 構造変化の推移

北條時政と義時父子のあいだで、その本質的性格と政治的志向とにおいて、一定の隔絶を生じてきたのは、比企氏の事件の直後のことであった。『鏡』建仁三年（一二〇三）九月十五日条に、つぎのように記されている。

阿波局(政子妹)参尼御台所(北条政子)中云、若君(実朝)御座遠州(時政)御亭雖可然、倩見牧御方之躰、於咲之中挿害心之間、難恃傅母、定勝事出来歟云々。此事兼思慮之内事也。早可奉迎取之由御返答。即遣江馬四郎(義時)殿、三浦兵衛尉義村、結城七郎朝光等、被奉迎取之。遠州不知子細周章給。以女房駿河局被謝申之処、成人之程、於同所可扶持之由、被仰御返事云々。

すでに尼将軍北條政子の権威が正面に押し出されており、のちの牧氏事件を暗示した内容をもっている。

元久元年（一二〇四）三月、伊勢国に起った平氏残党の乱によって、同国守護山内首藤経俊は、同国を追却されたが、この乱を鎮定した平賀朝雅は、一躍その名を挙げた。朝雅は、北條時政と後室牧の方との女婿にあたる。いわゆる牧氏事件は、牧の方が女婿である平賀朝雅を将軍に推戴しようとした陰謀事件であるとされているが、疑問の余地がないわけではない。北條時政ほどの老獪な人物が、たとえ後妻牧の方を偏愛するあまりとはいえ、このような愚をするとは思えない。むしろ、幕府の政治的構造の変質する過程において、宿老会議や鶴ヶ岳廻廊連署などに見られる執権政治への傾斜のなかで、東国武士が一応の勝利を収めてきたのに対して、京下官僚派が失われつつある権力の回復を意図して、執権北條時政を担ぎ、平賀朝雅のような源家の一族でもあり、伊勢平氏の残党を鎮圧して勢威があがっており、しかも、京都守護として貴族的傾向をも有するものを将軍に擁立することによって、いわば将軍独裁制の復活を狙った事件だったのではないだろうか。

この時期は、東国武士の連合政権としての執権政治への傾斜を濃厚に示していた時期であるだけに、京下官僚派の反撃もあり得る時期であった。頼家・実朝のごときより格段に実力を有し得るものを将軍に戴くことによって、官僚派は昔日の権力を回復し得るのである。このような京下官僚派の企図と、武蔵国に勢力を及ぼそうとした北條時政の野望とが合致したところに、いわゆる牧氏事件が起ったものではないかと思われるのである。

平賀朝雅が武蔵守として、武蔵国衙を掌握していたのであるが、朝雅が京都守護として上京するや、「武蔵国諸家之輩、対遠州（時政）、不可存弐之旨」を令しており（『鏡』建仁三年十月二十七日条）、武蔵国惣検校職を有していた畠山重忠を謀殺したことなどに（『鏡』元久二年六月二十二日条）、武蔵国の直接支配権獲得を企図した北條時政の野望を指摘しておられるのは、岡田清一氏である（「武蔵国留守所惣検校職に就いて」『学習院史学』一一号）。（ちなみに、のち義時の没後、牧氏事件に酷似した伊賀氏事件が起っているが、その伊賀氏事件の一因とも云われる北條政村が、畠山重忠誅殺の日に生まれているのは、歴史の妙であろうか。）

畠山重忠が誅殺された翌日、北條義時が、

「重忠弟親類大略以在他所。相従于戦場之者、僅百余輩也。然者企謀反事已為虚誕。若依讒訴逢誅戮歟。太以不便。斬首持来于陣頭、見之不忘年来合眼之昵、悲涙難禁」

と云ったのに対して、時政が「無被仰之旨」かったというが（『鏡』六月二十三日条）、時政と義時の隔絶が明確に示されている。義時の立場や志向は、東国武士のそれと一致していたのである。

こうして、北條時政・義時父子の対立という形で具象化された京下官僚と東国武士の反目は、尼将軍としての権威を有していた北条政子が義時の側に与したこともあって、義時の勝利に終った。時政の屋敷にいた実朝を、政子が長沼宗政、結城朝光、三浦義村、天野政景らを遣わして迎え取らせたとき、「遠州所被召聚之勇士、悉以参入彼所《(相州=義時邸)》、奉守護将軍家《(実朝)》」ったということは、この事件が、表面的には時政・義時父子間の争いの形をとりながらも、事実においては、京下官僚と東国武士との対立であったことを如実に示したものである〔注〕（『鏡』元久二年閏七月十九日条）。

翌閏七月二十日、伊豆に隠退した時政の跡を嗣いで、義時が執権職に就任した。

さきに、比企能員をもって京下官僚の一員と見做して東国武士がこれを倒したあと、時政が執権に就任したのは、いわば東国武士の京下官僚に対する勝利の一表徴であり、いわば東国武士の総意によるものであった。そして、いま、義時が京下官僚派の反撃を斥けて、執権職に就任したのも、また、東国武士の勝利の表徴であり、その総意によるものであった。北条氏の執権職就任は、上からの天降り的なかたちでのものではなく、東国武士の総意の下に推戴されたかたちのものだったのである。

ここに、京下官僚派の反撃は空しく潰え、鎌倉幕府は東国武士の連合政権として、純化しつつ、執権政治への道を着実に歩んでゆくのである。

しかし、この時点における義時の地位および権力を過大に評価することはできない。義時が勝利を収め得たのは、東国武士の〝悉く〟が義時の側に与したように、彼がその階級的利害を東国武士のそれと一致させ得るまでに生長を遂げていたからでもあり、幕府内部における両派の対立抗争が、北条父子の相剋という形に集約具現化されたほど、北条一族の地位がたかまっていたことにもよるものであったが、それは、将軍実朝の「御幼稚之間」において「簾中聴政」を行なっていた尼将軍北条政子の弟であるという地位にもよっていたのである。

これは、将軍実朝の叔父という地位を義時に与えたものであった。もちろん、血縁関係上の将軍家御外戚としての地位にのみ準拠していた時政とは、量的にも相違しているが、義時の領主化が進行していて、東国武士のそれと匹敵し得るほどにまでなっていたということと、ほぼ同レベルで、義時の将軍外戚としての地位が預かって力があったのである。その意味で、義時のとった態度は、将軍実朝との外戚関係の独占ということであった。頼家と比企氏との先縦もあったので、実朝の令室を東国武士のなかから選ばず、実朝の京都文化渇仰を利用して、京都の坊門家の姫をもってこれに宛てたのも、その一例であり、さらには、多くの源氏一族の抹殺も行なっている。建暦三年（一二一三）二月十六日の泉親衡、建保二年（一二一四）十一月十三日における頼家の遺児栄実、建保七年（一二一九）正月二十七日の阿野時元等々の誅殺がこれであり（『鏡』それぞれの同日条）、同年四月十五日には、頼家の子禅暁を京都にまで追い求めて殺している（『承久軍物語』）。

建暦三年（一二一三）五月の和田氏の乱に勝った義時は、御家人統轄を主管する侍所別当の職を獲得し、被官の金窪行親を所司に補任して、和田氏の乱における「亡卒生虜等交名」の注進を命じ、被官の安東忠家にも同様のことを命じている（『鏡』同五月六日条）。しかし、建保六年（一二一八）に泰時が侍所別当となったときには、侍所の所司には、二階堂行村、伊賀光宗、江能範、三浦義村の四人がついていて北條氏の被官はいない（『鏡』同七月二十七日条）。このとき、別当である泰時も、「侍所々司五人」を定めたとあるので、別当義時も所司五人の一人に数えられていると考えられるので、侍所別当とはいうものの、所司たちの頭人というにすぎないものであった。

それにしても、京下官僚派が敗退し、幕府が東国武士の政権として純化された結果、当然の帰結として「ナンデフ朝家ノコトヲノミ、ミグルシク思ゾ」という京都政権に対する強硬外交が打ち出されてくる。

頼朝の時期には、寺院などに対しても、きわめて妥協的であり、上洛途次の頼朝は、群参する衆徒らに対して下馬の礼をすらとりかねなかったのであり（『鏡』建久六年三月四日条）、伊勢神宮の抗議によって畠山重忠を蟄居せしめ、延暦寺の抗議によって、佐々木定重の所領の半分を山門に寄附して、これを償うのみか、あまつさえ、定重自身を梟首して謝罪していたのである（『鏡』建久二年四月二十六条、同五月二十日条）。

このような頼朝の軟弱な態度は、心ある東国武士からは、「ナンデウ朝家ノコトヲノミ、ミグルシク思ゾ」と苦々しく感じられていたのであり、その故にこそ、京都に対して妥協的な態度をとってきたことの責任を梶原景時、比企能員、北条時政、平賀朝雅ら京都に関係のあったものに帰して、これを糾弾したのである。この東国武士が、政権を掌握するようになったのが、元久二年（一二〇五）閏七月だったのである。これより以降、幕府において、京都に対する妥協的な態度が廃棄され、対京都強硬論がいきおいを持ってきたのは、当然のことであった。

建保二年（一二一四）八月七日、興福寺衆徒が強訴のため入洛しようとしたとき、幕府軍は宇治・勢多においてこれを拒ぎ、翌年三月十六日、園城寺衆徒が三井別所に城を構えて、延暦寺領東坂本を焼き払ったとき、幕府軍は即日、その城を破却し、城を築いた張本人を捕えて処断している（『百錬抄』各日の条）。同年七月五日、「諸寺諸山僧徒之武勇等」を永く停止すべく宣旨が出されて、即日、幕府に下令されているが、これは幕府から宣下のことを懇請したものではないだろうか（『仁和寺御日次記』）。京都の後鳥羽上皇から摂津国長江・倉橋両荘の地頭職改補のことを命ぜられても、幕府がこれを峻拒したのも、この頃のことである。

わずかに一人だけ幕府にあって、軟弱外交を首唱していた観のある三代将軍実朝の突然の死は、鎌倉幕府をして、ますます強硬外交路線をとらせるにいたった。

一方、京都政権の側でも、建久七年の政変から建仁二年（一二〇二）までの七年間、土御門通親の反幕政策が推進されており、後鳥羽院政の下、親幕派の西園寺公経らが逼塞していたので、これまた、ますます幕府に対する強硬策が推し進められて行った。かくして、後鳥羽院政権と鎌倉幕府との激突は、避けようもなくして起った。承久の乱が、これである。

承久の乱に際して、北条政子が東国武士激励の演説を行ない（『鏡』承久三年五月十九日条）、義時が主戦論を唱導し（「渋柿」『群書類従』雑部）、後鳥羽上皇の院宣が義時追討を令していて（『鎌倉遺文』二七四六号）、しかも、幕府軍の勝利におわったことは、幕府における主戦論派＝東国武士のますますの勝利となり、義時の幕府における立場をさらに高める結果になった。なおこのとき、大江広元、三善康信など京下官僚派の巨頭までも主戦論を唱えたことは有名であるが、この時点ではすでにして、両派の対立はなくなっていた、というよりも、京下官僚派が、すでにして、本来の性質をなくし、東国武士政権として純化されていた鎌倉幕府の事務官僚になりきってしまっていたことをも示すものであろう。

承久の乱は、鎌倉幕府の京都政権への勝利というにとどまらず、北条義時の東国武士に対する勝利でもあったのである。

〔注〕　元久二年閏七月十九日、北条時政が出家したとき、「同時出家之輩不可勝計」ずといった情況であったと『鏡』は伝えている（同日条）。これは、北条氏に都合よく記す『鏡』による潤色なのかも知れないが、他の史料によって、このときに出家したとわかるものがあれば、それこそ京下官僚派のものということができよう。残念ながら、まだ見つかってはいない。

第二章　執権政治体制

(一)　伊賀氏事件

貞応三年（一二二四）六月十三日、鎌倉北条氏二代目の義時が死んだ。死因は、日頃から脚気の上に霍乱を併発したことにあるとされている。『鏡』には、つぎのように記されている（同十二日条、同十三日条）。

十二日、戊寅、雨下、辰刻前奥州（義時）病悩。日者御心神雖令違乱、又無殊事。而今度已及危急。（下略）

十三日、己卯、雨降、前奥州病痾已及獲麟之間、以駿河守（重時）為使、被申此由於若君（頼経）御方。就恩許、今日寅刻令落餝給。巳刻若辰分歟、遂以御卒去。御年六十二。日者脚気之上、霍乱計会云々。自昨朝相続被唱弥陀宝号、迄至終焉之期更無緩。丹後律師為善知識奉勧之、結外縛印、念仏数十反之後寂滅。誠是可謂順次往生歟云々。午刻被遣飛脚於京都。又後室落餝。荘厳房律師行勇為戒師云々。

この時代の〝脚気〟に関して、服部敏良氏は、鎌倉時代の公卿や僧侶などが脚気に悩んだことは、多くの文献に記載されている。これらの人々は常食として白米を用いていた。しかし、この白米は、今日のごとき精白米でなく、「ひらしらげよね」と呼ばれる下白米にあたるものであった。精白度も低く、精白米に比してヴィタミンの含有量も多かった、従って、脚気の原因は、主食の白米によるものではなく、むしろ粗食に起因する蛋白質・脂肪等の欠乏が誘発したものと考うべきである。とされている（『鎌倉時代医学史の研究』二四四頁）。

〃霍乱〃については、『病の草紙』のなかに、

霍乱といふ病あり、はらのうち、苦痛さすかことし、口より水をはき、尻より痢をもらす、悶絶顚倒して、まことにたえかたし、

という詞書があり、そのわきに、縁先から庭に向かって尻を突き出して下痢をしながら、口よりも水を吐いている病人の絵が描かれている（『杏林叢書』上巻）。〃霍乱〃については、服部敏良氏は、「猛烈な腹痛・下痢嘔吐を催す急性胃腸炎である」としておられる（『平安時代医学の研究』一〇三頁）。すなわち、義時の死因は、日頃からの脚気に伴う疼痛・麻痺の症状に加うるに、急性胃腸炎を併発したことにあるというのである。

しかし、安貞三年（一二二九）四月十一日に京で捕われた承久の乱の京方首謀者である二位法印尊長が、「只早頭をきれ、若不然ば、又義時か妻が義時にくれ遣さむ薬（誤脱アラン）されこるてくはせて早ころせ」と口走ったといわれ（『明月記』同日条）、上横手雅敬氏も、このことから、「尊長が実雅の兄であり、義時の妻が伊賀氏であることを考えると、妻女による毒殺説は容易に黙殺し得ぬものがある」としておられる（『日本中世政治史研究』三九〇頁）。義時が「思ノ外ニ近習ニ召仕ケル小侍ニツキ害サレケリ」と記してある書もあり（「保暦間記」『群書類従』雑部）、江戸時代になると、義時の近習で

あった深見三郎なる者が、父の仇として義時を刺し殺したという説まで成立している（『続本朝通鑑』）。

義時の死因に関しては、このように諸説が紛々としているが、現在においては、ほとんど真相を窮めることは不可能に近いが、六月十二日の辰刻に病臥し、翌日の巳刻に死去したというのは、まさに〝急逝〟と呼んでしかるべきであり、死ぬまで、外縛印を結び、念仏数十返を繰り返し、「誠是可謂順次往生歟」とわざわざ註記されているのは、かえって義時の死の周辺になにかがあったことを感ぜしめるものであるだけでなく、前記のような脚気と霍乱という病気のもたらす症状とも一致しないのである。そこには、たしかになにかがあったのである。

義時死去の報を京都で受けた泰時は、その翌日、京都を出発して鎌倉に向かったが、泰時に二日遅れて京都を出発して北条時房・足利義氏などを由比に迎え、これと合流してから、九日間以上を費やして、鎌倉に入っている。〔注1〕

この間のことを、「保暦間記」は、「泰時且《しばら》ク伊豆国ニ逗留メ、時房先鎌倉へ下テ、隠謀ノ族ヲ尋沙汰シテ後、同廿六日、泰時鎌倉へ入、時房随分ノ忠ヲ致シケリ」と伝えている。「保暦間記」自体は信憑性の高いものではないが、一面の真実をついているかに見える。泰時は、遅れて京都を出発した北条時房・足利義氏を待って、ともに鎌倉に入ったのであるが、この時点で泰時がもっとも心を許したのが、この二人だったのである。時房は、泰時の叔父（父義時の弟）というだけではなく、「相州（時房）当時於事不被背武州（泰時）命」といわれた人物であり（『鏡』貞応三年六月二十九日条）、足利義氏は、時政の娘（政子・義時の妹、泰時の叔母）の所生の子であるのみでなく、泰時自身の女婿でもあった人物である。泰時は、このようにもっとも信頼のできるものたちと共に鎌倉入りを果したのであって、自分一人だけで鎌倉に帰ってきたのではなかったのである。ということは、彼自身も、北条家の本貫苗字の地である伊豆国北条の地において、直属被官を集め、軍勢をととのえた上での鎌倉入りであっただろうと思われるのである。〔注2〕

これらの諸手配りをした上で、鎌倉に入った泰時が、自分の邸と定めたところは、その塀内に、直属被官である関左近大夫将監実忠、尾藤左近将監景綱の居宅もあるところであった（『鏡』貞応三年六月二十七日条）。関実忠と尾藤景綱は、承久の乱のときに、鎌倉を出発した泰時が率いていた「十八騎」のなかにあったように（『鏡』承久三年五月二十二日条）、泰時にとっての腹心中の腹心であった。塀内の二方をこの腹心中の腹心である関・尾藤が固める泰時邸内では、平盛綱、安東光成、万年右馬允、南條時員などの直属被官群が経廻していて、「要人之外、不可参入」と、厳しく警固していたのである（『鏡』貞応三年六月二十八日条）。

これらの警戒は、みな、いわゆる〝伊賀氏の陰謀〟に対処した措置であったとされている。

いわゆる〝伊賀氏の陰謀〟なるものは、義時の後妻である伊賀の方が、実家の兄である伊賀光宗・朝行・光重らと計って、所生の娘の聟である一條実雅を将軍にし、所生の男子である北條政村を執権にして、伊賀氏一族で幕府の実権を掌握しようとした事件であったとされ、御家人の雄族であった三浦義村もこれに加担していたとされている。

『鏡』には、つぎのように記されている（貞応三年六月二十八日条）。

前奥州（義時）禅室卒去之後、世上巷説縦横也。武州（泰時）者為討亡弟等、出京都令下向之由、依有兼日風聞、四郎政村之辺物忩。伊賀式部丞光宗兄弟、以謂政村主外家、内々憤執権事。奥州後室伊賀守朝光女亦挙聟宰相中将実雅（一條）卿立関東将軍、以子息政村用御後見、可任武家成敗於光宗以下兄弟之由潜思企、已成和談。有一同之輩等、于時人々所志相分。

これをもって見ると、前述したように、下向の途中において、泰時が手勢をそろえたことなどが起因したものか、泰時が〝討亡弟等〟そうとしているという噂がとんで、そのために政村の辺が物忩になったとも解され、泰時の心中に政村たちを滅ぼそうという意図があったかどうか判然としないが、ある程度まで、泰時側からの挑発があったかのようにも感じられ、いわば追い詰められたかたちで〝伊賀氏の陰謀〟が始まったとも考えられないことではない。
このとき、事実において幕府の首長であった北条政子が、躊躇して宿老大江広元に相談するなどしていた泰時に、執権職を嗣ぐよう命令し、深夜ひそかに三浦義村をその邸に訪れて説得し、泰時の邸に三浦・中条・小山・結城などの宿老諸将を招いて、その眼前に将軍頼経を抱いて現われ、泰時の命に服するように命令するなどのことがあって、いわゆる陰謀は未然に防ぐことができた（『鏡』貞応三年六月二十八日条、同七月十七日条、同閏七月一日条）。なお、三浦義村が北条政村の烏帽子親であり、「政村与義村如親子」き関係であったことを無視することはできない（『鏡』貞応三年七月十七日条、同十八日条）。この事件の関係者の系図を、「北条系図」、『尊卑分脈』などで、表示すると、下図のようになる。

伊賀氏事件関係系図

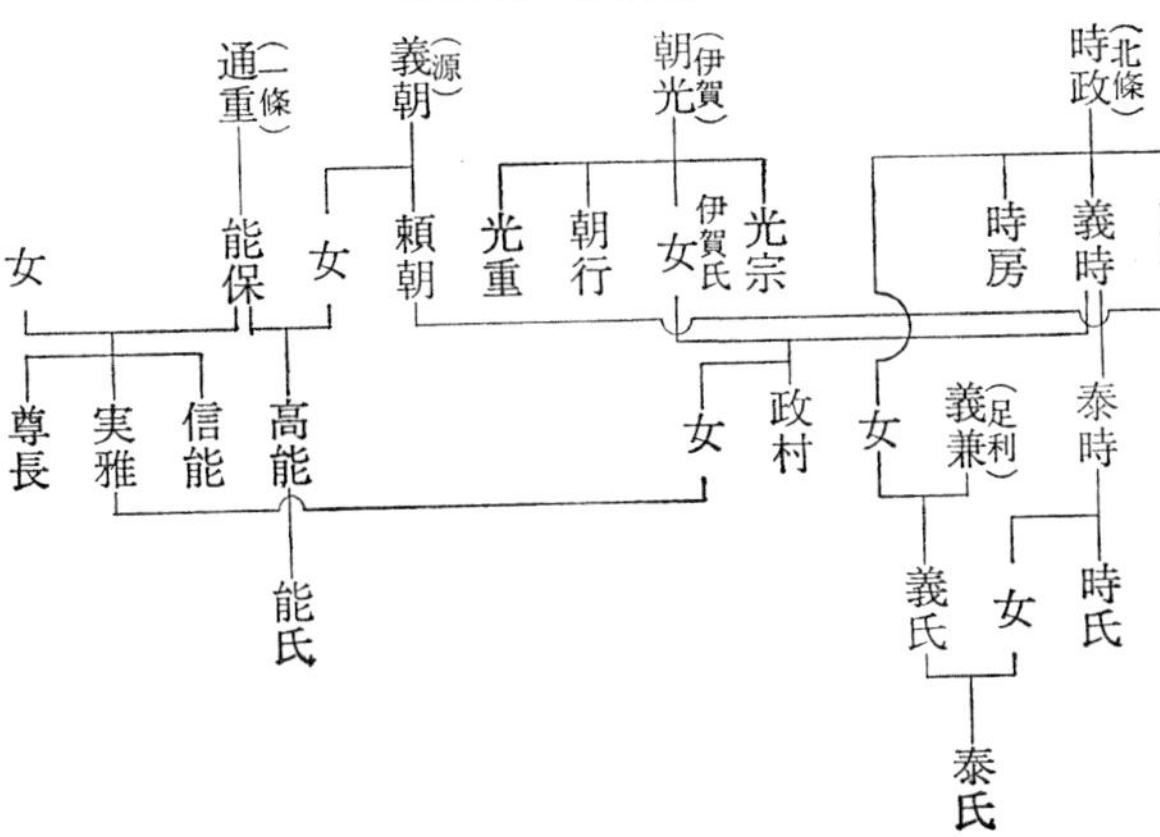

この事件を見ていると、いくつかの点に注目されてくる。
そのひとつは、時政から義時への代替りに起った、いわゆる〝牧氏事件〟と表面上はきわめてよく似ていることである。この種の事件を理解するためには、この時期における東国武士間に行なわれていた婚姻の慣習とそれに基づく意識の理解が前提となるようである。この時代における妻は、夫の所領とは別個の所領を実家から与えられており、その所領に関しては、実家の惣領の権力下におかれていたのである。やや年代は

下るが、延慶元年（一三〇八）の頃、豊後国の御家人であった帆足家近は、父に勘当されたまま、父に死なれてしまったが、同国所在の「戸幡、昌蒲、佐古、為家近母領之條勿論也」として、「家近一向可領知之」とされているのは、家近の母の所領が、家近の父の支配下にはなく、彼の母が実家より〝女子一期分〟としてではなく与えられていたからである（同十二月九日付「鎌倉幕府裁許状」『鎌倉幕府裁許状集』上、六三号）。三浦周行氏は、同じ例を挙げて、このことを「特別処分にして、固より常規を以て律すべからざるなり」としておられるが（『法制史の研究』五九四頁）、羽下徳彦氏は「御家人の女子が所領の配分を受け、それを持って他家に嫁した場合、夫とは別に、自分の所領を子孫に譲与し得たことは疑いない。ただその所領が、里方惣領の統制下にあるかどうかは、その所領が元来惣領の統制下にあったかどうかで、事情は異なる」とされている（『惣領制』（日本歴史新書）、八三頁）。

このような法慣習のあった時期においては、妻は、たとえなにびとかに対しては妻であるにしても、自己保有の所領が実家の惣領の権力下にあるものとしたら、当然、実家側を利するような行動をとるようになることは、目に見えていることである。そのもっとも好例となるのが、北條政子の場合であったと見做すこともできる。源家の頼朝に嫁し、頼家・実朝の二男子を源家にあげつつも、彼女の行動は、常に実家の北條氏のための行動だったのである。

伊賀氏事件のことをもととして、羽下徳彦氏は、父親がその所領に関して「未処分の場合の配分権は、第一に後家、次に嫡子であった」としておられる（前掲書、七八頁）。同氏は、さらに、南北朝期の越後国の色部氏における事例をもととして、「存日処分が原則であって、それが果たし得ない時に後家の行なう遺領配分行為は、父祖が子弟に対して行なう譲与の代理行為であることを、明瞭に示している」とも云われている。羽下氏の指摘された東国武士間における遺領配分の原則や、他家に嫁した娘にまで及ぶ実家の惣領権に基づく婚家における妻の実家への当然の配慮とを併せ考えつつ、伊賀氏事件を振り返ってみると、義時亡きあとにおける伊賀氏と泰時の関係は、きわめて微妙なものとならざるを得ない。

義時の死因が、日頃からの脚気の上に霍乱が計会したものであるにせよ、はたまた、後室伊賀氏による毒殺であったにせよ、さらに近習などによる暗殺だったにせよ、とにかく〝急逝〟であったことには間違いないようである。当然、所領配分のことまでは手がまわるような状態ではなかったはずである。だから、「渋柿」にも、「義時朝臣逝去之時、頓死にてありしかは、譲状の沙汰にも及はさりし」と記されているが、まさにそのとおりであって、義時の所領配分に関する譲状は存在しなかったはずである。義時の「存日処分」の譲状などがなかったのであるから、その遺領である「未処分の場合の配分権は、第一に後家、次に嫡子」であって、当然、義時の後家伊賀氏の義時遺領配分権が嫡子泰時の配分権に優先するはずであった。ここにこそ、いわゆる〝伊賀氏の陰謀〟なる事件が起った真の原因が存するものと考えられる。このとき、伊賀氏が、真にいわゆる〝陰謀〟を企らんでいたとすれば、彼女は、遺領配分に関する第一優先順の権利を楯にして、北條家の惣領の地位を所生の政村に宛てれば、それで事足りたわけである。泰時が軍勢を率いて鎌倉入りしたのは、これを阻止することにあったのである。

泰時が義時遺領の配分を行なったのは、その権利に限っては第一優先権者であった義時後室伊賀氏を追放したあとのことであった。『鏡』の貞応三年九月五日条には、つぎのように記されている。

故奥州(義時)禅室御遺跡荘園、御配分于男女賢息之注文、武州(泰時)自二品(政子)賜之、廻覧方々。各々有所存者可被申子細、不然者、可申成御下文之旨被相触。皆歓喜之上、曽無異儀歟。此事、武州下向最前内々支配之。潜披覧二品之処、御覧之畢後、仰曰、大概神妙歟。但嫡子分頗不足。何様事哉者。武州被申云。奉執権之身、於所領等事争有競望哉。

只可省舎弟等之由存之者。二品頻降御感涙云々。仍今日為彼御計之由及披露云々。

この記事の前半部分によれば、このときより以前にすでに存在していた〝義時所領配分状〟とでも呼ばれるべきものを、〝武州泰時、二品政子よりこれを賜わった〟というのであるが、後半において、泰時が京都より鎌倉に下向するやただちに、〝内々〟にこれを作成し、〝潜かに〟政子の披見を仰いでいたというのである。いわば、泰時の弟妹思い、兄弟愛というものをどうしても書き入れたいばっかりに、〔注3〕ついつい尻尾を見せてしまったということである。いわゆる〝伊賀氏の陰謀〟が露見していなかった時点において、手兵をそろえて鎌倉入りをし、ただちに〝内々〟に遺領処分のことを行なっていたということは、まさに第一等の遺領処分権者である伊賀氏の存在を忽緒した、まさに陰謀であったとしなければならない。つまりは、いわゆる〝伊賀氏の陰謀〟事件は、泰時の側から仕掛けたものだったことが、はっきりと示されているものである。

「将軍執権次第」には、「十二月十七日、任父譲、補御後見」とあるが（『群書類従』補任部）、これは、月日も事実と相違しているばかりか、〝父譲〟など最初からなかったのを、そのように誤認したものであろう。

いわゆる〝伊賀氏の陰謀〟事件に加担したとされる人々の処置は、おおむね、寛容なものであった。

将軍に擬せられたという一条実雅は、京都政権に仕える朝臣の身分だったということもあって、幕府では処断し得ないとされ、京都にまかせることとなり（『鏡』貞応三年閏七月三日条）、同月二十三日に京都に追却され、十月十日に越前配流に決定し、同二十九日に解官の上、越前国に配流された（『鏡』各日条）。四年後の安貞二年（一二二八）四月二十九日、配所越前国で死んでいる（『鏡』同五月十六日条）。

執権に擬せられた北条政村は、烏帽子親の三浦義村が「陸奥四郎〔政村〕全無逆心歟」とかばったこともあって（『鏡』貞応三年七月十七日条)、なんらの処置もなされなかった。

陰謀の首魁とされた義時後室の伊賀氏は、やや遅れて閏七月三日に流刑と決定した。ついで翌八月二十九日に伊豆国北條郡に下向、この地で籠居することになった(『鏡』各日条)。そして、この年の十二月十二日、配所において病気に罹り、同二十三日に「及危急」んだということが、鎌倉に報ぜられている(『鏡』同二十四日条)。その後のことに関しては、まったくわからない。

その兄弟である伊賀光宗は、閏七月二十九日に政所執事職を罷免され、その所領五十二ヶ所も没収、身柄を「外叔」(母の兄)である二階堂行村に預けられている(『鏡』同日条、『尊卑分脈』)。翌八月二十七日には「可被誅之由」の巷説がとんで鎌倉中に騒動が生じたが、虚報と判明してすぐに収まっている。同二十九日には信濃国に配流されたが、翌元仁二年(一二二五)正月二十二日、出家していたこともあったのか、許されて鎌倉に帰参し、没収されていた所領五十二ヶ所のうち「本領八个所返賜」わっている。以降、御家人としての行動を続けており、康元二年(一二五七)正月二十五日、八十歳で没している(『鏡』各月日条)。

光宗の弟、伊賀朝行と光信は、京都に追却された一條実雅に従って、自由に上洛を遂げたので、これを咎められ、六波羅探題であった北條時盛(時房の子)と時氏に預けられたのち、八月二十九日には九州配流と決定し、十一月九日に配所に出発したが、翌年の嘉禄元年(一二二五)八月二十七日には、前月七月十一日に死んだ北條政子の追福のための恩赦を得て鎌倉に帰参し、以降、一般御家人として行動している(『鏡』各月日条)。

そのほかに、京都に追却された一條実雅に従って勝手に上洛した咎によって、源式部大夫親行と伊具馬太郎盛重らが所領没収などの処置を蒙っているが(『鏡』十一月十四日条)、親行は安貞二年(一二二八)十二月三十日に頼経将軍の供奉をしているから、それより以前に赦免されたものと思われる（『鏡』同日条）。伊具盛重に関してはその徴証はなく、そのまま赦されなかったのかも知れない。泰時の弟の有時が「伊具祖」となって、伊具氏流北条を称していることは（「北条系図」『続群書類従』系図部）、伊具盛重の苗字の地である陸奥国伊具郡（荘）が幕府に没収されたあと、有時流北条氏の所領になったものと思われる。伊具盛重自身、和田氏の乱のときに和田義直を討つなど、北条氏に近しい関係にあった様子が窺われる人物であり、すでに義時の被官になっていたかとも思われるものである。そのため、義時後室伊賀氏の方人と目されるような行為、すなわち、一条実雅に従って勝手に上洛するなどのことになったのかも知れない。その孫かとも思われる伊具四郎入道は、北条氏の被官であったらしい諏訪刑部左衛門尉の旧領を与えられていたというから、これまた北条氏の被官になっていたのかも知れない（『鏡』正嘉二年八月十六日条、十七日条、同九月二日条）。ちなみに陸奥国伊具郡斗蔵寺の梵鐘には、「平朝臣貞時二世悉地洪定成就」の文字が刻まれており（正安三年大歳辛丑二月日付「伊具郡斗蔵寺鐘銘」『宮城県史』三十巻、一七九頁）、元亨三年（一三二三）十一月三日、得宗被官工藤貞行が、伊具荘金原保内片山村の「御たいくわんしき」を娘に譲与している（同日付「工藤貞行譲状」『岩手県中世文書』上巻）。

〔注1〕　義時死去の日の午刻に飛脚は鎌倉を出発、三日目の十六日に京都に到着している。その翌日である十七日の丑刻に京都を出た泰時は、二十六日の未刻に由比に到着したが、泰時に遅れて十九日に京都を出発した北条時房・足利義氏らと由比に一夜止宿して、翌二十七日に鎌倉に入った（『鏡』各日条）。

〔注2〕　北条氏の本領が伊豆北条であることはよく知られているところである。承元三年（一二〇九）十一月十四日、義時が「年来郎従」を御家人に準ぜられんことを申請しているが、これは「皆伊豆国住民」で「号之主達」とあるから、名主クラスのものであったろうか。それだけの兵力は、ここに存在していたものと思われる。義時がこの地の西隣、江間郷を領していて「江間小四郎」と称したことは先述したが、泰時も「江間太郎」を称したことがあったから（『鏡』建久五年八月十六日条、建

仁二年八月二十三日条、建仁三年九月十日条など）、泰時はこのときにすでに江間郷を伝領していたのかも知れない。云ってみれば、泰時にとって心を許せる兵力が、ここに温存されていたということかも知れない。

〔注3〕『鏡』のこの挿話は、北條泰時の伝記を書く人が、しばしば用いるところで、たとえば、上横手雅敬氏も、「父の遺領配分に際しても、泰時は弟や妹に多くを与え、自分は少しの分け前しかとらなかった。（中略）彼が弟達への情愛に富んだ人物であったことが判る」としておられる（『北条泰時』（人物叢書）、六三〜六五頁）。このような伝記においては、歴史の動因が個人の性格などに求められることが多く、伝記の本来的性格が歴史における個人の役割を考察するものであるから、これはこれで当然のことである。上横手氏自身、その後で、泰時が、「北條氏が執権政治を維持して行くには、一門の団結こそが必要と考えたからである」とも云われている。

㈡　家令と家法

義時没後に起った伊賀氏事件は、北條一族内部における泰時の地位の弱さを明確に示したものであった。義時の遺領処分に関する第一等の権限を有していた義時後室を〃伊賀氏の隠謀〃ということで葬り去ってから、義時所領配分状を偽造して、弟妹たちに多くを与えて、その甘心を買って、種々狐疑の末、北條政子、大江広元らの命令に従ったかたちをとって、北條家の家督についた。義時死去の六月十三日から同月二十八日までの間、北條氏の家督は定まらず、その沙汰が「延及今日、猶可謂遅引。世之安危、人之可疑時也」という状態になって、ようやく家督の地位に就いたのである（『鏡』貞応三年六月二十八日条）。父義時の没後、自動的に惣領になったのではなかったのである。この時期における泰時の立場は、北條氏一族のなかでも、鎌倉幕府御家人社会においても、きわめて不安定なものだったのである。弟妹たちに多くを与え、自分の分け前は少なかったというのも、弟妹たちの甘心を結ぎとめておかねばならない程度であった彼の不安定な地位をよく示している。

北条氏一門の自立

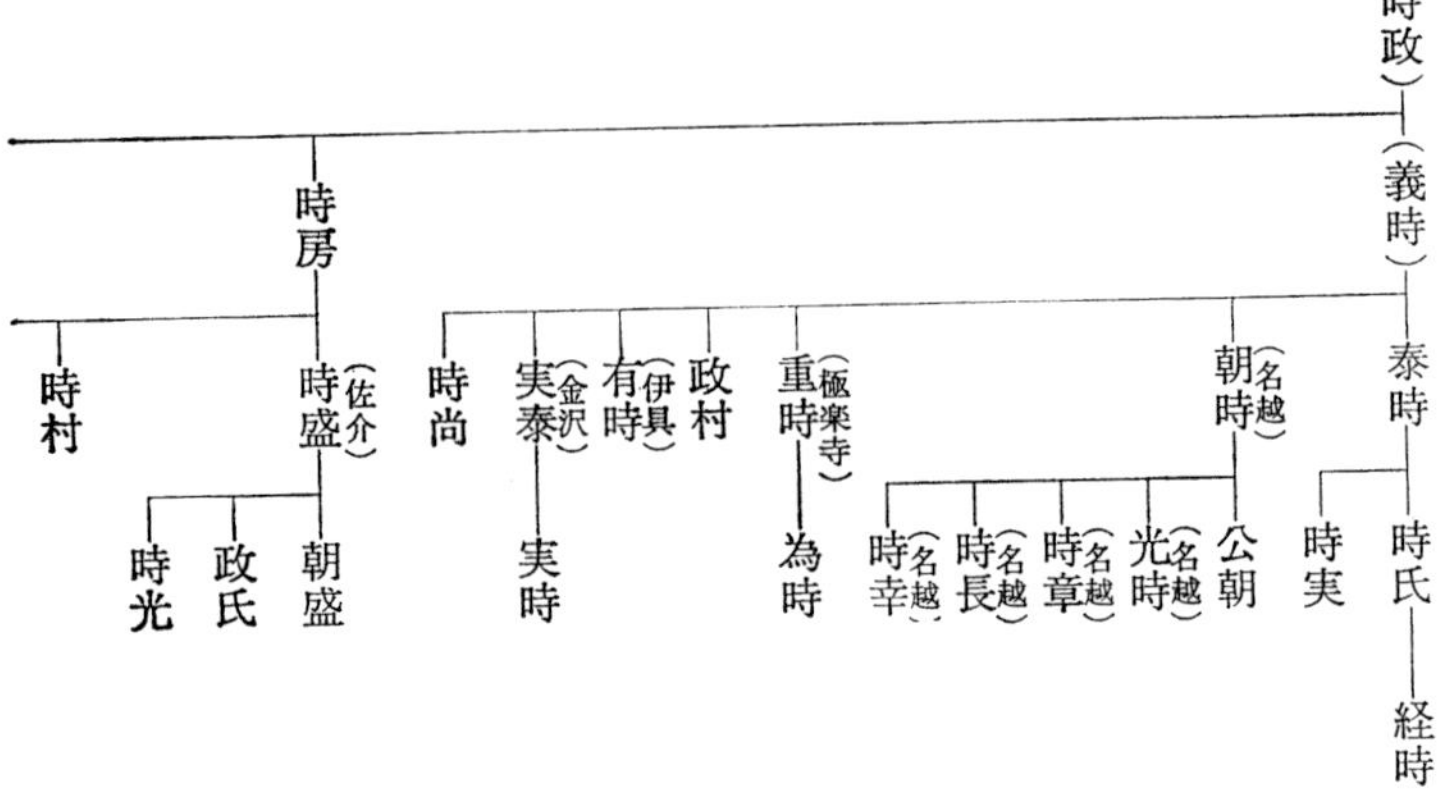

ようやく惣領の座についた泰時の立場は、このように危険なまでの弱小なものだったのである。安貞元年（一二二七）六月十八日、彼の次子武蔵次郎時実がその郎党である高橋次郎に殺害されるという事件が起っている（『鏡』同日条）。いまをときめいているはずの執権泰時の次男がその郎党によって殺害されるというがごときは、泰時の有していた一族および被官に対する統率権や権威性のまったき欠如をよく物語っているものである。

この前後の頃、北条氏一門のなかから、一定の自立性を示してくるものも多く、漸次、惣領家から分離独立してゆく傾向を呈しつつあった。鎌倉名越の地にあった北条時政の邸を、義時を経由して伝領した朝時が、〝名越〟流を号したのをはじめとして、〝伊具〟〝金沢（亀谷）〟〝佐介〟などの号名も、この頃かと思われ、やがて、〝極楽寺〟〝大仏〟などの呼び名も現われてくるのである。義時の死去に打ち続いて、泰時が北条氏惣領家の家督を嗣いだ時点において、この世に生きていたと推定される男子のみを系図上に表示したのが、上図である。〔注1〕

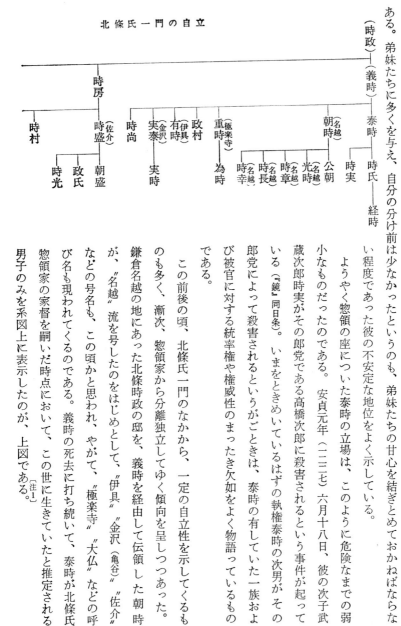

時直
資時
（大仏）朝直
（政範）

いわば、義時存生中においてすでに五ないし六流に分流しつつあったわけであり、これが泰時の代においても、さらに分流を続けて、その後の一ないし二代において、〝赤橋〟〝常葉〟〝塩田〟〝桜田〟〝普恩寺〟〝阿曽（阿蘇）〟〝江間〟〝淡河〟〝尾張〟〝苽連〟〝佐々目〟〝東漸寺〟等々が登場してくる。義時・泰時の時期が、もっとも一門庶子家の分流が激しかったときであったと云えよう。

そして、この時期には、まだ北条氏一門に対する惣領権は、前述したように、決して安定したものではなかったのである。

承久の乱の直後における論功行賞にさいして、義時が「於自分者、無立錐管領納」というが、しかし、時房・泰時などに対して、承久勲功の賞を行なっていたことは、すでに見てきたところである。この時点では、義時が弟の時房、嫡子泰時に論功行賞した分に関しては、義時には得るところがない、義時の分とは別個であると認識されていたものと思われる。つまりは、惣領義時の権限は、弟時房、嫡子泰時の拝領分の所領に及ばなかったということである。また、義時の遺領配分にさいしても、惣領分が少なく、弟妹たちの分が多いので弟妹たちで歓喜したなどというのも、文字どおりに解すれば、庶子分として配分した所領に対しては、惣領泰時の権限は、この時期にはまだ及ばないものであり、その意味では、泰時は北条一族全体の惣領という地位にいながら、叔父時房関係の所領はもちろん、弟妹たちの所領をも〝惣領〟できなかったということなのである。

泰時が北条一族の惣領となったときの地位は、こんなものだったのである。

一方、東国武士の連合政権となっていた鎌倉幕府においても、泰時の地位は決して強固なものではなかった。伊賀氏事件の際において、泰時を執権の座につけたのは、故右大将家の後室としての権威を有していた北條政子であり、彼女が陰に陽に行なった援助が預かって力があったものである。それと同時に、幕府の行政権の中枢にあって、これまた長老としての発言力を強く有していた大江広元の後援も力があったものである。ところが泰時が嗣立した翌年の嘉禄元年（一二二五）六月十日に大江広元が死に、続いて、七月十一日に北條政子がこの世を去ってしまったのである。泰時の立場はすでにして、孤立無援に近くなった。

嘉禎元年五月、承久の乱のときに配流された後鳥羽上皇および順徳上皇の帰京を許可するよう、京都から願ってきたのに対して、泰時は「家人等一同、不可然之由」を申しているということを理由として、これを拒絶している（『明月記』同十四日条）。泰時は、自分の恣意的判断に基づいて、ことを決定しているのではなく、御家人全体の意向に沿って決定し、これに従っているのである。嘉禄元年九月彼は、奉行人等を召し集めて、「各就賢不肖、可被加賞罰之由」を仰せ含めているが（『鏡』同十二日条）、このことを考え併せると、幕府における泰時の権力の根拠は、〃家人等一同〃の意を帯しながら、その御家人らに賞罰を与えるというような地位、つまりは、御家人連合の代表者としての地位である執権職に由来するものだったのである。

「沙汰未練書」には、「執権トハ、政務之御代官也」と記されているが（『続群書類従』武家部）、決して、そのようなものではなかった。形式上は将軍家の「政務之御代官」であり、それなりの権威を有していたにもせよ、執権政治という純化された東国武士の連合政権にあっては、〃家人等一同〃の意向を代表するものが執権だったのである。

四代将軍藤原頼経の下にあって、父祖二代の間に存在した将軍外戚という地位を失った泰時が、これにかわるべきものとして持ち出したのが、一の権威であり、カリスマの域にまで昇華されていた頼朝の名であった。それが関東御成敗式目五十一ヶ条、いわゆる貞永式目である。「右大将家之例」を先例、あるいは権威として、法制化した貞永式目には、三条、七条、八条、二十三条、二十七条、四十一条などに、「右大将家之例」が持ち出されている。これは、右大将家＝頼朝がそのような先例となるようなことを行なったというのではなく、御家人にとってのカリスマ的存在となっていた頼朝の名前を持ち出すことによって、自己の制定した式目に一定の権威性を附与しようとしたということなのである。

泰時の政治として注目すべきものに、新たに連署を置いて執権複数制をとり、評定衆を設置したことが挙げられる。執権複数制の開始を、政子の発案で貞応三年（一二二四）六月二十八日からという従来からの説に対して（『鏡』同日条）、上横手雅敬氏は、政子の没した嘉禄元年（一二二五）七月説をたてられているが（『日本中世政治史研究』三八九頁）、おおいに賛意を表したく思う。評定衆の制定も、〝家人等一同〟の意向を帯すること、つまりは、御家人一同の意向を吸い上げることを目的としたものであって、頼朝没後の十三人宿老会議や鶴ヶ岳廻廊御家人六十六人結集事件など、すでにその傾向を見せていた東国武士間における合議制をとり入れたものであった。

泰時の時期の政治は、後代からも芳しい批判をしばしば受けているが、東国武士の連合政権において東国武士の意向をこれまでに吸い上げた政治だったのだから、当然のことであったわけである。

執権政治を支えた二本の大きな柱である貞永式目に見える法治主義と、評定衆に示された合議制とは、純化された東国武士連合政権における北條泰時の地位に大きく依存して成立したものだったのである。

だから、泰時は、その弱い一族統制力をもって、東国武士たちと力を拮抗させて行かねばならなかったのであるが、そのためには、まず、北條一門に対する惣領権の安定強化が必要であった。

この線に沿って、泰時が第一に行なったのが、北条家に家令職を創設することであった。『鏡』貞応三年（一二二四）閏七月二十九日条につぎのように記されている。

尾藤左近将監景綱為武州《(泰時)》後見。以前二代無家令。今度被始置之。是武蔵守秀郷朝臣後胤玄蕃頭知忠四代孫也云々。

この日、伊賀氏事件の処置として、伊賀光宗の政所執事職を罷免し、かわって二階堂行盛をこれに補任し、光宗の所領五十二箇所を収公したあとのことであった。まさに、執権職就任の直後のことである。前代時政・義時の代にはまだなかった北条家家令職を創設して、尾藤景綱をこれに補したのである。初代の家令に就任した尾藤景綱は、文暦元年（一二三四）八月二十一日、病気によって辞職するまで、この任についていて、辞職した翌日に死んでいる（『鏡』各日条）。藤原秀郷の子孫で、尾張守となった知昌・知忠より以降〝尾藤〞を称した一族で（『尊卑分脈』）、伯父の尾藤太知宣が平治の乱に義朝に属しており、のち、木曽義仲の手に一時属していたが、元暦元年（一一八四）二月二十一日に鎌倉に参向して御家人となり、相伝の信濃国中野御牧・紀伊国田中荘・同国池田荘とを安堵されている（『鏡』同日条）。景綱自身は、明徴はないが、和田氏の乱のときには、すでに泰時の被官となっていたらしい（『鏡』建暦三年五月三日条）。義時没の直後、泰時が入った鎌倉の邸の郭内には、景綱の宅もあったから、泰時の信頼が厚かったものと思われる（『鏡』貞応三年六月二十七日条）。和田氏の乱後に北条氏領となった「さかみの国山内のひとうのやつ《(尾藤谷)》正ほう寺の道よりおく入をかき□《(る)》、山半さかゐをかきる」に、「ひとう《(尾藤)》さ《(左)》衛門入道代々さうてん《(相伝)》のやち《(屋地)》」があり、子孫はここに住んでいたようである（欠年「尾藤某寄進状案」、「田中文書」『神奈川県史』資料編1）。

尾藤景綱が家令を辞したあとは、平左衛門尉盛綱がその跡を嗣いで二代目の家令となった（『鏡』文暦元年八月二十一日条）。

この家令職は、のちに「執事」と呼ばれて複数になってゆき（弘安六年三月二十五日付「北条氏（時宗）執事奉書」、同七年三月二十六日付「北条氏（時宗）執事奉書」、永仁三年後二月二十五日付「北条氏（貞時）執事奉書」、正和四年十二月二十四日付「円覚寺文書目録」、元応二年十月五日付「北条氏（高時）執事奉書案」、十月五日付「北条氏（高時）執事奉書」、欠年「北条貞時十三年忌供養記」、以上いずれも「円覚寺文書」からのみ、『鎌倉市史』史料編第二）、やがて、その執事たちのなかの筆頭として、北条氏惣領家（＝得宗家）が〝御内〟と呼ばれ、その被官が〝御内人〟〝御内之仁〟などと呼ばれるようになると、〝御内の管領〟がつづまったかたちで「内管領」と呼ばれるようになる（「保暦間記」『群書類従』雑部、『太平記』など）。

家令を創設した翌月の二十八日、泰時は続けて家法も制定した。『鏡』には、つぎのように記されている（同日条）。

武州《（泰時）》在政所吉書始云々。又家務条々被定其式。左近将監《（尾藤）》景綱、平三郎兵衛尉盛綱等為奉行云々。

これも、時政・義時の前二代にはなかったもので、泰時が始めたものであった。「家務条々」と云われているが、北条家の家法であったに相違ないだろう。のち、経時、時頼、時宗などによって付け加えられて行って、いわゆる「御内法令」へと発展してゆくものである。御内法令に関しては、佐藤進一氏の『中世法制史料集』第一巻「鎌倉幕府法」の補註四八および五九に詳説されている。

泰時が幕府政治の上で、評定衆を制定して合議制を掲げ、貞永式目によって法治主義の政治を行なったとき、北条一門に対しては、家令職を創設し、家法を制定したことは、意義深いものが感じられる。ともに法治主義をとるものではあったが、幕府政治の上では合議制をとるのに、一門支配の上では家令による支配だったのである。家令職の創設と家法の制定は、北条一門に対する惣領権の安定強化を企図したものとして評価されなくてはなるまい。

なお、御家人統率のために泰時が持ち出したのは頼朝の名であった。これに対比して、一門支配のために泰時が持ち出したのは、父義時の法名「得宗」ではなかっただろうか。のち、北條氏の惣領をもって〝得宗〟と呼び、その所領を〝得宗領〟と呼んで、他と区別する風が成立するその遠因は、このあたりにあったように思われるのである。

一門に対して泰時が打った布石として、惣領が義時の法名得宗を誇称し、家令を創設し、家法を制定するなどのことは、かなり早くから成功したようで、〔注2〕「北條九代記」などでは、「兄弟の一族自ら和睦し、権威高く輝きて、諸国悉く帰伏し、太平の徳を逞しくした」と記している。いわゆる〝北條氏の善政〟の大部分は、この時期のことであった。この時期は、まだ、鎌倉中末期の社会変動や社会不安が表面化してこなかった時期でもあったが、その間、泰時のうった布石は、得宗家の権威と権力を高め、のちの得宗専制への準備がなされつつあったのである。やがて、北條氏の「家督を徳崇(得宗)と号す」るようになり(「梅松論」『群書類従』合戦部)、その所領を「得宗領」と呼ぶようになるのである(『鎌倉遺文』九四二二号など)。

〔注1〕　貞応三年(一二二四)段階でこの世に生を享けていた北條氏の氏人は、たとえば、大仏朝直が文永元年(一二六四)五月一日に五十九歳で没したと『尊卑分脈』にあることから逆算して、一二〇六年の生まれと算定するなどの方式をとったほか、同様の方式で、時盛が一一九六年に出生して、その孫の盛房が一二四一年の出生なので、中間の政氏および時光は一二二四年より以前に生まれたものと推定する方式もとった。

〔注2〕　文永弘安(一二六四〜八八)の頃には、すでに「至武蔵前司殿(泰時)御下知者、準三代将軍(頼朝・頼家・実朝)并二位家(政子)御沙汰、不可有改御沙汰」とあるほどにまで、泰時の法令は尊重されるようになっていたらしい(「日蓮勘文」、「日蓮聖人遺文」『神奈川県史』資料編1、古代・中世(1)。

(三) 得宗家公文所

北条氏得宗家の家務機関については、一般に、あまり知られていない。公文所と御内侍所と得宗方という三所の存在の指摘と、所務などについて若干の推論を、かつて述べたことがあるが、[注1]本節では、とくに公文所について、[注2]若干、掘り下げて、補足をして置きたいと思う。鎌倉中末期の幕府政治が北条氏得宗家を抜きにしては考えられない以上、その公文所の実態に迫ることは無益ではあるまい。地域別に北条一門領、得宗領の検出とその分布状況や支配構造の研究が進行している現在、むしろ、得宗家公文所の解明が急がれているものと思う。

「蒲神明宮文書」には「北条師時公文所奉書」と命名された文書が一通ある（『静岡県史料』第五輯）。北条師時は、時頼の第三子宗政の子で、鎌倉末期、執権職を嗣いだこともある人物であるが（『尊卑分脈』、「北条系図」）、北条氏の嫡流に近いけれども、所詮、その庶流の人である。同文書は、公文所奉書と命名されているが、内容には公文所の記載はない。しかし、同文書の編纂者は、内容から見て、師時の公文所の存在を認められたものであろう。北条氏の庶流の師時ですら、公文所を有していたとするならば、[注3]宗家である得宗家には、当然、公文所は存在していたであろうと思われる。相田二郎氏は、早く『日本の古文書』において、つぎのように言及されている。

北条氏の一門は、執権と雖も三位に叙せられることは無かった。従って、家の政所を開く資格は無かった。そこで公文所を設けて事務を執らしめていた。

相田氏は、このような考え方によって、「東寺百合文書」のり函六十一至七十二にある文書を「北條氏貞時公文所奉書案」と命名されている。

相田氏と同じ考え方に沿ったものであろうと思われるものが、「円覚寺文書」の一七号、「北條氏貞時公文所奉書」である（『鎌倉市史』史料篇第二）。そのほかにも、「貞時公文所奉書」とか、「高時公文所奉書」など、類書は多い。このように、かなり漠然とではあるが、北條氏得宗は代々公文所を設置していたと考えられている。が、これらの文書の文中において、公文所の記載のあるものは少なく、これだけでは、それが得宗家公文所の存在を証明し得るものではない。果して、得宗家には公文所が存在したのであろうか。

「沙汰未練書」には、「一、公文所トハ、相模守殿御内沙汰所也」とある。

「沙汰未練書」は、その奥書に「弘安元年閏十月日、法光殿筆也。相模守平朝臣時宗」と記してある。「法光殿」とは「法光寺入道道果」と号した北條時宗のことであろうから（『尊卑分脈』、「北條九代記」、「若狭国税所今富名領主代々次第」）、同書は、奥書の説に従えば、時宗の執筆にかかるものであり、「公文所トハ、相模守殿（＝時宗）御内沙汰所也」ということになる。

『国史文献解説』の沙汰未練書の項によると、同書は「元応、元亨年間（一三一九―一三二三）に制定されたと推定されている」由であるが、この説に従えば、元応・元亨年間の相模守は北條高時であるから、「公文所トハ、相模守殿（＝高時）御内沙汰所也」ということになる。

いずれにしても、「沙汰未練書」によれば、相模守であった北條氏が公文所を有していたということである。

ところで、鎌倉時代、約一世紀半の間に、相模の国司となった者は、義時、時房、泰時、重時、時頼、政村、時宗、貞時、師時、時村、煕時、基時、高時、守時で、いずれも、得宗ないし北条氏中の有力者であり、執権ないし連署に就任する前後においての任官である。夭折した経時をのぞくと、得宗のすべてが相模守になっているばかりか、得宗以外の北条一門の人が相模守になっていた際にも、相模の国務の実権は得宗が握っていたのである。〔注4〕

その故であろう。相模守は、そのまま、北条氏得宗の意味に用いられるようになっているのである。『太平記』では「前代相模守一族」としている。このように考えたとき、「公文所ト ハ、相模守殿（＝北条氏得宗家）御内沙汰所也」と解して、得宗家公文所の存在を認めたいと思う。

得宗家公文所の史料上の初見は、管見では文治元年（一一八五）十二月日付の「河内通法寺供僧人等解」（『鎌倉遺文』三三号）の「北条殿公文所」であるが、これは、時政が頼朝の代官として上洛中の臨時のものではなかっただろうか。ところで、泰時が公文所を有していたことは、『鏡』の寛喜二年（一二三〇）正月二十六日条に「武州公文所」の記載があり、仁治元年四月九日条に「前武州公文所」の記載があることで確かめられる。

以上の事実から、泰時段階および時宗ないし高時の段階において、その公文所が存在したことは確実であろう。そして、泰時の時期から以降の得宗家の勢力伸張という事実を併せ考えれば、途中の時期における公文所の改廃を考えることができない。そこで、泰時段階以降、鎌倉末期まで、得宗家に公文所は存続したものと考えることができる。ただ、それぞれの時点において、「武州公文所」と呼ばれたり、「前武州公文所」と称したりしたことがあったのかも知れない。しかし、そのすべてを、我々は得宗家公文所と称して差し支えないものと思う。泰時以降、得宗家公文所は、鎌倉幕府崩壊時まで存続したものと思うのである。

得宗家公文所は、泰時段階以降、幕府崩壊時まで存続したと述べたが、その存続期間について、若干考察してみたい。

得宗家公文所の成立年代については、それを知るための確かな史料は、まだ管見に入っていない。推測してみるに、泰時段階ではなかったろうか。

伊賀氏の事件などによって示されているように、泰時が執権になった時期には一族に対する泰時の惣領権は、きわめて不安定なものであったと思われる。〔注5〕そこで、泰時は積極的に惣領権の育成強化を策していたようで、そのとき以前には設置されていなかった家令という地位を創設したのもその一表徴であろう（『鏡』元仁元年七月二十九日）。初代の家令に任ぜられたのは、泰時の嫡子武蔵次郎時氏の乳母の夫であった尾藤左近将監入道道然で（同、安貞元年六月十八日条）、文暦元年八月二十一日、その死去の前日まで、家令を勤めていた（同、同日条、同二十二日条）。この尾藤道然は、寛喜二年正月二十六日に「武州公文所」が得宗領武蔵国大田荘内の荒野を新開すべく令したとき、その奉行にあたっている（『鏡』同日条）。このとき、尾藤道然は、得宗家家令であり、得宗家公文所の所務を奉行している人物であったわけであるが、このことから類推すると、この段階での得宗家公文所の長官をも、尾藤道然が務めていたのではないだろうか。とすれば、泰時が家令職を設定したということは、その段階において、得宗家公文所が設定されたのであると考えられよう。

それ以降の得宗家の勢力伸張のことを思うと、以後の公文所の断絶は考えられない。高時段階まで存続したであろうことは、容易に推測される。高時段階の元弘三年（一三三三）の幕府崩壊時には、当然、得宗家公文所も消滅したであろうが、そののち、正慶四年（一三三五）八月十二日付の「北條時行奉行人等連署状」なる文書の存在は（「法華堂文書」『鎌倉市史』史料篇第一）、中先代の乱における北條時行も、公文所組織を有していたことを推測させる。

つぎに、得宗家公文所より発給された、所謂得宗家公文所奉書の書式を見ておきたい。

相田二郎氏の『日本の古文書』には、同氏が「北條氏貞時公文所奉書案」と命名された文書を中心として、関連文書二通を含む三通の「東寺百合文書」(り函六十一至七十二)がある。三通を列記し、先学に導かれながら、論を進めてみる。

A「関東御教書案」

異国降伏御祈事、先々被仰下畢。武蔵、上野、伊豆、駿河、若狭、美作、肥後国一宮国分寺、宗寺社、殊可令致精勤之由、相触之。可執進巻数之旨、可令下知給之由、被仰下候也。仍執達如件。

正応五年十月五日　　陸奥守(御判)

進上　相模守殿

B「北條氏貞時公文所奉書案」

異国降伏御祈事、御教書如此。任被仰下之旨、可致精勤之由、相触若狭国中、可令執進巻数給之旨候也。仍執達如件。

正応五年十月十三日

右衛門尉(在判)

沙　弥(在判)

左衛門尉(在判)

工藤右衛門入道殿

C「若狭国守護代工藤西念執行状案」

異国降伏御祈事、関東公方御教書並公文所執行如此候。仍案文早任被仰下之旨、令致御祈禱精勤、為進上関東、可送給巻数之旨、御領内宗寺社宜（祢脱カ）別当、可有御下知候歟。謹言。

十一月十二日　沙汰西念（在判）

遠敷郡地頭御家人預所
御中

来十二月一日二日之比可進関東候。
御巻数干今月中可送給候歟。

正応五年（一二九二）、鎌倉幕府の執権は相模守貞時、つまり得宗であり、連署は陸奥守北条宣時であった。泰時によって執権連署制が創始されて以降、関東御教書は執権連署の二人がそれぞれ署名と花押をして、将軍家の命令を奉じて出すものと定まっているが、Aでは、連署である宣時が単独で執行しており、宛所が執権であった得宗貞時になっている。これは、貞時が得宗領諸国守護職の帯任者として扱われているのであって、相田二郎氏が指摘されているように、執権としての貞時と得宗領諸国守護職帯任者である貞時とを、巧みに使い分けているものである、すなわち、Aは、将軍家久明親王の命令＝幕令を、幕府の執権の連署が奉じて、地方守護職としての貞時に対して下したものである。このことは、文中にある国々のうち、守護不設置国である武蔵をのぞく他の国々の守護職がすべて得宗領であり、武蔵の国務も得宗が掌握していて得宗領化していたことによって裏付けられる。[注6]

このようにして、七ケ国の国務掌握者としての貞時は、幕命を受けると、これを管国に対して下すのであるが、そのうちの若狭国に下したものがBである。

Bの宛所である「工藤右衛門入道殿」は「若狭国守護職次第」にある「御代官工藤右衛門入道果禅」に一致する。すなわち

貞時朝臣御分国、号最勝園寺殿

自弘安八年、御代官工藤右衛門入道果禅本果暁、其代林三郎入道道西、其次同子息林三郎、其次佐束入道西念、其次工藤九郎有清、

とあるもの、これである（『群書類従』補任部）。だから、Bは、得宗領若狭国守護としての貞時の命を奉じて「右衛門尉、沙弥、左衛門尉」という得宗被官が、若狭国守護代官である工藤果禅に下した命令書である。

つぎに、Cの発給者である「沙弥西念」に関しては、相田氏の見解と相違する。相田氏は、この文書を「若狭国守護代工藤西念施行状案」と命名されているのであるが、「沙弥西念」とは、又代官であった「佐束人道西念」に比定したいのである。さすれば、Cは〝若狭国守護又代官佐束入道西念施行状案〟とすべきものであろう。守護又代官佐束西念が、得宗管国若狭のうちの遠敷郡の地頭御家人預所らに施行したのがCだったのである。

以上を要約すると、鎌倉幕府の命令は、将軍―執権連署―守護―守護代官―守護又代官―各郡地頭御家人というコースを辿って、伝達されたものと考えられる。

ところで、Cにある「関東公方御教書」というのが、具体的にはAを指すことは確実である。またCに「公文所御執行」とあるものが、Bを指すものであることも、明白であろう。とすれば、Bこそ、得宗家公文所における上意下

達の書式の一例となるわけである。

Ｂの文書は、得宗貞時の意志を奉じて、「左衛門尉、沙彌、右衛門尉」の三人が作成したものであり、この三人が、書式の上では差し出し人となっている。では、この三人は、どのようなものだったのだろうか。

この三人の実名は、完全に不詳である。得宗貞時の意を帯して、得宗家公文所の執行にあたっていることから、得宗被官であって、得宗家公文所の所司であることが推察されるのみである。

このＢに、若干類似したものがある（「円覚寺文書」『鎌倉市史』史料篇第二）。

出羽国寒河江荘内工藤刑部左衛門入道、知行分五箇郷事、為太陽寺之替、被寄附仏日菴候也。可有御存知此旨候。且不可有御公事候。恐々謹言。

永仁三年後二月二十五日　　光綱（花押）

円覚寺方丈

内容的にも、奉書の態をなしているものであり、宛所も北条氏得宗と関係のきわめて密接な得宗領山内荘内の円覚寺である。

出羽国寒河江荘は、その地頭職を、鎌倉初期、大江親広が拝領しているが、親広が、承久乱時に宮方となっていたため、同荘の一部を幕府に収公されている（豊田武氏、遠藤巌氏、入間田宣夫氏〔注2〕論文）。

出羽国寒河江荘は南北朝期にまで円覚寺領として続くのであり、この文書は、同荘が円覚寺領となった発端を示すものであるが、円覚寺に同荘が寄進された永仁三年段階以前には、得宗領であったのではないかと推測される。なぜならば、陸奥・出羽両国には得宗被官家である工藤氏が繁延しているので、この寒河江荘内五箇郷を知行している工藤刑部左衛門入道なる人物も得宗被官であろうと思われるし、その知行所を円覚寺に寄進する旨の文書の差し出し人が、同じく得宗被官である長崎光綱だからである。

このように考えれば、得宗領である寒河江荘内五箇郷を、得宗が開基である円覚寺へ寄進する旨の文書を、得宗被官である長崎光綱が発行しているというわけであるから、この寄進も得宗貞時の意を帯して、行なわれたものと考えることができよう。すなわち、この文書も、広義には、得宗家公文所奉書であると見做すことができるものと思う。

ところで、「円覚寺文書」の六〇号として『鎌倉市史』（史料篇第二）に収められているものに、「円覚寺文書目録」なるものがあり、多くの文書名が列記されているが、そのなかに、

一通、吉田方潮音院殿御寄進状　永仁三年潤二月廿五日
一通、同方最勝園寺殿御書　同日
一通、同方御寄進執事奉書　同日

という記載がある。永仁三年閏二月二十五日附の「同方御寄進執事奉書」というのは、前記長崎光綱の奉書を指しているものと思われる。とすれば、この文書目録の書かれた正和四年（一三一五）十二月二十四日段階においては、長崎光綱を得宗家「執事」と称していたことになる。前記の寄進奉書が得宗家公文所発行の奉書であるとするならば、公文所における長崎光綱の職名は「執事」だったわけである。

ところで、前記の寒河江荘内五箇郷の寄進状が得宗家公文所奉書であろうという推定が成り立つものとすれば、形式、内容などの面から、さらに推し進めて、他の多くの文書にも該当するものがでてくるのである。

管見に入ったものを表示しておく。〈 〉内は『鎌倉遺文』の文書番号。〔補注〕

1	貞応三年(一二二四)	九月二十一日	〈三二八五〉
2	安貞三年(一二二九)	二月十三日	〈三八〇八〉
3	寛喜三年(一二三一)	三月十九日	〈四一一五〉
4	嘉禎三年(一二三七)	三月二十八日	〈五一二一〉
5	〃 四年(一二三八)	五月十一日	〈五二四一〉
6	同	五月十四日	〈五二四三〉
7	同	六月二十四日	〈五二六〇〉
8	仁治二年(一二四一)	三月十八日	〈五七八二〉
9	〃 三年(一二四二)	十月 一日	〈六一一一〉
10	同	同	〈六一一二〉
11	同	十一月十日	〈六一三六〉
12	欠年	二月三十日	〈七〇六四〉
13	同	卯月二十四日	〈七〇六五〉
14	建長元年(一二四九)	九月 二日	〈七一一九〉
15	〃 六年(一二五四)	正月十四日	〈七六九二〉
16	弘長元年(一二六一)	六月 六日	〈八六五六〉
17	文永元年(一二六四)	七月十六日	〈九一三二〉
18	同	七月二十九日	〈九一三五〉
19	文永九年(一二七二)	九月 五日	〈一一〇九七〉
20	同	十一月三日	〈一一一四三〉
21	文永十年(一二七三)	四月二十四日	〈一一二五二〉
22	同	十一月十四日	〈一一四六四〉
23	同	十二月十七日	〈一一五〇二〉
24	文永十一年(一二七四)	二月十四日	〈一一五四一〉
25	同	同	〈一一五四二〉
26	同	二月十六日	〈一一五四四〉
27	建治元年(一二七五)	十月十五日	〈一二〇五五〉
28	〃 二年(一二七六)	閏三月十一日	〈一二三〇一〉
29	弘安二年(一二七九)	十二月十三日	〈一三七九四〉
30	〃 四年(一二八一)	二月 八日	〈一四二四八〉
31	同	二月二十日	〈一四二五二〉
32	同	五月十七日	〈一四三一九〉

33 弘安五年（一二八二）二月十二日 〈一四五六四〉
34 〃 六年（一二八三）三月二十五日 〈一四八二四〉
35 〃 七年（一二八四）正月 四 日 〈一五〇五一〉
36 同 三月二十六日 〈一五一二五〉
37 同 六月二十八日 〈一五二二八〉
38 同 九月 九 日 〈一五三〇一〉
39 弘安八年（一二八五）八月十四日 〈一五六四三〉
40 〃 九年（一二八六）正月二十三日 〈一五七八八〉
41 正応三年（一二九〇）七月 四 日 〈一七三八一〉
42 〃 五年（一二九二）十月十三日 〈一八〇三〇〉
43 永仁元年（一二九三）十月 六 日 〈一八三八六〉
44 〃 三年（一二九五）後二月二十五日〈一八七五九〉
45 〃 六年（一二九八）四月二十日 〈一九六五七〉
46 正安三年（一三〇一）三月 九 日 〈二〇七二六〉
47 嘉元四年（一三〇六）十一月二十日 金剛三昧院文書
48 徳治二年（一三〇七）二月十七日 〈二二八六〇〉
49 延慶三年（一三一〇）十二月十三日 〈二四一三八〉
50 正和三年（一三一四）六月 五 日 〈二五一五一〉
51 文保元年（一三一七）五月 十 日 〈二六一七二〉
52 元応元年（一三一九）七月二十五日 〈二七一〇三〉
53 〃 二年（一三二〇）二月十九日 〈二七三七七〉
54 同 十月 五 日 円覚寺文書
55 同 十月三十日 宗像神社文書
56 元亨二年（一三二二）五月 一 日 宗像神社文書
57 〃 四年（一三二四）三月 九 日 金剛三昧院文書
58 嘉暦三年（一三二八）十二月十九日 入来院文書
59 欠年 十月 五 日 円覚寺文書
60 元徳二年（一三三〇）十月二十三日 宗像神社文書
61 正慶二年（一三三三）三月二十八日 斎藤文書
62 〃 四年（一三三五）八月十二日 法華堂文書

以上、すべて得宗家公文書奉書ということができるように思われる。

とすれば、それぞれの文書の発給者、つまり差し出し所にある人名は、すべて、得宗家公文所の所司であることになる。

以下、それぞれの文書の発給者の名前を列挙してみよう。

○忠家（安東忠家）
○左衛門尉盛綱
○中務丞実景
○行平
○泰綱（大蔵丞泰綱）
○藤原、僧、沙弥、左衛門尉
○業連（佐藤業連）
○業連（佐藤業連）、真性（諏訪真性）、頼綱（平頼綱）
○右衛門尉、沙弥、左衛門尉
○光綱
○左衛門尉高資（長崎高資）
○高資（長崎高資）
○清長
○左兵衛尉盛治
○行兼（兵部丞）
○沙弥成阿（平盛綱カ）
○泰茂
○沙弥光念
○頼綱（平頼綱）
○散位、左衛門尉
○左衛門尉
○僧、左衛門尉
○沙弥
○宏元、貞宗、高泰
○左兵衛尉盛綱
○沙弥右蓮
○左衛門尉時治
○沙弥盛阿（平盛綱カ）
○右衛門尉光康
○田部
○沙弥性如
○前尾張守
○光綱（長崎光綱）
○沙弥
○沙弥

以上が、得宗家公文所奉書と思われるものの発給人たちであるが、左右衛門尉とか兵衛尉程度の身分の低い存在であることは、佐藤進一氏のすでに指摘されたことに符合している（『鎌倉幕府訴訟制度の研究』、他）。その大部分は、実名も不明な沙弥とか僧とか、あるいは衛門尉、兵衛尉であるが、うち、幾人かは、かなり有名な者に比定し得る。安藤忠家、平盛綱、佐藤業連、平頼綱、諏訪真性、長崎光綱、長崎高資など、それであろう。

このうち、平盛綱は、「関系図」によれば、「盛綱（長崎平左衛門尉、平三郎、北條泰時の執事）」とあり、平頼綱も同書には

「平左衛門尉、時宗執事」であり、長崎高資は「四郎左衛門尉、高時執事」であった。「関東筋目」によれば、盛綱は「内執政」を称しており、「保暦間記」や『太平記』によれば「執事」であり、また、「内管領」であったりしている。〔注7〕「執事」「内執政」「内管領」などが、公文所の所司としての職名だったのであろうか。また、前述したように、泰時段階において、得宗家公文所が武蔵国大田荘内の荒野新開を令しているが、その奉行にあたった尾藤道然は、家令と称している(『鏡』)。得宗家公文所の長官は、最初のうち、家令と称されたものかもしれない。

以上から、得宗家公文所の所司の職名に、家令、執事、内執政、内管領などがあったことが考えられるが、その構造などに関しては、まったく不明である。

「沙汰未練書」に、「公文所トハ、相模守殿御内沙汰所也」とあることは、先述したところである。前節に掲げた得宗家公文所奉書と思われるものにおいて、とりあげられている内容を分類してみると、つぎのようになる。

○得宗被官家における所領所職の譲与伝領寄進を安堵確認したもの。
○得宗領よりの貢納献上などの金品の受け取り、ないし、進済の催促、または、その結解に関するもの。
○得宗領内における社寺の造営や祈禱を令するもの、社寺の興行を令するもの。
○得宗領内における訴訟に関する訴陳の状の提出の催促と裁決をしたもの。

これらのすべてに共通する因子として、結局のところ、得宗領関係のことがあげられる。要するに、得宗家公文所の所務内容は、得宗領の貢納、伝領、寄進、訴訟など、得宗領という得宗の経済基盤の支配にあったものと云うことができよう。

〔注1〕 拙稿「得宗専制政権の研究」一(『目白学園女子短期大学研究紀要』一号)。

〔注2〕得宗家公文所について言及された論文は、管見の限りでは、佐藤進一氏『鎌倉幕府訴訟制度の研究』、石井進氏「九州諸国における北条氏所領の研究」(『荘園制と武家社会』)、入間田宣夫氏「北条氏所領の内部構造」(豊田武氏、遠藤巌氏、入間田宣夫氏「東北地方における北条氏の所領」『日本文化研究所研究報告』、別巻、第7集)、相田二郎氏(本文参照)がある。

〔注3〕嘉禄三年の「十月廿五日、晩景に及びて、大風南より吹出でたり、相模守時房の公文所より火出でて」と「北条九代記」の巻七にある(『物語日本史大系』四巻)。信憑性は低いが、時房も公文所を有していたのかも知れない。

〔注4〕拙稿「武蔵・相模における北条氏得宗」(『日本歴史』二八〇)参照。

〔注5〕拙稿「得宗専制政権の研究」一〜四(『目白学園女子短期大学研究紀要』一〜四)。

〔注6〕佐藤進一氏『鎌倉幕府守護制度の研究』。拙稿「武蔵・相模における北条氏得宗」。

〔注7〕内管領は、御内の管領、または、御内人の管領のつづまった形であろう。

〔補注〕多田院文書および宗像神社文書については、杉橋隆夫氏(拙著への書評『日本歴史』四〇八号)、入間田宣夫氏(「北条氏と摂津国多田院・多田荘」『日本歴史』三二五号)、および石井進氏(『日本中世国家史の研究』)に教えられた。

第三章　得宗専制の成立

㈠　鎌倉中末期の社会変動

鎌倉時代の中頃、元寇の前後の時期において、社会一般に大きな変化が顕著になってきていた。〔注〕

石清水八幡宮領紀伊国鞆淵荘では、「百姓我牛にて我地をす（鋤）」くことが見られた（「高野山文書」）。正応四年（一二九一）頃、高野山領紀伊国神野真国荘では「百姓の牛」があり（「高野山文書」）、弘安元年（一二七八）石清水八幡宮領淡路国鳥飼荘では「百姓の牛馬」があった（「石清水文書」）。農民たちが、牛馬などの役畜を飼育して犁耕に用いるようになっていたのであり、このことは、労働の省力化のみならず、すき返しの回数を多くすることによる新鮮な空気の土中送り込み量の増加、すなわち耕地の肥沃化をもたらしたばかりか、深耕をより可能ならしめて、生産力の増大をもたらしたであろう。延慶三年（一三一〇）に成立した「国牛十図」は、「馬は東関をもちてさきとし、牛は西国を以てもとゝす、（中略）黍民匹夫これをたのむ」として、筑紫牛（壱岐島牛）、御厨牛（肥前国宇野御厨貢牛）、淡路牛、但馬牛、丹波牛、大和牛、河内牛、遠江牛（相良牧牛）、越前牛、越後牛などの品評を記しているが、その多くは牛車用のものだったようである。

また、多くの荘園文書に「鍛治給田」などの記載が見られて、荘園の中に鍛治師がいたことが知られるが、鉄製農具が一般農民にまで、広く普及していったものと思われる。これこそ、この時期において農業生産力を飛躍的に増大せしめた、もっとも主要な力であったと云えよう。

施肥に関しても、草木（灰肥灰）、厩肥、糞尿肥、刈敷きなどの利用が一般農民の間で行なわれるようになったのも、この時期のことであったらしい。さらに、「たねかもす」「たな井」というような浸種法などは、すでに十世紀の頃には始まっていたようであり（古島敏雄氏『日本農業技術史』）、播種における「結」（ゆい）という組織的集団による方法も十世紀には始まっていたことが『枕草子』にも見えており、このときに歌われた「田楽」が、鎌倉末期には一種の芸能の域にまで達していたことは、北條高時が愛好したということにも現われている。

このような各種の農業技術の改良進歩とその普及は、「諸国百姓苅取田稲之後、其跡蒔種、号田麦」というような二毛作や（『鎌倉遺文』九〇八〇号）、荘園文書の多くに頻見される「さうまい」などの語が示すような早稲、中稲、晩稲も作り出されてくるようにもなる。

こうした傾向は、従来の名主の下にあったさらに下層の農民たちの生長を促進し、本名（旧名、初期名田）体制にとってかわって、「半名」とか「四分の一名主職」などを有する新興の新名または脇名による新名体制の出現成立という現象をも、もたらして行ったのである。生長した農民たちは、半損、未熟、損毛を理由とした年貢の減免運動から、さらには、荘官の改替を要求するなど、その行動は、急速に政治的色彩を帯びてくる。やがては、惣、惣百姓などといった農民結合は、荘園の域を超えて拡大してゆくのである。

生産量の増大は、農業の面のみに見られた現象ではなかった。早くも、建暦三年（一二一三）には、「諸道細工人等、就身之芸能、令交易売買色々私物者、是定例也」とされていて、「鋳物師等往反于五畿七道諸国、令売買鍋釜以下打鉄鋤鍬」めている例もある（『鎌倉遺文』二〇六三号）。

農工業などにおける生産力の増大は、農民層の生長とそれに伴う階層分化をもたらしたばかりではなく、当然あり得た生産量の増大は、六波羅政権下において輸入普及されつつあった宋銭の流通にともなって、早くも治承三年（一一七九）には、「近日、天下上下病悩、号之銭病」といわれるほどの傾向が見られ（『百錬抄』治承三年六月二十日条）、「白河関以東者、可令停止銭流布也。且於下向之輩所持者、商人以下慥可禁断。但至上洛之族所持者、不及禁断」というように（『鎌倉遺文』五三七四号）、幕府から禁止令が出されなければならないほどにまでなっていた。

月に三度の定期市（三斎市）は、畿内とその周辺地域のみならず、東海道などの宿駅や有力寺社の門前などに開かれるようになり、若狭国太良荘に隣接する小浜の遠敷市場や、上野国新田荘の世良田宿の市場のような荘園市場も頻出してくる。

京都大番役や鎌倉番役などのほか、訴訟などのために、京や鎌倉などに赴く人々は、都市における消費生活の波のなかで、銭貨への要求を強く意識するようになり、そのために始まった年貢の銭納化は、またさらに商品流通を促してゆく。正応五年（一二九二）頃、訴訟のために鎌倉にいた弓削島荘雑掌加治木頼平は、訴訟が長びいたために、月別五百文の宿料や日別百五十文の鎌倉用途のほか小奉行酒肴料等々と費用がかさみ、借上より借用して利分を払ったりもしている（『神奈川県史』資料編2、一一二三号、一一二五号）。

「憑支《たのもし》」という頼母子や（「高野山文書」）、「借上」「土倉」という金融機関も成立してきており、遠隔地取引のための

「替米」「替銭」「為替」は「替文」や「割符」のかたちをとるようになり、物資輸送のためには「問」「問丸」も成立していた。

所領所職に基盤を有していた諸国の地頭御家人らは、貨幣経済の波に呑み込まれて、「メコトモヲヲイコメ、ミミヲキリ、ハナヲソキ」というような横暴さで銭貨を求めたが（「高野山文書」）、所領を質に入れたり売ったりする者も多くでるようになってゆく。幕府から、所領の質入や売与の禁止や過差の禁令が頻発されるのもこの頃であって、それは、ついには永仁の徳政令の発令にまでいたるのである。

以上のような、資本主義的諸関係の最初期的な傾向は、その他の種々の要因とともに、鎌倉武士社会をその根底から変化させて行ったのである。

鎌倉初期において有力御家人の多くが族滅して行ったあと、鎌倉幕府を支えた勢力は、残存した二、三の有力御家人のほかは、中小の御家人層でしかなかったのであるが、北条氏得宗家の権力が増大するにつれて、中小の御家人等のなかには、得宗被官となってゆく者も多かったのであるが、その反対に、東国における得宗勢力の増大を避ける意味などもあって、西国などに移住するものも、また多かったようである（岡田清一氏「鎌倉政権下の両総」『国学院雑誌』七四―七）。そのような際には、はじめ庶子家が移住し、おくれて惣領家が移住するという順序をとるのが普通であった。そして、この移住は、元寇を契機として、さらに多くなって行った。

最初に移住した庶子家が、遠くの惣領家との関係を漸次薄くしてゆき、その地における守護との関係を有するようになるのは当然であった。かつての鎌倉武士は、ひとしく関東御家人として平等の地位にあった。すくなくとも、将軍に対して直接的に結びついていた点においては、平等であった。それが、内部において支配従属の関係をもって結合されてくるのである。弱小御家人たちは、三浦、安達、足利などの守護層御家人の大番催促権などの軍事的統率権を梃子として、一国単位に組織され、その被官と化しつつあった。いわゆる守護被官制が進行していたのである。

この傾向は、分割相続制を建て前とする惣領制の崩壊と同時に進行していた。分割相続を繰り返すことにより、公事負担能力が散佚してゆくという、いわゆる〝田分け〟の愚を避けるために、単独相続制が開始されるのは、また、この頃のことであった。それは、女子一期分などの盛行によっても、示されていた。

庶子家の析出と分流は、「惣領庶子可相並事」と幕府でも認めなければならない状態になったとき、それぞれの武士家のとる方法は、守護の被官と化してゆくか、その地域において〝党〟〝一揆〟を組織してゆくかのどちらかしかなかった。いわば、血縁原理に基づく武士団結成（惣領制）から、地縁原理に基づく結成（守護被官制、一揆）への移行であった。

そのどちらの方策もとり得ず、〝田分け〟を繰り返して、その所領を狭小化して行った弱小御家人の場合には、貨幣流通と都市における消費生活の波に呑み込まれて、その所領を失い、いわゆる〝無足〟の御家人と化し、やがては、夜討強盗、諸国の悪党の仲間に入ってゆくことになるのである。

こうして、鎌倉中期、北條時頼の時期を中心とした頃、過差禁令、手工業規制令、銭貨禁令、惣領制崩壊を事実上認定した法令などと並んで、悪党、海賊、夜討強盗などの追捕令が頻発されてくるのであった。このような社会情勢の変化に対応せんとして、幕府は苦悶の状を如実に示すようになってきたのである。

〔注〕　本節に関しては網野善彦氏「元寇前後の社会情勢について」（『歴史学研究』二三一号）に大きく拠っている。

(二)　得宗権の確立

ようやく表面化してきた社会情勢の変化に幕府が気が付き出したのは、執権在任十八年間ののち、北条泰時が六十歳でこの世を去った仁治三年（一二四二）六月十五日の前後の頃であった。頼朝の急逝など、幕府政治史上における重大事のあったときに、必ず記事を残さないという特性をもつ、鎌倉幕府の半公的な記録である『吾妻鏡』は、いままた、執権政治の確立者であった北条泰時の死んだ日を含む一年間の記事を現在には残してはくれなかった。泰時の死没した年月日なども、「将軍執権次第」に、

仁治三年壬寅

頼経　泰時五月十五日出家、法名観阿、同六月十五日死、六十、号前司入道　重時相模守

とあることと（『群書類従』補任部）、「北条系図」に、「仁治三年五月十九日出家、法名観阿、同六月十五日卒、六十歳」とあることなどによって（『続群書類従』）、ようやく知ることができるのである。『尊卑分脈』では、出家したのは、五月九日であったとしている。

当然、なにかがあったように推測されるが、今となっては、真相を把握することは困難である。

鎌倉中末期に集中して見られた社会情勢の変化に気がついた幕府では、苦悶のなかから二種の相反した方策が考えられた。武士連合政権であった幕府で考え出されたものであったから、ともに武断的な性格を有していた点において

は共通していたものの、それぞれの方策を考え出した人々の地位や拠るべき権力や政権の形態に関しては、まったく相反したものであった。

ひとつは、いわば将軍独裁制への復帰を考えたものではなかったかと思われるが、北條一門中での大族であった名越光時、その弟時幸、三浦氏の庶子光村など、御家人中での大族ではあっても、庶子の身分であり、しかも、自立の傾向を示しつつあったものたちに立案されたもので、京都の九條家を背後にして、九條家流藤原将軍に権力を附与して、難局に対処してゆこうとするものであった。いわば、〝復古派〟とでも称すべきであろうか。

これに対抗したのは、いわば〝得宗派〟とでも云い得るもので、東国武士の連合政権であった執権政治にあっては、御家人中の代表者、つまりは〝同等者中の第一人者〟でしかなかった執権という地位にある北條氏の惣領、得宗に権力を附与して、時局を乗り切ろうとするものであった。

泰時の代に布石が置かれた北條氏惣領＝得宗の一門に対する統率支配権の確立という政策は、この時点ではまだ完成していなかった。

泰時の嫡子時氏が、安貞二年（一二二八）六月十八日（『北條系図』）、あるいは、寛喜二年（一二三〇）六月十八日（『鏡』同日条）に二十八歳で夭折しており、次男時実が嘉禄三年（一二二七）六月十八日に十六歳で殺害されていたため、時氏の嫡男、経時が嗣立して、執権となっていた。

そして、寛元二年（一二四四）四月二十一日、将軍藤原頼経は、みずからの意志ということで、将軍職を辞し、その二週間ほど前に元服を済ませたばかりで、わずか六歳でしかなかった藤原頼嗣が、五代将軍となった。続いて、翌三年七月二十六日、この日が「天地相去日也、雖有先例不甘心」ずという凶日であるのを推して、新将軍頼嗣と経時の妹檜皮姫公との結婚が行なわれた。このとき、檜皮姫公は十六歳であったという（『鏡』同日条）。また、このときの式は、「是非厳重之儀、以密先御参、追可有露顕儀」というようなものであった。〔注〕姫には、尾藤太景氏、小野沢時仲など、得宗被官のなかでも主だった者が扈従していた。

この将軍更迭と新将軍の婚儀とは、いわば得宗派からの先制攻撃であった。

四代将軍藤原頼経は、源氏三代が断絶したあと、京都より下向した九條道家の息、三寅である。頼家の息女、竹御所と結婚して、源氏と血縁的に結びつけられただけで、在職三十年の間、実権のない虚位を有するにすぎなかったが、評定衆の後藤基綱、藤原為佐、千葉介秀胤、問注所執事三善康持らのほか（『鏡』寛元四年六月七日条）、前記した名越光時、同時幸、三浦光村らが、「廿余年昵近」していて（『鏡』同八月十二日条）、いわば将軍側近派を形成していた。

このことは、将軍独裁制への危険な傾向としても見做し得るだけに、北條氏得宗を中心とする一派は、これをなんとしても阻止しなければならなかったのである。種々の反対を押し切って、新将軍の内室に北條檜皮姫公を入れたことは、泰時の代において途絶えていた、将軍家外戚としての地位を北條氏得宗に与え、その権力に一定の権威を附与することになった点でも、意義深いものがある。

前将軍頼経は、その後も鎌倉にあって、「大殿」と尊称されて（『鏡』寛元三年正月二十八日条、同十月十一日条、同四年二月二十三日条）、いろいろ画策するところがあったようである。しかし、得宗経時は病弱であったので、これらのことに対処し難いということで、寛元四年（一二四六）三月二十三日、経時の私邸において「深秘御沙汰」があって、執権職と北條氏の家督＝得宗は、経時の弟の時頼に譲られた。経時には、のちに僧侶として権律師隆政および佐々目僧正頼助と名乗る二人の子供があったが、「両息未幼稚之間、為止始終牢籠」めに、弟の時頼に得宗の地位と執権職が譲られたのである（『鏡』同日条）。その後、得宗の地位は、そのまま時頼の系統に継承されていくのであるが、ほぼ同様のケースが、時頼から、幼稚であった時宗の手を経ずに、執権職が北条長時に譲られているときに見られるが、これは、あくまでも「但家督幼稚程之眼代」としてであって、家督＝得宗は、たとえ幼稚ではあっても、時宗のものになっていることに注目される（『鏡』康元元年十一月二十二日条）。経時から時頼へ代がわりしたときには、まだ、得宗権（北条氏の惣領権）は確立しておらず、時頼が執権職を長時に譲ったときには、家督は幼稚の時宗にあったのだから、この時期までには、得宗権が確立されていたと見ることができよう。

　時頼が得宗の地位についたときには、まだ得宗権は確立していなかったのであり、しかも、彼が本来の得宗経時の弟であったために、いわば彼の得宗就任は血統上の正統性を備えていなかったわけである。この点を衝いて、得宗の地位を競望したのが、北条氏庶家中の雄族であった名越氏であった。義時の次男朝時の嫡男名越光時が弟の時幸らと計って、寛元四年（一二四六）閏四月一日に経時が死んだ翌五月に、得宗時頼に対して陰謀を企らんだのである。『鏡』の同二十四日条および二十五日条に、つぎのように記されている。

廿四日、辛巳、鎌倉中民不静、資財雑具運隠東西云々。已被固辻々。渋谷一族等、請左親衛（時頼）命、警固中下馬橋。而太宰少弐為参御所欲融之処、彼輩於参御所者不可聴之、令参北条殿御方者、称不可及抑留之由。此間頗有喧嘩弥物忩。夜半皆着甲冑揚旗。面々任雅意、或馳参幕府、或群集左親衛辺云々。巷説縦横。故遠江入道（朝時）生西子息挿逆心、緯発覚之由云々。

廿五日、壬午、天晴、世上物忩、左親衛宿館警固敢不緩。甲冑軍士囲繞四面。卯一点但馬前司定員称御使参左親衛第。而不可入于殿中之旨、依令下知于諏方兵衛入道（盛重）、尾藤太（景氏）、平三郎左衛門尉等給、忽退出云々。越後守光時令侍宿御所中之処、今暁家人参喚出之程、白地即退出訖。無帰参之儀落餝、献其髪於左親衛。是可追討左親衛之由成一味同心、不可改変之趣、相互書連署起請文。其張本者在名越一流之由風聞之間、及此儀。舎弟尾張守時章、備前守時長、右近大夫将監時兼等者、無野心之旨兼以依令陳謝、無殊事云々。其後但馬前司定員右（イ坐）事出家。秋田城介義景預守護之。子息兵衛大夫定範被処縁坐云々。午以後群参之士又揚旗。今日遠江（名越）修理亮時幸依病出家云々。

こうして、新将軍頼嗣を擁しての名越氏らの企図は失敗に帰した。陰謀の元凶であった前将軍藤原頼経は翌六月二十七日、鎌倉を追却されて、京都に帰って行った。同十三日、名越光時は、越後国務以下の所帯の職などを収公されて伊豆国に配流された。同日、千葉介秀胤も上総国に追い下された。七日には、後藤基綱、藤原為佐、千葉介秀胤、問注所執事三善康持らは、評定衆から除かれ、康持は問注所執事の職も解任された。名越時幸は同一日に死んだ（『鏡』各日条）。

この事件を〝寛元の乱〟、あるいは〝名越光時の乱〟と呼ぶ。

この事件が、執権職あるいは得宗の地位をめぐって行なわれたらしいことに、まず注目しなくてはならない。北条氏が、そこまで勢力を伸張させていたことを示すと同時に、執権政治にあっては、どのように得宗が権力を伸張させても、執権という地位につくこと、執権という地位に準拠しなければならなかったことを物語っているのである。ここに、執権政治体制における得宗の権力伸張の限界が考えられるのである。それにしても、一門庶家である名越氏を処断したことによって、時頼の一門支配権＝得宗権が強化安定したところに、この事件の重大な結果があった。この事件を通して、得宗権は確立されたと見做し得るのである。

〔注〕　泰時が執権になっていた貞永二年（一二三三）正月十三日のことである。泰時は、頼朝邸北側の将軍家法華堂に頼朝の忌

日なので、詣でたとき、敷皮を堂の下に置いてその上に座して念誦をして、別当が堂の上に昇るように勧めても、頼朝存生中に昇らなかったのであるから、今となっても昇る訳には行かないとして、これを拒絶している（『鏡』同日条）。泰時の謙譲、礼儀を示す挿話であるが、これをその孫経時の代において、強引に新将軍に目分の妹を押し付けていることと比べると、その態度の差に注目されるのである。この意味でも、経時の頃は、得宗専制の成立する直前まで来ていたことが知られるのである。

(三) 得宗専制の成立

名越光時の事件は終結し、北条一門に対する得宗権は確立されたが、社会情勢の変化に対応してゆくという基本的な問題は、まだ、そのまま残っていた。この事件の背後にあって、将軍独裁制への復帰を企図していた三浦氏などに対しては、なんら手が加えられていなかったのである。事件の跡始末が始まろうという同年の六月六日、三浦家村が潜かに得宗被官の上首、諏訪蓮仏の邸を訪れてきて、相談することがあり、時頼にその旨を報告した上で、「乍置家村於座、蓮仏参入御所及両三度」といったことが行なわれているのは、三浦氏の処断に関してのことではなかっただろうか（『鏡』同日条）。

この時点では、三浦氏はなんらの処置もとられなかったが、鎌倉を追却された前将軍頼経が京都六波羅の若松殿に到着し、供奉の者たちと別れるにさいして、供奉人の一人であった三浦光村は、「残留于御簾之砌、数刻不退出。落涙千行、是思廿余年昵近御余波之故歟。其後光村談人々、相構今一度欲奉入鎌倉中」と語ったという（『鏡』寛元四年八月十二日条）。こうして、名越氏の事件が片附いたその直後において、すでに翌年の宝治の乱は準備されていたのである。

宝治の乱関係系図

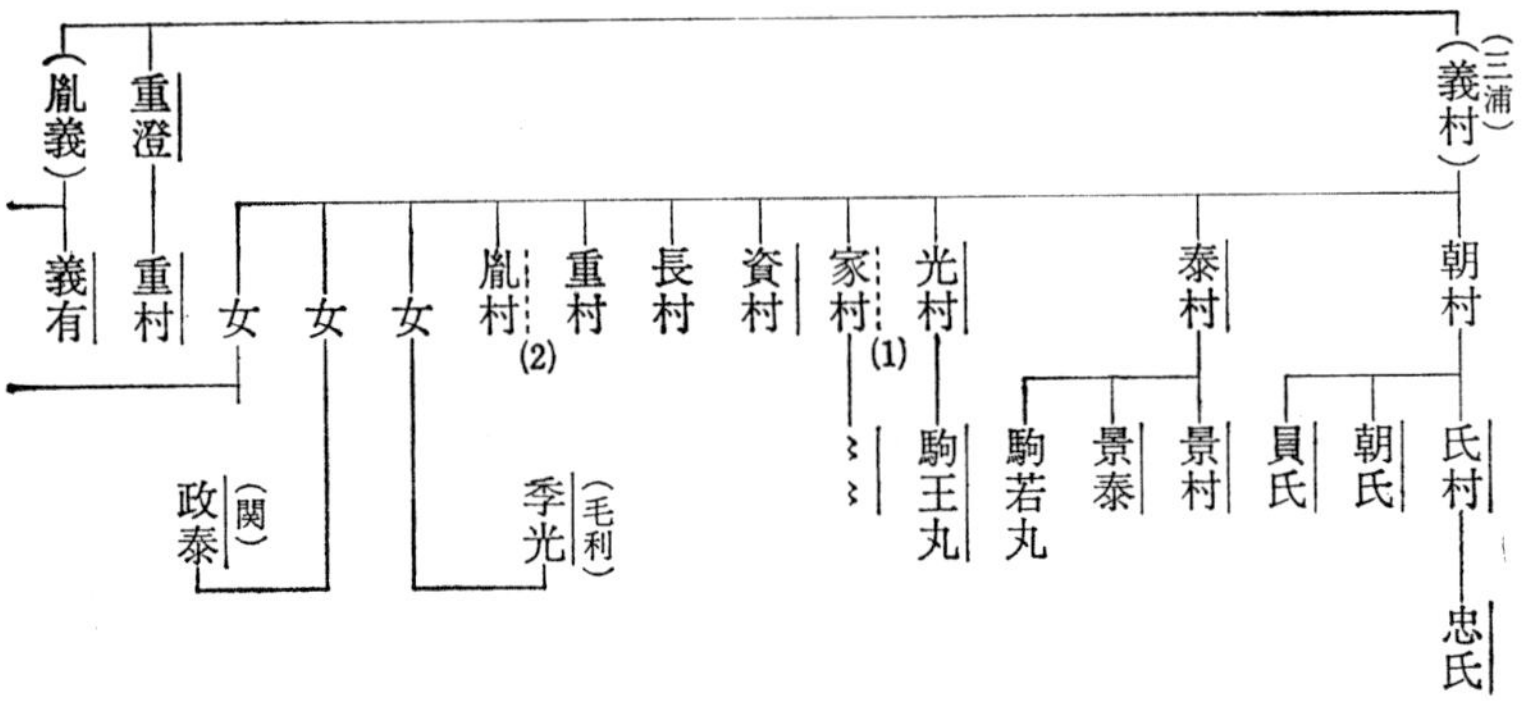

翌年の宝治元年（一二四七）四月四日、高野山にあった秋田城介入道覚地、つまり、安達景盛が、鎌倉甘縄の邸に帰着した。それから、種々の挑発、陰謀等々が繰り返された。〔注〕そして、時頼と安達景盛の挑発にのった三浦泰村は、一族および多くの伴類を率いて、ついに挙兵し、同六月五日、族滅して行った。これを〝宝治の乱〟あるいは〝三浦氏の乱〟と呼んでいる。

三浦泰村とともに、幕府法華堂に籠って自害して行ったのは、これら三浦氏一族のほか、毛利季光、宇都宮時綱、春日部実景、関政泰、平景茂、金持左衛門尉など、「為宗之輩二百七十六人、都合五百余人令自殺、此中被聴幕府番帳之類二百六十人」であったという。「幕府番帳」を許されていたもの、つまり、御家人がこれだけの多さで滅んで行ったというのである。その翌日には、上総国一宮大柳館にあった上総権介秀胤らにも追討の軍が差し向けられて、同七日には、千葉秀胤は、嫡男時秀、次男政秀、三男泰秀、四男景秀、弟時常らとともに族滅して行った。

この事件の結果、千葉氏の所領であった下総国埴生荘が（『鏡』宝治元年六月七日条）、建長三年（一二五一）十二月二日には足利泰氏の手にあったが（『鏡』同日条）、同七日に、自由出家の咎によって、足利泰氏がこの荘を収公されると、すぐに金沢氏流北条実時が拝領しているなど（『鏡』同日条）、直接あるいは間接的に北條氏の所領が急増したことが推測される。また、古来からの名族であった三浦氏の族滅にさいして、その庶流である「遠江守盛連子息等悉参籠左親衛《（時頼）》第。是若狭前司《（三浦泰時）》者雖為一類、敢無同意之儀。且光盛以下者、重故匠作時氏旧好、更不存弐之故也。兄二人者又被引之。而佐原太郎経連、比田次郎広盛、次郎左衛門光盛、藤倉三郎盛義、六郎兵衛尉時連等」のほか、五郎左衛門尉盛時なども北條方に参加しており（『鏡』同六月二日条）、そのうちの盛時は「泰村滅亡後、為三浦介」って、生き残った三浦氏の惣領となり、結果的には、得宗被官となっているなどにも注目される。彼は、次頁の三浦氏の略系図に見るように、平常時であったなら、決して三浦氏の惣領になれるような存在ではなかったのである。

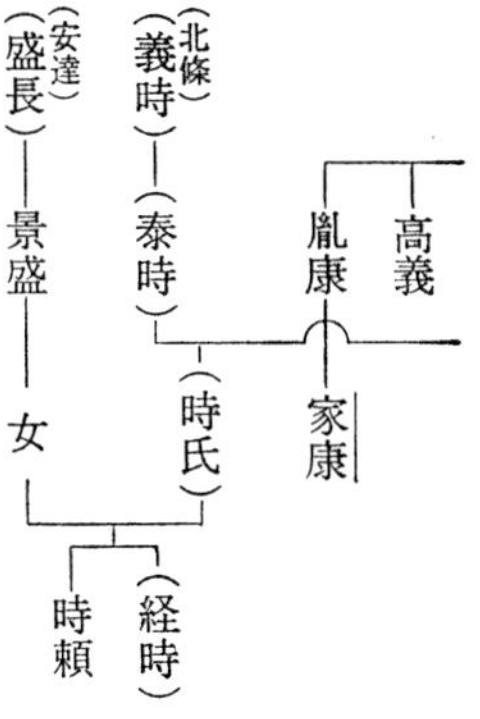

〔注〕（氏名）は故人
氏名　は宝治の乱で戦死
氏名　(1)家村＝行方不明　(2)胤村＝捕虜

ただ、ここにひとつの問題がある。寛元の乱の後、宝治の乱の以前における時期において、三浦盛時は、すでに得宗被官になっていたのである（『鎌倉遺文』六七六八号）。

（北條時頼）
（袖花押）

下　陸奥国糠部五戸

補任地頭代職事

左衛門尉平盛時

右人、為彼職、守先例、可令知行之状如件。以下。

寛元四年十二月五日

これは、宝治の乱において、三浦氏が族滅する以前において、三浦氏の庶族である盛時が得宗被官になっていたことを示すものである。じつに、用意周到というべきであろうか。のち、北條時行の中先代の乱において、三浦時継（道海）、同時明は、時行の軍に従っている。

このように、宝治の乱によって、得宗家および北條氏一門は、所領と被官を一挙に増大させることに成功したのであるが、この乱の成果として考えられるのは、その程度のものだけではなかった。前年の寛元の乱によって、一族一門に対する支配権＝得宗権の確立に成功した得宗家は、幕初からの雄族であった、三浦・千葉両氏を始めとする諸御家人の勢力を一挙に粉砕して、御家人たちに対する北條氏の勢威をここに確立することになったのである。その意味で、寛元・宝治の両乱は、一括共通した性質を有している事件であり、幕政初期における梶原、比企、畠山、和田などの雄族の族滅事件とは根本的にその性格を異にしていたのである。敗れた三浦氏などの立場は、京都に追却された前将軍頼経を

三浦氏惣領の伝領

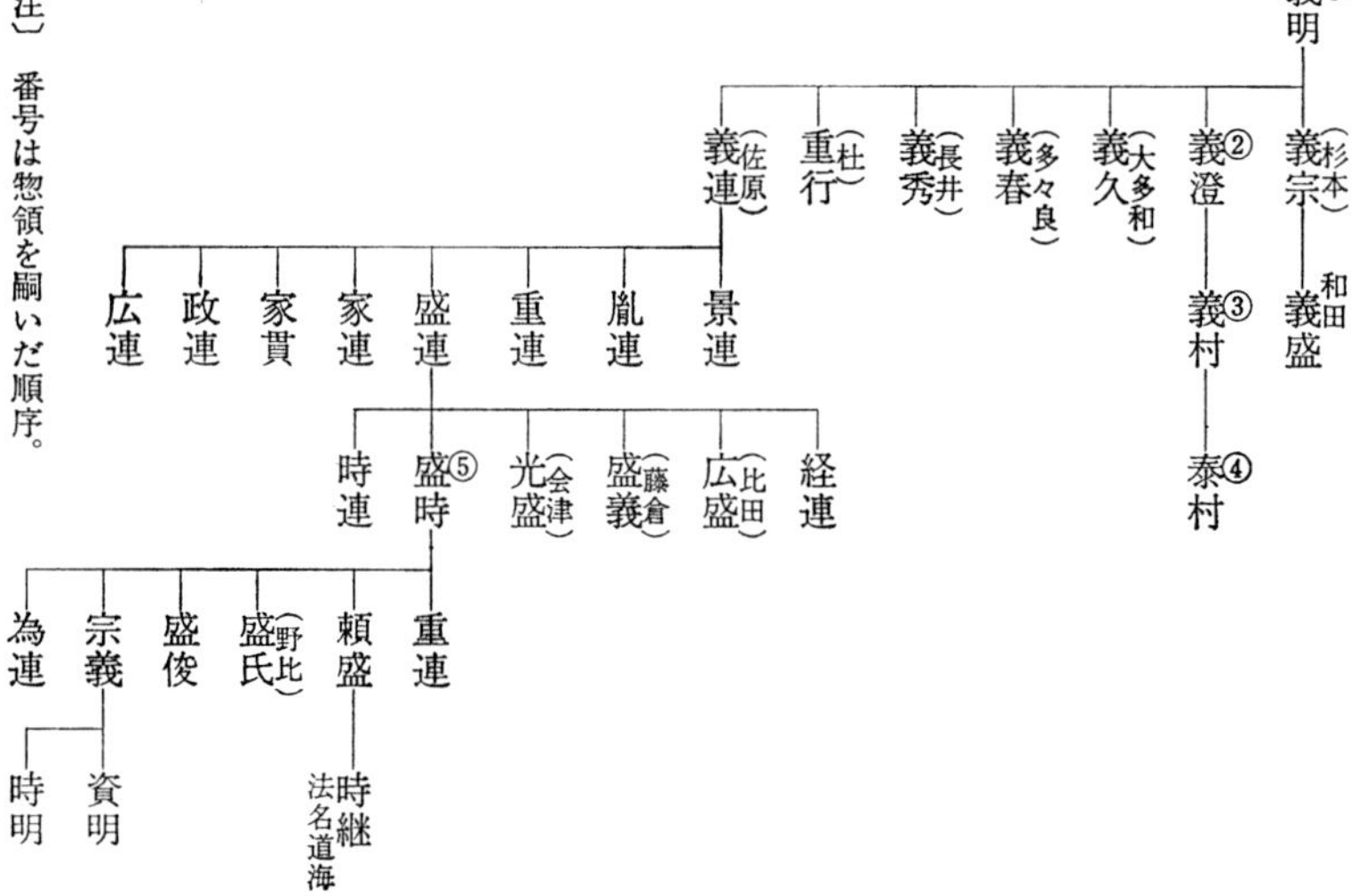

〔注〕番号は惣領を嗣いだ順序。

「相構今一度欲奉入鎌倉中」と考えていたということが示すように、将軍権力を回復強化して、もって、鎌倉中末期の社会変動に対処しようとしたものであり、また、寛元の乱が北條氏の庶流であった名越光時を中心として、宝治の乱が三浦氏の庶子であった三浦光村を中心としていたように、庶子家の自立の過程において行なわれたということも見逃せないことである。徳治年中（一三〇六〜八）になると、幕府でも、ついに「庶子惣領可相並事」を令しているように（『中世法制史料集』第一巻「鎌倉幕府法」三四四頁）、惣領制が否定され始めていた時期でもあったのである。

なによりも、得宗側にしてみれば、現実に得宗時頼は執権政治下にあって、執権として、事実上、幕府の首長の座にはあったが、執権政治そのものが、東国武士たちによって、将軍独裁制を克服した上で成立させられた東国武士の連合政権である以上、得宗の権力の根拠は、東国武士の総意に基づくその代表者としてのものでしかなく、そこにはそれなりの一定の限界があったわけである。それでは、社会の新情勢に対処し、その難局をのりきってゆくためには、その権力の限界は、あってはならないものだったのである。こうして、得宗に課せられていた執権政治体制下における制約を排除し、もって、強大な権力の集中を計って行こうというのが、いわゆる得宗派の指向したところであったと思われる。

寛元・宝治の両乱において、反対派をすべて除去してしまい、執権政治体制において得宗の権力の拡大を阻止していた一定の条件がなくなったこの時点では、鎌倉幕府は、すでにして、執権政治ではなくなっていたと云い得よう。すなわち、得宗専制政権の成立なのである。

なお、このとき、目をやや広げて京都の方も一望しておこう。鎌倉時代の全期を通じて、政治史上の重要勢力たることを失わなかった京都政界では、幕政初期に頼朝と提携して権力を握った九條兼実以来、若干の曲折を経つつも、摂関の地位を独占していた九條道家の子、頼経が幕府の四代将軍となり、その孫にあたる頼嗣が五代将軍ともなっていたのであるから、幕府を背景にした道家の立場はそれなりに強固で、関東申次の任にもあたっていたわけである。ところが、頼経が鎌倉を追却されて、京都に帰ったその後、寛元四年十月十三日には、得宗被官安東光成が上洛して、関東申次の任を太政大臣西園寺実氏に改補されてしまうのである。

この前後の時期における九條道家の立場と心境は、彼自身の書いた「願文」によく表わされている（『鎌倉遺文』六七二三号）。とくに、頼経の帰京に関しては、つぎのように記している。

当時風聞することくならハ、従（縦）横の説〻な天魔の所為なりといひて、関東漸静謐して、新将軍をもちて、主としてなを世をおさむへし、入道将軍（頼経）ハ此世のありさまをおそれて、暇をこひて上洛隠遁せらるへしと云々。是につきて是を見に、両事ともに無実にして、陳謝くもりなくて、子息を将軍にもちゐるへくハ、厳親楚忽の上洛いまた事の道理にかなはす。たとひ世事にいろはすといふとも、鎌倉のうちに閑所をしめて、隠遁あらんになにの妨かあらん。いま自発して懇望の由、そのきこへありといへとも、その内儀をうかゝふに、今度騒乱与力のともからおほし。たやすくしかたきかゆへに、当時ことなる証拠なしと称して、合戦の儀をとゝめ、与党の罪科をおこなはす。このうへハ、又入道将軍しりそけんことそのゆへなし。

〔注〕高野山から帰ってきた安達景盛が、時頼の邸において相談しており、子の義景、孫の泰盛に向かって、

「是三浦一党当時秀于武門、傍若無人也。漸及澆季者、吾等子孫定不足対揚之儀歟。尤可廻思慮之処、云義景云泰盛、緩怠稟性、無武備之条奇怪」

と云って、二人を叱っており（『鏡』宝治元年四月十一日条）、五月十八日には、安達義景の甘縄の家に「白旗一流出現」という奇事があり（同書、同日条）、二十一日には、「若狭前司泰村独歩之余依背厳命、近日可被加誅罰有其沙汰、能々可有謹慎」

と記した立て札が鶴ケ岳の鳥居前に立てられ、ついに、六月三日には、「此程世間のさわく事、なにゆへとかしられ候。御辺うたれ給へき事也。思ひまいらせて、御意得のために申候」と記した檜の板が泰村の邸の南庭に抛りこまれているなど、挑発の例はきわめて多くある（『鏡』各日条）。

第四章　得宗専制の展開

(一)　寄合衆の制度

執権政治下では、得宗の地位は、それがいかに強固に安定したものであっても、結局のところは「執権トハ、政務之御代官」でしかなく、「依将軍仰」って政務をとる存在であり、執権政治の本質的性格が御家人連合政権であり、合議制と法治主義に則ったものである以上、執権の権力は常に「家人等一同」の意を帯したものでなければならなかったわけであるが、寛元・宝治の乱の以降では、様子が違ってきていた。

宝治の乱の四年後の建長三年（一二五一）十二月、了行法師、千葉介近親の矢作左衛門尉、長次郎、左衛門尉久連らに謀叛の企図ありということで、これらを捕縛推問しているのは、御家人ではなく、得宗被官の筆頭、諏訪兵衛入道蓮仏であった（『鏡』同二十六日条）。この事件は、これらが誅殺あるいは配流されて終ったが、推問の結果得られた白状によると、前将軍頼経が京都においてひそかに武士を募って乱を企てていたということが判明したので（『保暦間記』『群書類従』雑部）、将来の禍根を絶つために、翌年二月、頼経の子で現将軍である藤原頼嗣を京都に追却し、かわって後嵯峨天皇の皇子宗尊親王の鎌倉下向を願う使者が発遣された。このとき、得宗時頼は、「家人等一同」に計ることなく、むしろ、これほどの大事をば「他人不知之」といった情況の下で、独断専決していて、執権政治の根幹である合議制をまったく無視してしまっている（『鏡』建長四年二月二十日条）。翌月五日になってからようやく事後承認を求めるかのように、「奥州(重時)相州(時頼)等会合、被経群議」ということが行なわれているのみであった（『鏡』同日条）。ここに執権政治の根幹であった合議制がまったく廃棄されてしまったのを見ることができる。

こうなってくると、評定衆制度はあってなきがごとき状態となり、その後も評定衆の名は残るも、実体を失った爵位のごときものになり下ってゆく。文永年間（一二六四～七五）以後、評定衆に任命されるものに北條氏一門の名が多く見られ、しかも、年齢も低下してくることを指摘されたのは、佐藤進一氏である（「鎌倉幕府政治の専制化について」『日本封建制成立の研究』）。次頁の表は、「関東評定衆伝」によって、各時期における評定衆の数とこれに補された北條氏一門の数および前者に対する後者の比率とを表示したものである（『群書類従』補任部）。

これによってみると、泰時にとってもっとも苦しかった時期である嘉禄元年（一二二五）より暦仁元年（一二三八）にいたる時期においては、貞永元年（一二三二）に評定衆中に一門の者四人を送り込んでいるのみで、それから以後の三年間は、評定衆のなかに北條一門は一人も見当らない。泰時の末期になると、ようやく一人あるいは三人へと若干の増加があったが、経時の代になった仁治二年（一二四一）には二名の増員がなされ、全体の四分の一を占めるようになってきている。時頼の初期である寛元年間（一二四三～七）は常に七分の一でしかなかったが、宝治の乱の翌年である宝治二年（一二四八）には、全体の数が減少して、相対的に一門評定衆の比率があがり、以降、四分の一から三分の一あたりをつねにしめるようになる。時宗の頃である文永十年・十一年（一二七三・一二七四）には、ついに全体の四割の線を

北條氏一門の評定衆に占める割合

年	総数	一門	%	年	総数	一門	%
嘉禄元年	11	0	0.	建長 7年	11	4	36.36
〃 2年				康元元〃	13	5	38.46
安貞元〃				正嘉元〃	10	3	30.00
〃 2〃				〃 〃	10	3	30.00
寛喜元〃				正元元〃	13	3	23.08
〃 2〃				文応元〃	13	3	23.08
〃 3〃				弘長元〃	13	3	23.08
貞永元〃	23	4	17.39	〃 2〃	12	3	25.00
文暦元〃	12	0	0.	〃 3〃	11	3	27.27
嘉禎元〃	15	0	0.	文永元〃	14	3	21.43
天福元〃	16	0	0.	〃 2〃	15	4	26.67
〃 2〃	16	1	6.25	〃 3〃	15	4	26.67
〃 3〃	14	1	7.14	〃 4〃	17	5	29.41
暦仁元〃	17	1	5.88	〃 5〃	16	5	31.25
延応元〃	20	3	15.	〃 6〃	15	5	33.33
仁治元〃	18	3	16.67	〃 7〃	17	6	35.29
〃 2〃	20	5	25.	〃 8〃	17	6	35.29
〃 3〃	19	5	26.32	〃 9〃	16	7	43.75
寛元元〃				〃 10〃	17	7	41.18
〃 2〃	21	3	14.29	〃 11〃	14	6	42.85
〃 3〃	21	3	14.29	建治元〃	31	9	29.03
〃 4〃	21	3	14.29	〃 2〃	17	5	29.41
宝治元〃	18	4	22.22	〃 3〃	16	6	37.50
〃 2〃	14	4	28.57	弘安元〃	18	6	33.33
建長元〃	15	4	26.67	〃 2〃	18	6	33.33
〃 2〃	15	4	26.67	〃 3〃	18	6	33.33
〃 3〃	15	4	26.67	〃 4〃	17	6	35.29
〃 4〃	13	3	23.08	〃 5〃	17	5	29.41
〃 5〃	14	4	28.57	〃 6〃	17	5	29.41
〃 6〃	11	4	36.36	〃 7〃	16	5	31.25

超えている。総体的に見た場合、宝治二年と文永十一年の二回を頂上とした山が見られるようである。これは、前者が宝治の乱の直後であり、後者が元寇のあった年であった。この点からも、宝治の乱に、得宗専制の成立時点が求められるべきであろうと思われるのである。

建長元年（一二四九）十二月に、評定衆の下部組織として引付衆が創設されたが、これは「十二月始引付、諸人訴詔（訟）不事行故也」と説明されているように（「関東評定衆伝」『群書類従』補任部）、本来、政務にも預かるものであった評定衆が、訴訟沙汰のみを所務とし、しかも、その業務をはかが行くようにというだけの目的で引付衆が創設されたのであった。こうして、引付衆が創設されても、それは訴訟沙汰のみを所務とするものであり、引付衆の各組の頭人がそのまま、評定衆として、栄爵化した地位に座すのみであったから、重要政務に関しては、得宗は恣意的独断的にことを決するにしても、一定の顧問的なものを必要としてくるのである。それが寄合衆であった。

寄合という語句のみの史料上の初見は、『鏡』の寛元二年（一二四四）十二月十二日条であろうか。

御公事間、於不被仰下各別者、父祖跡知行、各寄合、随分限可勤仕之。又雖非其跡、宛行勲功之所領以下別御恩地、相加可勤仕之由云々。

しかし、ここでは、所当公事の配分に際して、庶子たちも〝寄り合って〟勤仕せよというような意味でしかない。いわゆる寄合衆の初見としては、同じく『鏡』の寛元四年（一二四六）六月十日条に求められるべきであろう。

(2)於左親衛（時頼）御亭又有深秘沙汰。亭主（時頼）、右馬権頭（北条政村）、陸奥掃部助（金沢実時）、秋田城介（安達義景）等寄合。今度被加若狭前司（三浦泰村）。内々無御隔心之上、可被仰意見之故也。此外諏訪入道（盛重蓮仏）、尾藤太（景氏）、平三郎左衛門尉（盛綱）参候。

議題的なものは、明記してないが、寛元の乱の直後のことであるだけに、だいたいは推測するに難くない。翌年の宝治の乱で滅ぼされる三浦泰村が加わっているのに注意されるが、出席者は北条一門の長老である政村、実時、時頼の妻の兄である安達義景のほか、得宗被官の雄である尾藤景氏、諏訪盛重、平盛綱が参加していることに注目される。

なお、この記事には、「又有深秘沙汰」とあり、また、「今度被加若狭前司」ともあるので、〝寄合〟という名前ではなくとも、三浦泰村を加えなかった、事実上の〝寄合〟である〝深秘沙汰〟の会が持たれていたことが暗示されている。そういう意味での〝深秘沙汰〟の初見は、寛元四年（一二四六）三月二十三日条に求められるべきであろうか。

寄合衆の血縁関係図

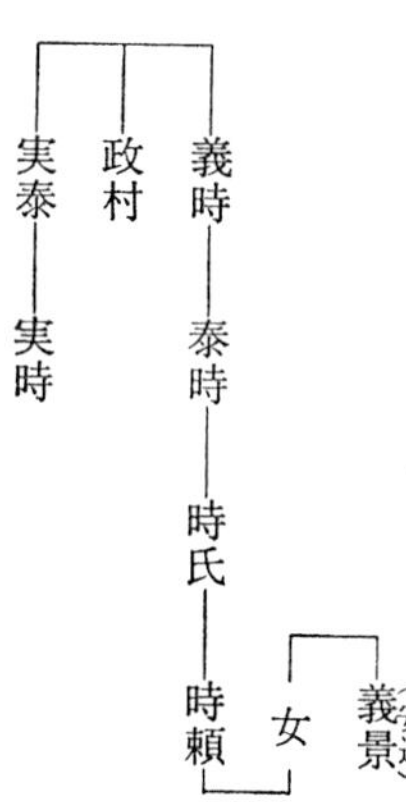

この日の条につぎのように記されている。

(1)於武州(経時)御方有深秘御沙汰等云々。其後被奉譲執権於舎弟大夫将監時頼朝臣。是存命無其恃之上、両息未幼稚之間、為止始終牢籠、可為御計之由、真実趣(脱字カ)於御意云々。左親衛即被申領状云々。

つまり、このときの〝深秘御沙汰〟の議題となったのは、経時より時頼への執権職移譲に関する件だったのである。

このように見てくると、〝寄合〟〝深秘沙汰〟ということに関する記録は現在に残ってはいないものの、事実としてのそれは、かなり早い時期からあったのではないかと思われる。むしろ、本来的には、特別な事態や事件に遭遇した際に、どこの氏族でも行なわれる、もっとも一般的な家族会議のごときものが、北條氏にあっては、一族に対する惣領権の強化安定への傾向と北條氏が幕政の中枢にあったこととが影響して、次第に〝深秘〟化する傾向を有し、やがて、〝寄合〟として一定の性格と機能をもつようになって行ったのではないだろうか。〔注〕

ここで、ひるがえって、評定衆制度が創始された嘉禄元年(一二二五)十二月二十一日における様子を見ておこう(『鏡』同日条)。

処被立置新御所之黄牛、今朝被引出之。又相州(時房)、武州(泰時)、助教(中原師員)、駿河前司(三浦義村)、隠岐入道(二階堂行村)等参御所、有評議始。神社仏寺等事云々。以東西侍御簡衆事有其沙汰。若君御幼稚之間、就御所近々、可着到東小侍之由、御下向之始被定上者、不及子細。但西侍無人之条、似背古例乎。仍於相州已下可然人々者差進名代、如門門警固之事、可令致連日夙夜之勤也。遠江国已下十五箇国御家人等、以十二箇月宛彼分限之多少、雖為自身出仕之日、可進名代於西侍号之大番之由議定畢。是右大将軍之御時、称当番、或点両月或限一月、長日毎夜人々祇候之例也。次於同所始被置定番人。所謂之桜井次郎、安倍光高、今泉太郎、大宅政光、八町六郎、橘以康、市三郎、平重遠、長田太郎、藤原維定、飯田太郎、物部忠重、阿美小次郎、伴範兼以下也。

ここに見るように、評定衆の扱う案件は、その成立の当初から、政務をも扱っているのである。本来的に評定衆の扱う内容は、政務と訴訟沙汰の二種があったのである。評定衆が訴訟沙汰を扱っている例は、まさに枚挙にいとまがないほどであるから、それを例示するのは、やめておく。評定衆が、訴訟沙汰のみでなく、一般的ないし重要な政務を見ていた例の終りの時期のものとしては、『鏡』寛元二年（一二四四）四月二十一日条をあげることができよう。つぎのように記されている。

今日将軍家若君（頼経）六歳、御名字頼嗣、御母中納言親能卿姫、大宮局、御元服也。（中略）抑御任官事、任嘉禄之例、可為後日。又可令蒙将軍宣旨給云々。是依天変、御譲与事俄思食立之上、五六両月当御慎之間、今月被遂此儀也。御名字兼日風聞、兼頼也。自京都被撰進。両三之其一、而今所被用将軍家御計也。次武州（経時）相率評定衆被参政所、有吉書始儀。左衛門尉満定（清原）為執筆。事終武州持参御所、於寝殿南面被披覧。於御前摂津前司師員（中原）朝臣読申之、評定衆着到同披露云々。其後還政所有献盃、信濃民部大夫行泰、同次郎行頼、大夫判官行綱、四郎左衛門尉行忠等従所役云々。

着座次第

一方、

前右馬権頭（北條政村）　若狭前司（三浦泰村）　秋田城介（安達義景）

下野前司（藤原泰綱）　能登前司（三浦光村）　上総権介（千葉秀胤）

備前守（北條時長）　大田民部大夫（三善康連）　外記大夫（三善倫長）

一方、

遠江守(北條朝直)　摂津前司(中原師員)　甲斐前司(大江泰秀)
佐渡前司(後藤基綱)　出羽前司(二階堂行義)　前大宰少弐(藤原為佐)
清左衛門尉(清原満定)

次云御元服無為事、云新官御任官叙位事、可被申京都之由有議定。被整御消息等、被奉譲征夷大将軍於冠者殿之由云々。平新左衛門尉盛時応其準脚、已雖及黄昏、吉日之上、依為御急事進発。行程被定六个日云々。

ここに見られる十六人のうち、北條時長をのぞくと、みなこの段階における評定衆であった（「関東評定衆伝」『群書類従』補任部）。将軍の代かわりとこれに附属する重要政務を評定衆が管掌していたわけである。

このように、創設の当初から寛元あるいは宝治の頃までの間は、評定衆は政務と訴訟沙汰の両務を管掌してきたのであるが、建長元年（一二四九）十二月に、その下部機関として引付衆が創設された時点では、その創設の理由に「諸人訴詔(訟)不事行故也」とされているように、すでに政務に関しては、これを管掌せず、その管掌内容が訴訟沙汰のみになってしまっていたのである。そして、評定衆の管掌内容から政務がはずされて行った寛元・宝治の頃に、一方では、北條氏の私邸で私的に行なわれてきていた〝深秘沙汰〟が、表面に躍り出し、寄合、寄合衆となって出現してくるのである。

寛元の乱の直後の寛元四年（一二四六）六月十日、文字通り、暗黒の中にあった〝深秘沙汰〟が、表面に躍り出したわけであるが、宝治の乱の直後の宝治元年（一二四七）六月二十二日には、

(3)去五日合戦亡帥以下交名、為宗分日来注之、今日於御寄合座及披露云々。

とあって、自殺討死等一〇八名、存亡不審一名、生虜輩八名、逐電三人の名前が披露されている。このときの出席者

の名前は判らない（『鏡』同日条）。同二十六日にも寄合がもたれている（『鏡』同日条）。

(4)今日内々有御寄合事。公家御事、殊可被奉尊敬之由有其沙汰云々。左親衛《(時頼)》、前左馬権頭《(北條政村)》、陸奥掃部助《(金沢実時)》、秋田城介《(安達泰盛)》等参給。諏訪兵衛入道《(盛重)》為奉行。

これ以前において行なわれたことが判明する二度の寄合の会は、寛元の乱の直後および宝治の乱の直後における終戦処理のことが議題となっていたものであるから、ある意味では、戦後の混乱に対処するための臨時のものと見なすこともあり得るが、このときの寄合は、まさに平時における政務そのものを議題としていたものであった。それだけ、定置のものへと近づいてきていることが判る。また、寛元の乱の直後の寄合において、北條一族および外戚のほかに三浦泰村がいたことが注目されるほか、諏訪盛重、尾藤景氏、平盛綱という三人の得宗被官が出席していたのが、ほぼ定置のものになりかかった史料上での第三回目の寄合では、そのうちの一人諏訪盛重が〝奉行〟として出席しているので、第一回目の寄合におけるこの三人の役目も推測に難くない。史料上の第三回目における寄合では、ついに、〝奉行〟なる職制も備えるにいたったのである。

その後、文永三年（一二六六）六月二十日にも、寄合が開かれていることがわかる（『鏡』同日条）。

(5)於相州《(時宗)》御第有深秘御沙汰。相州、左京兆《(政村)》、越後守《(金沢)》実時、秋田城介《(安達)》泰盛会合。此外人々不及参加云々。

ここには〝寄合〟の文字はないが、実質的にそれであったことには疑問の余地はない。

この得宗私邸における深秘の集会としての寄合が、だいたい、五日目ごとという定期的なものとなっていたのは、建治三年（一二七七）以前のことであり、このことを示すのは、三善（太田）康有の「建治三年丁丑日記」である（『群書類従』武家部）。この年、康有の日記によれば、少なくとも四回、寄合が開かれているのであるが、その月日を見ると、

十月二十日　十月二十五日　十二月十九日　十二月二十五日

である。前後の様子から見ると、寄合衆として指定あるいは補任された一定の者のほかに、臨時に呼び出されて、そのときだけ、またはその案件を議するときだけ、出席を許される者があったことが推定されるが、三善康有は、その後者の場合のもので、彼が担当していた所務のことが議題になっていたのが、たまたま前記の四日であったと思われる。と考えると、十二月十九日の場合は、本来は、二十日に開かれるべきものであったが、吉凶その他の理由によって、一日繰り上げられたのではないだろうか。そうだとすると、このことをさらに敷衍して、五日目ごとの月六回、定期的に開かれるようになっていたものと考えられる。「建治三年丁丑日記」の十月二十九日条には、「評定、明日分」という記事があり、本来ならば、「明日」三十日にすべき評定が、なにかの都合で一日前に繰り上げられている例もある。

また、佐藤進一氏がすでに指摘しておられるように（「鎌倉幕府政治の専制化について」『日本封建制成立の研究』）、徳治三年（一三〇八）八月に長崎宗綱を通じて平政連が得宗貞時に提出した「平政連諫草」に、「毎月御評定ノ間五ヶ日、御寄合三ヶ日、奉事六ヶ日許」と記されている。

(6)（十月）

廿日、陰雨、御寄合、孔子一二、
相太守（時宗）　康有（太田）　業連（佐藤）　頼綱（平）

(7)（十月）

京都御返事清書役、可召加丹後太郎之由被仰了。

廿五日、晴、御寄合、孔子一二、
相太守（時宗）　康有（太田）　業連（佐藤）　頼綱（平）
京都本所領家等被申兵料断（祈）所并在京武士拝領所々、可被返付之由事有御沙汰之。中書申

(8)（十二月）

十九日、晴、御寄合山内殿
相太守（時宗）　城務（安達泰盛）　康有（太田）、
被召御前、奥州（北条時村）被申六波羅政務條々。
一、人数事、（中略）
一、寺社事、
一、関東御教書事、
一、問状事、
一、差符事、
一、下知符案事書開闔事、
五ケ条、備後民部大夫可奉行
一、諸亭事、因幡守可奉行
一、検断事、出羽大夫判官可奉行
一、宿次過書事、下野前司可奉行

一、越訴事、下野前司、山城前司可奉行
一、御倉事、甲斐三郎左衛門尉可奉行
一、雑人事、配分初条之人数可令奉行
以前之沙汰等有緩怠之聞者、陸奥守、越後左近大夫将監、相共可加催促也、（下略）

(9)（十二月）
廿五日、（中略）
評定以後、城務（安達泰盛）、康有（太田）、頼綱（平）、真性（諏訪）被召御前、有御寄合。
一、院宣、諸院宮令旨、殿下御教書
　因幡守可奉行
一、諸亭事、
　先渡因幡守可奉行之由、雖被仰、改其儀、下野前司可奉行
一、宿次事、
　先度下野前司可奉行之由、雖被仰、改其儀、備後民部大夫可令奉行
一、番役并篝屋事、
　奥州、越後左近大夫将監両人、差代官可令奉行
一、沙汰日之目録孔子等事、
　周防左衛門尉可令奉行（下略）

以上（いずれも「建治三年丁丑日記」）のことから、議題内容のおおよそも知られる。いずれも、重要政務でないものはないが、特別な事件などによるものではなく、みな日常的な内容のものであった。すでに、日常恒例的なものを案件とした日常的な会議となってしまっていることがわかる。

以上、管見に入った九回の寄合における出席者のみを抽出すると、つぎのようになる。

(1) 経時、時頼
(2) 時頼、北条政村、金沢実時、安達義景、三浦泰村、諏訪盛重、尾藤景氏、平盛綱
(3) (不明)
(4) 時頼、北条政村、金沢実時、安達泰盛、諏訪盛重（奉行）
(5) 時宗、北条政村、金沢実時、安達泰盛
(6) 時宗、太田康有、佐藤業連、平頼綱
(7) 時宗、太田康有、佐藤業連、平頼綱
(8) 時宗、安達泰盛、太田康有、(北条時村)
(9) 時宗、安達泰盛、太田康有、平頼綱、諏訪真性

後半四回における太田康有は、前記したように一種特別というか臨時的なものであったことと、原史料の執筆者であって、自分が出席した場合にのみ記録にとどめたのであるという特別な事情を考慮に入れて、彼以外の出席者について考えてみると、そのほとんどがほぼ特定の人物あるいは家系という点で固定してしまっているように思われる。常に得宗が出席しているのは当然のこととしても、北条一門では、北条政村とその嫡子時村、金沢実時とその曽孫貞

顕（後述する）というように政村流北条氏と金沢氏流北條氏に固定されているみたいに思われ、そのほかに、得宗外戚としての安達泰盛、得宗被官の雄、諏訪盛重と平頼綱など、一定の譜代性を備えた人物が多数見られるところから、一定の家格化が進行していたことが知られる。

なお、太田康有の出席した寄合において、〝奉行〟という職制があったが、同時に〝孔子一二〟とあって、くじ引きで、なにかの順位を決めていたらしいことにも注目される。

鎌倉時代の末期にいたるまで、寄合があったことを示してくれるのが、「北條九代記」の下巻である（『続群書類従』雑部）。これには、末期における寄合衆に関する例が若干記されているのである。

(10)弘長二年（一二六二）の条に、太田康有の略歴がつぎのように記されている。

康有従五位下美作守

弘長二年三月廿八日補之、同三月十七日任勘解由判官、弘安三年十一月十三日任美濃守、同日叙爵、同五年十二月廿七日方御寄会坐中風、仍籠居、同六年出家、法名善有、同五月十一日死六十二。

弘安五年（一二八二）十二月二十七日に、寄合が行なわれていて、六十一歳であった太田康有が出席していたということがわかる。前記したように、五日目ごとに、五および十の日に定期的に寄合が開かれるものとなっていたとすると、この〝二十七日〟というのが、気になる。

(11)正安三年（一三〇一）の条における北條時村の略歴に見られるものである。

時村左京権大夫従四位下

弘長二年正月十九日任左近将監、同日叙爵、文永八年七月八日任陸奥守、建治三年十二月廿一日為六波羅、弘安五年辞守、同八月廿三日任武蔵守、同六年九月十二日叙従五位上、同十八日下向関東、正応二年五月為寄合衆、同八月七日叙従四位下、正安三年八月廿三日為連署年六十四。嘉元二年十一月十七日兼左京権大夫、同六月六日辞守、同三年四月廿三日誤被誅年七十四。

正応二年（一二八九）五月、六十二歳の北條時村が、寄合衆になったのである。系図上の位置は、つぎのようである。

⑿ 嘉元三年（一三〇五）条にある北條宗宣の略歴に見られる。

宗宣従四位下 陸奥守

母越前守時広女、正安五年二月廿八日任雅楽允、同三月十三日任式部少丞、同八月六日叙従五位下、同九年六月為引付衆、同十年十月為評定衆、正応元年十月七日任上野介、永仁元年五月為越訴奉行、同七月為小侍奉行、同十月止引付執奉諸人訴訟、同二年八月三日叙従五位上、同四年正月為引付頭四番、同十月為寄合衆、同為京下奉行、同五年七月十日為六波羅南方、正安二年十月一日叙正五位下、同三年九月廿七日任陸奥守、乾元々年二月十八日為一番引付頭、同八月為官途奉行、嘉元元年八月廿七日復為越訴奉行、同三年七月廿二日為将軍家連署、徳治三年七月十九日叙従四位下、応長元年十月三日転執権、正和元年五月廿九日出家順昭、同六月十二日卒年五十四。

永仁四年（一二九六）正月十日、北條宗宣が四十八歳で寄合衆になったというわけである。系図上の地位は、時房流の大仏氏である。

北條時村関係系図

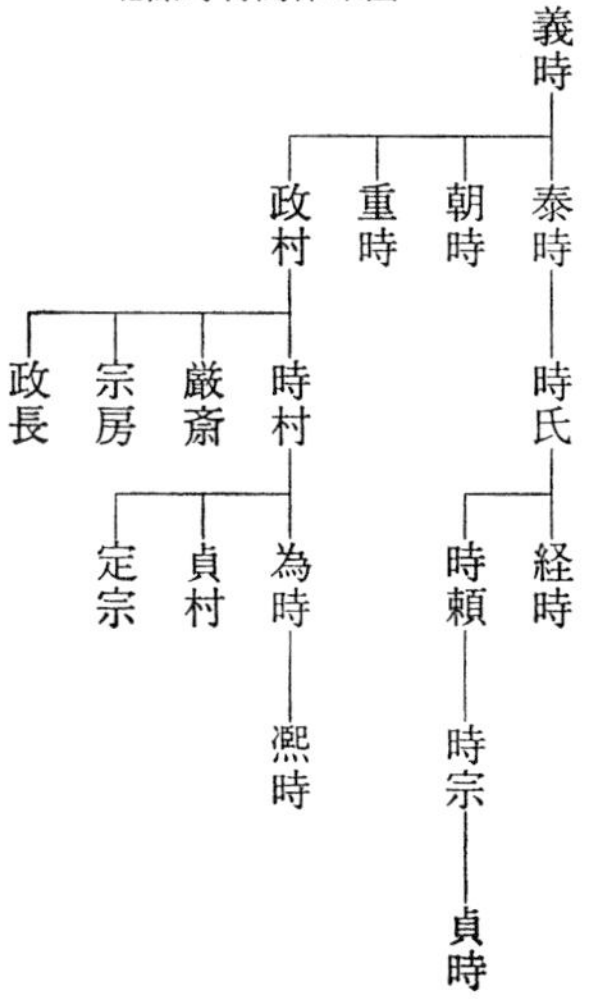

⑬嘉元元年（一三〇三）の条につぎのように記されている。

六月十二日御寄合、不謂年齢、配分所領者可書下外題於譲状。次雲客以上所分事、如元可申沙汰云々。

ここでは議題しか判らない。また、十二日という日に開かれていることに注目しておきたい。

⑭永仁元年（一二九三）の条に記されている北條久時の略歴のなかに見られるものである。

久時于時越後守、北方九、

正応元年八月二日任右馬助、同日叙爵、同二年閏十月六日任刑部少輔、永仁元年三月為六波羅守護、同三年八月八日叙従五位上、同十二月廿九日任越後守、同五年六月下向、同六年四月九日為評定衆、正安三年八月廿三日為一番引付頭、嘉元二年六月六日任武蔵守、同三月六日為寄合衆、為官途奉行、徳治元年六月十二日叙正五位下、同二年二月九日辞守、同三月廿六日出家因憲、同十一月廿八日卒卅六。

嘉元二年（一三〇四）三月六日に、極楽寺—赤橋流の北條久時が三十三歳で、寄合衆になったことが知られる。系図上での彼の位

北條宗宣関係系図

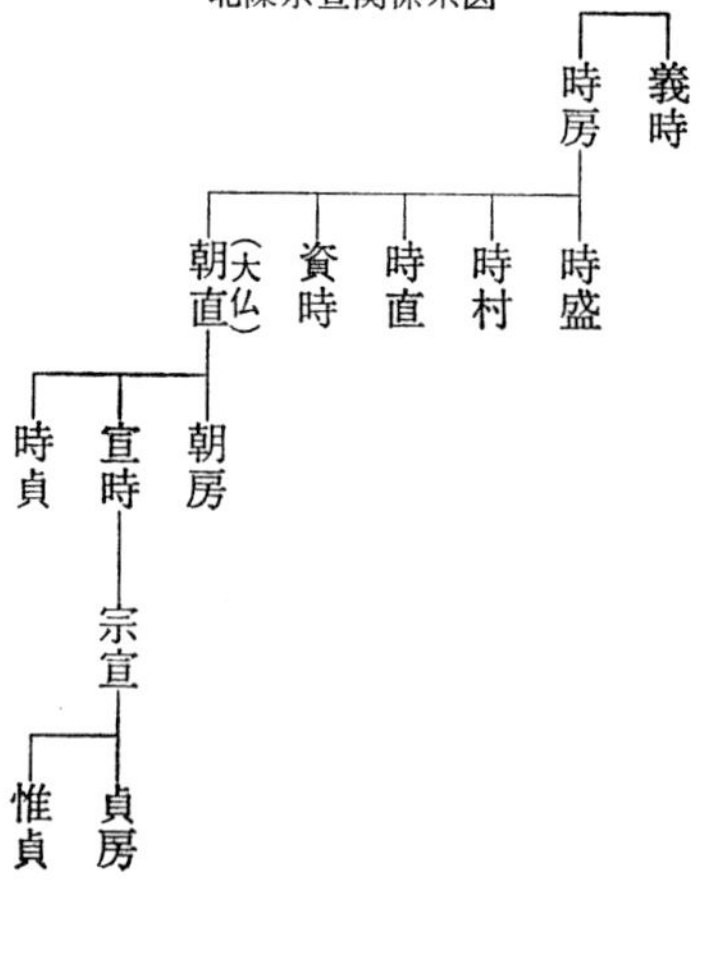

北條久時関係系図

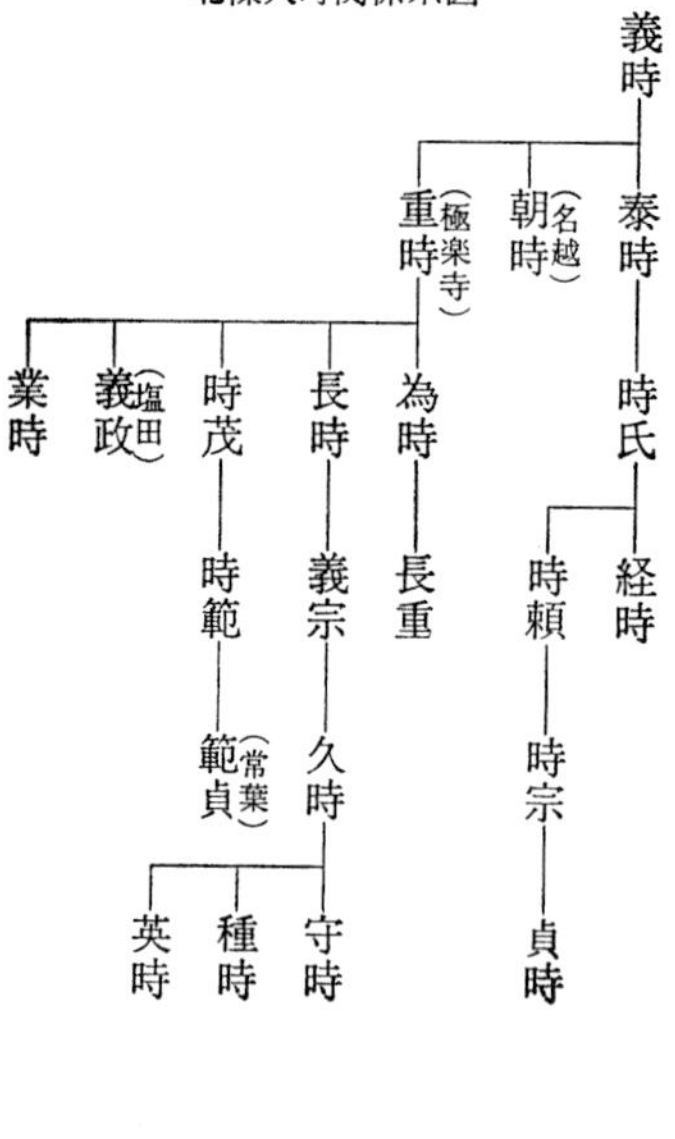

置は、図のようである。

⒂応長元年（一三一一）条の北条凞時の略歴に記されているものである。

凞時正五位下、相模守、本名貞泰

武蔵守時村朝臣孫、左近将監為時男、永仁元年七月廿日任左近将監、同日叙爵、同三年為引付衆、同六年十二月九日為小侍、正安元年二月廿八日叙従五位上、同三年八月廿二日為評定衆、同廿五日為引付頭、乾元々年十一月十八日任右馬権頭、嘉元三年為京下奉行、徳治元年六月十二日叙正五位下、同二月九日任武蔵守、延慶二年四月九日為寄合衆、応長元年十月三日為署連（連署）、同廿四日任相模守、正和元年六月二日為執権、同四年八月十二日出家道常、同十月九日寅刻卒。

つまり、延慶二年（一三〇九）四月九日に北条凞時が寄合衆になったというのである。彼の系図上の地位は、⑾項の系図を参照されたい。

以上の諸事実から鎌倉時代の末期にいたるまで、寄合衆制度が存続していたことが判る。また、若干の人の略歴から、その人の立身の過程のどのあたりにおいて、寄合衆になれたか、つまりは、鎌倉幕府の諸職制のなかでの寄合衆の位置づけも、見ることができる。その略歴が記されている数人について、京位京官を省いて、幕府の職制のみを見ると、つぎのようになる。

○北条時村の場合

六波羅探題→寄合衆→連署

○北条宗宣の場合

引付衆→評定衆→越訴奉行→小侍奉行→引付頭四番→寄合衆兼京下奉行→六波羅南方→引付頭一番→官途奉行・越訴奉行→連署→執権

○北條久時の場合

六波羅探題→評定衆→引付頭一番→寄合衆兼官途奉行

○北條凞時の場合

引付衆→小侍→評定衆→引付頭→京下奉行→寄合衆→連署→執権

この四人の昇進の過程には、若干の差異はあるものの、基本的には、引付衆、評定衆（引付衆頭人）から寄合衆になる。寄合衆になった前後の時期には、なんらかの奉行を勤めている。やがて、寄合衆から抽きん出ていくと、連署を経て、執権の座へと進むのである。

その意味では、元応・元亨年間（一三一九〜一三二三）に制定されたとされている鎌倉幕府の法律入門書である「沙汰未練書」に、

一、御寄合事、評定衆中ニ宗人ニ有御寄、秘密内談在之也。

と記されていることも、あながち、間違いではない。それにしても、寄合衆は、その名が現われてくる以前からの本質的特徴である〝深秘御沙汰〟という秘密性が、最後まで〝秘密内談〟として存続していたことにも注目されるのである。

結局、寄合衆というのは、形式上では執権、連署に次ぐ位置のものであり、鎌倉末期における執権、連署が実権を有さない名のみの栄爵と化していたことを考えれば、得宗側近者として、もっとも事実上の権力を握れる役職であっ

たと見ることもできよう。しかし、得宗と得宗被官に政務の実権を掌握されていた鎌倉時代の最末期においては、この寄合衆も一種の栄爵と化していた面もあるようである。これに参勤することを認められた金沢貞顕が「面目之至無申計候」と感激しているのである。その様子などを伝えてくれるのは、欠年「金沢貞顕書状」である（『金沢文庫古文書』六二二号）。

(16) 太守禅門、奥州、武州、貞顕、洒掃、別駕、信州《奉行》、長入道《合奉行》、尾金《同前》等令出仕候了。相州御不参候也。

昨日長崎左衛門為御使、御寄合参勤事被仰下候之間、則令出仕候了。面目之至無申計候。武州同被仰下候之際、出仕候了。徳政以下条々御沙汰候き。御神事以後入見参、諸事可申承候。（以下断欠）

文中の〝太守禅門〟は北条氏九代の得宗高時である。法名になっているから、彼が出家した正中三年（一三二六）三月十三日以降のことである（「北条九代記」『続群書類従』雑部、「将軍執権次第」『群書類従』補任部など）。〝武州〟に関しては、元応元年（一三一九）より、正中三年（一三二六）八月までは、赤橋守時であり、このとき、守時は相模守に転じている（「北条九代記」）。嘉暦二年（一三二七）には、金沢貞将が武蔵守になっており、以降、幕府滅亡までかわらなかった（「将軍執権次第」、『太平記』など）。このことを表示すると、つぎのようになる。

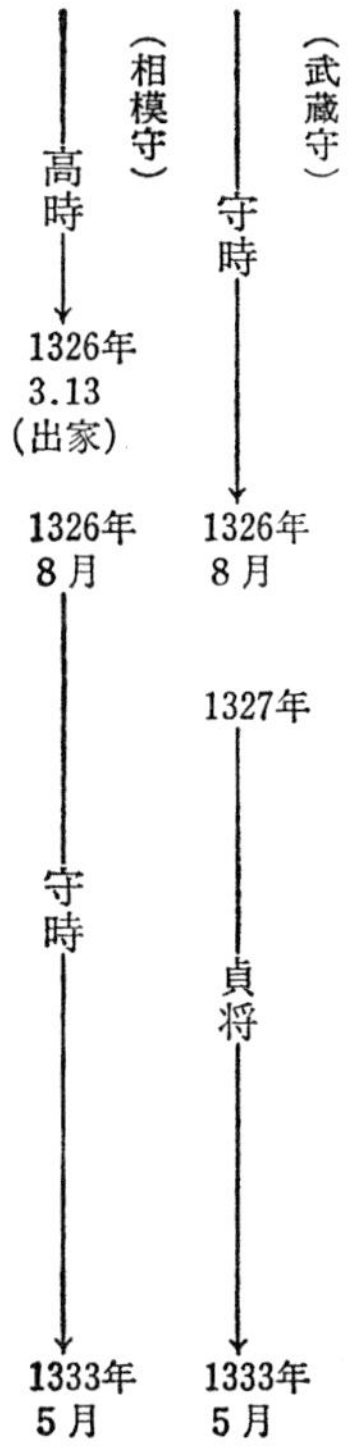

貞将は、この書状の執筆者貞顕の嫡子であるから、貞顕が貞将のことを〃武州〃として、自分よりも上位に記すことはないであろう。とすると、この書状は、一三二六年三月十三日以降一三二七年某月以前という、きわめて短かい期間に発給されたということになる。〃武州〃を守時とすると（つまり、書状発給は八月以前）、相模守が不明となり、守時を〃相州〃とすると（発給は八月以降）〃武州〃が判らなくなる。

いずれにしても〃奥州〃は常葉維貞、〃洒掃〃は長井宗秀、〃別駕〃は安達時顕、〃長入道〃は長崎高資である。〃信州〃は不明、〃尾金〃は尾藤左衛門尉のことと思われるが（岡田清一氏「御内人〃尾藤氏〃に就いて」『武蔵野』二八五号）、実名はわからない。〃長崎左衛門〃は、平頼綱の三男、三郎左衛門尉頼基（入道思元）かと思われるが、確実ではない（『太平記』など）。

この文書は、わずか一葉の欠年断簡文書にすぎないが、鎌倉末期における幕府政権の様相について、さまざまのことを教えてくれる。

〃奉行〃一名、〃合奉行〃二名という組織も成立していたことが、まず、そのひとつである。塙保己一の『武家名目抄』によれば、〃合奉行〃というのは、〃本奉行〃の副のことであるとされているが、事実とすると、正副計三人の奉行人が、わずか九ないし十名で構成されていた寄合に出席しているほど、組織が整然としていた、あるいは形式化していたということである。この寄合の開かれた前年あるいは前々年まで、金沢貞顕は連署および執権を勤めていたのであるが、その彼が、執権連署退任後、寄合衆の一人になったことを、〃面目之至無申計候〃と手放しで喜んでいることも注目される。このとき出席しなかった〃相州〃が、赤橋守時だとすると、彼はこのとき執権だったはずである。現役の執権が出席しなくても、寄合は流会にならないのである。このことと考え併せると、執権・連署ともに、この時点では、まったく権力を有していないものであったことが知られる。

鎌倉最末期における北条高時に関しては、愚鈍でその政治が放縦に流れたとする『太平記』以来の見方が有力であるが、これをもって見ると、少なくとも、寄合には出席していたようである。それだけ、寄合衆がこの時期における幕政のもっとも枢要なものとなっていたことが知られるが、同時に、〃御神事〃がほぼ恒例的に行なわれていたらしく思われ、それ以後、将軍家への〃入見参〃というような儀式も、まだ行なわれていたことにも、注目されるのである。幕政運営上におけるもっとも枢要な機関であったこの寄合も、その末期にあっては、形式化儀式化していた面もこれだけあったのであるから、これをもって、他の幕政の全般をも推しはかることもできよう。実名不詳の〃信州〃も、前後の関係から得宗被官の一人ではなかったかと思われるが、かりにそうでなかったとしても、約十人の出席者のなかに、合奉行として得宗被官が二人も出席していたことも、注意に値することである。

〔注〕宝治の乱の直前、安達景盛が時頼邸を訪ねて、「内々有被仰合事等」ったというが（『鏡』宝治元年四月十一日条）、この〃内々被仰合事〃なども、「深秘沙汰」の一種であろう。なお、寄合衆については、「武家年代記」・「鎌倉年代記」などにも散見される。また、「永仁三年記」にも「御寄合」の記事がある。

(二) 得宗家の家務機関

北条氏得宗家には、すくなくとも三種の家務機関があったようである。その第一にあたる公文所については、すでに述べたところである。

得宗家の家務機関の二としては、〝得宗方〟というものがあった。これに関する史料としては、すでに佐藤進一氏（『鎌倉幕府訴訟制度の研究』）が指摘しておられるもの（「関東下知状」、「多賀神社文書」『鎌倉幕府裁許状集』上、三二一号）がある。

(1)　近江国多賀社神官兼御家人多賀太郎左衛門尉基綱并盛永等与青蓮院領同国後三条住人定頼相論馬上役事

右、如元亨二年十一月十六日六波羅注進状者、基綱等与定頼相論馬上役事、申入本所、召出定頼番訴陳畢。而当社者為得宗領之由、基綱等申之、訴陳具書等相副目録進上候云々。就之、自得宗方、被与奪問注所之間、所賦出引付也。訴陳之趣子細雖多、所詮、基綱等則彼役者、先例為犬上東西郡之所役勤仕之間、撰郡内器量之族差定之処、定頼違背之条、難遁罪科之由訴之。定頼亦於件社役者、云其所、云其氏、所勤来也。当保往古無当社神事勤仕例之旨陳之。爰如基綱等所進建長三年七月廿七日六波羅下知状者、神官与家盛相論之時、家盛任先例、可相従神事之由載之。如正元々年九月十一日下知状者、当郡十七箇郷可勤仕当社祭使役之由、所見也。任此下知、六波羅成施行畢。就中、如文永六年十月七日下知状者、神官実信与日吉社領八坂荘官慈願等及対論之日、両郡御家人并荘官等、自往古令勤仕祭使馬上役之条、無異儀。任正元関東御下知并建長六波羅下知、守旧規、荘官等可相従当社神事云々。不易之成敗輙難被改替。而彼御下知等者重代氏人等之相論也。不足他所之例、且可守旧規云々。当保者不勤来之上、為凡□（下カ）輩役之間、難勤仕之旨、定頼雖申之、後三条保為郡内之条、無異論之間、難対捍有限之神役歟。御家人荘官皆以勤仕之条、見于文永下知、随又定頼者、治□藤七之末葉也。藤七勤仕馬上役之上、就神官之訴、山門領河瀬荘公文行心等可従彼役之旨、乾元二年五月廿三日於六彼羅被成下知之旨、基綱等令申之処、藤七者外戚之遠類也。件役勤仕事、為不実之旨、定頼雖称之、於乾元下知状者、尤論申之間。尤足傍例歟。加之、当保勅旨田事、可停止多賀平太貞重等新儀妨之旨、貞応元年七月十二日被成関東御下知并六波羅施行之旨、定頼雖号之、件勅旨田可止多賀社新儀濫妨之旨、被成下畢。非社役対捍事之間、不足潤色之旨、基綱等之所申有其謂。然則、於彼役者、任度々下知、定頼可勤仕也。次定頼相語山門公人、抜捨社家差符、及狼藉之条、難遁其咎之旨、基綱等雖載訴状、不実之旨、定頼論申之上、無殊実証之旨、《（間カ）》不及其沙汰者。依鎌倉殿仰、下知如件。

嘉暦元年十二月廿三日

相模守《（赤橋守時）》平朝臣（花押）
修理大夫《（常葉維貞）》平朝臣（花押）

これをもって見ると、嘉暦元年（一三二六）、近江国多賀神社神官で鎌倉御家人、得宗被官であった多賀太郎左衛門尉基綱・同盛永とは、同国後三条保住人であった定頼が多賀神社祭礼における馬上役勤仕を対捍したので、これを六波羅探題に訴えて出たのであるが、なかなか決着がつかなかったので、事件は鎌倉に移牒された。鎌倉で受理したのが、〝得宗方〟であった。これは、「当社者、為得宗領之由」を基綱らが主張して、訴陳具書などをそちらに送ってしまったからである。ところが、論人が青蓮院領後三条保の住人であって、得宗被官でなかったことから、案件は「自得宗方、被与奪問注所」れてしまって、執権連署よりこの関東下知状が下されたのである。

ここでは、訴訟の内容や結果などは問題ではなく、〝当社者、為得宗領〟という理由で案件が〝得宗方〟に提出されたということが重要である。この〝得宗方〟というのが、たんに〝得宗高時の方〟という意味にも解し得るが、問注所と対比関係にあるものであることが文面より窺われるので、やはり、一定の訴訟機関のひとつであったものと思われるのである。とすれば、ここでは得宗被官でないものが事件の一方の当事者であったために、案件が問注所に〝与奪〟されてしまったのであるが、もし、そうではなく、当事者双方が得宗被官であったなら、〝得宗方〟で取り扱われておわったであろうと思われる。つまり、〃得宗方〃というのは、得宗領および得宗被官同志の間に行なわれた訴訟を取り扱う機関だということになる。

このことをさらに敷衍すると、得宗領および得宗被官は、一般の他の所領や御家人たちとは別個の取り扱いを受けていたのではないかとも考えられる。

鎌倉時代を含むその前後の時期における新恩給与のさいにおける宛行状・補任状の多くには、その新恩地の旧主の名前と〃守先例〃〃依旧規〃などの語句が明記されている。新恩地を拝領したものにとっては、旧主の名前と旧主の治下における先例旧規を知り、これを守ることは、所領支配のための絶対的条件であったからである。このように見てくると、鎌倉幕府滅亡後の数年間にわたって、すでに得宗が存在しなくなっているにもかかわらず、多くの宛行状などに、それぞれの所領がもと〃得宗領〃であったことが明記されていることの理由も理解できるのである。「大友文書」に「越後国紙屋荘得宗領」とあり、「豊後国佐賀郷得宗領」とあり、「大覚寺文書」に「得宗領」、「東寺百合文書」に「関東得宗御領」などと、鎌倉時代におけるよりも多いのではないかとさえ思われるほど頻出する語句は、得宗領での旧規先例が特別なものであったこと、つまりは、訴訟などに関しても、一種特別な待遇を与えられていたことを示すものであろう。

なお、入間田宣夫氏が得宗方関係のものと推定された文書三通の存在を指摘しておられるので（「東北地方における北条氏の所領」）、ここに再録させて頂く。

(2)　大炊助光行与坂路八郎光信相論石川庄川尻郷内蒲田村事

右披見訴陳状之処、雖子細多、所詮、如光行申者、曾祖父光盛以当村譲与父三郎太郎光時之間、光時無相違知行而譲給于光行令死去了。爰祖父光安法師管領之間、恐祖父敵対罷過処、光安死去之今者、任傍例可宛給云々。如光信申者、承元三年光盛富益内村々、依為嫡子、譲与亡父光安法師于時光重之処、光時偸懇望祖父光盛、雖掠取当村譲状、光安法師即尋遣此子細於光盛許之日、返状云、廻谷村者宛給小三郎入道光安舎弟畢。余之村者、任先度譲可、為光安計由載之。然則至光時所得之譲状者、被棄置之了。加之、云光時云光行、共敵対于光安之仁也。可被行孝令違犯之咎云々者。承元年中光盛書立九箇村、雖譲于光安、其後嘉禎年中、抜取蒲田村、譲渡孫光時之上者、不及異儀歟。而今光信捧彼光盛返状付廻谷事備証拠申之旨、聊雖似有子細、悔返当村之由不載之上、是又契状也。旁以難破光行所帯証文。然者早任嘉禎三年十月十日曽祖父光盛之譲并建長六年十月十二日亡父光時之手継状等、可令大炊助光行領知蒲田村除女子分定之状如件。

弘長元年三月廿二日　　(北条時重)(花押)

(3)

坂路八郎光信法師法名行円与大炊助光行法師法名光蓮相論陸奥国石河庄蒲田村事

右対決之処、両方申詞枝葉雖多、所詮、如行円申者、祖父光盛法師承元三年譲九箇村坂地 千石 富沢 給当 堤 谷俣 都賀 河部 廻谷於嫡子光重法師法名香阿行円父光蓮祖父畢。而如嘉禎四年光盛法師遺香阿許之状者、廻谷許悔返之給三郎畢。余村者任先譲状云々。然者残八箇村者、且依彼状且守承元状、香阿之進退也。縦雖有其中門(マヽ)之状不足証拠云々。如光蓮申者、極楽寺殿御時、光蓮所帯光盛譲状与行円所進同契状御披見之処、理非懸隔之間、不及問注、光蓮蒙御成敗之上者、不及子細云々。爰如行円所進光盛承元三年十一月十三日与香阿状者、譲渡石河庄富益方村之事云々。如光盛答香阿十月十日不記年号状者、廻谷村許者片(カ)避可給候、於余村者殿仁進勢志任譲状天和殿之計候云々以和字模漢字。如香阿正元々年十二月五日給行円状者、譲渡蒲田村事云々。如光蓮所進光盛法師嘉禎三年十月十日譲光時行円兄光蓮父者蒲田村者譲光時畢。自二歳依養也。但所労之時、父之譲仁雖載之隔仁天依有天文書遠天志給畢云々以和字模漢字。如光時建長六年十月十二日譲光蓮状者、雖先立于父任祖父之譲相副文書天、蒲田村者譲大炊助畢。蒲田村内吉田屋敷仁田壱町副天譲鎌倉娘畢云々。同如極楽寺殿弘長元年三月廿二日御下知状者、光行与光信相論蒲田村事、光盛返状者、悔返当村之由不載之上契状也。然者任光盛嘉禎譲并光時建長手継状等、光行可領知蒲田村除女子云々者。廻谷之外余村者、可任先譲状之由光盛法師載十月十日状之上帯香阿譲状之旨行円雖申之、以十月十日状輙難破光蓮備進嘉禎譲状歟。然則任極楽寺殿御下知、於蒲田村者光蓮之領知不可有相違之状如件。

文永二年八月廿三日

平(北条時宗)（花押）

(4)　石河大炊助又太郎入道真蓮申石河庄蒲田□□事、重訴状并証文案文如此。早企参上可被調申之由候也。仍執達如件。

嘉暦二年六月十八日

大　宅（花押）

左衛門尉（花押）

石河与四郎殿

なお〃得宗方〃と明記してあるもの、及びそれに関係あるやに思われるものが他にもあるので、列挙しておく。

(5)建長四年八月七日「工藤文書」（『鎌倉幕府裁許状集』上、八九号）（『鎌倉遺文』七四六三号）

(6)正応元年十一月三日「工藤文書」（『鎌倉幕府裁許状集』上、一七二号）（『鎌倉遺文』一六八〇六号）

(7)正安二年十二月二十日「結城文書」(『鎌倉幕府裁許状集』上、二二九号)(『鎌倉遺文』二〇六九〇号)
(8)徳治二年二月十七日「大石寺文書」(『静岡県史料』第二輯、四六一頁)(『鎌倉遺文』二二八六〇号)
(9)正和二年十二月二十三日「相模文書」(『鎌倉幕府裁許状集』上、二六五号)(『鎌倉遺文』二五〇八七号)
(10)正和五年五月十二日「詫摩文書」(『鎌倉幕府裁許状集』上、二七一号。「得宗方」と明記してある)(『鎌倉遺文』二五八三七号)

北條氏得宗家の家務機関のもうひとつは、〝御内侍所〟である。これに関する史料は、一葉しか管見に入っていない(「金沢貞顕書状」『金沢文庫古文書』六八四号)。

宗正与党拷問白状等注進、今日付長崎新左衛門尉候之由、来申候。且彼案文追可書進候。同与党人も今日申刻下着之間、為御内侍所工藤右近将監沙汰、被預御内之仁等之旨承候。無相違下着、悦存候。出羽入道(二階堂貞藤)何日京着候哉。申沙汰分、委細可示給候。自今朝金沢候。明暁堯観御房被立候之際、夜□(半)燈□(明事)令申候。此事猶々寺家一大事候。入御候へく可有御沙汰候。公人之中ニ非家人の心ニ入へく能御さたありぬへきにて候。あなかしく。

(切封墨引)

(異筆)「嘉暦四、四、三、堯観[　　]事」

嘉暦四年(一三二七)頃、宗正なる人物がなんらかの反体制的行動に出たために、その与党人が鎌倉以外の地で追捕され、拷問された結果、なんらかの白状をしたので、その白状が得宗被官の長崎新左衛門尉の許に送付された。同じ日、宗正与党人たちの身柄も鎌倉に下着し、「御内侍所工藤右近将監沙汰」として、「御内之仁等」に召し預けられたというのである。

嘉暦四年というと、翌々年に元弘の変を控えた、まさに鎌倉時代もおしつまった最末期の時期である。事件の性質も、だいたい想像し得るような気もする。

白状を鎌倉で受理した長崎新左衛門尉は、内管領長崎円喜の子で、のち、笠置攻めの侍大将にもなった人物であろう。元応二年（一三二〇）九月二十五日付「関東下知状」（「小早川家文書」『鎌倉幕府裁許状集』下、二八五号）に、「長崎新左衛門入道性果」と記されている人物と同一であろうか。「御内侍所工藤右近将監」というのは、徳治二年（一三〇七）五月、得宗貞時が亡父時宗の忌日大斎の結番を定めた際の七番に記されている「工藤右近将監」と同一人物であろうか（徳治二年五月日付「崇演北条貞時判円覚寺大斎料結番定文」、「円覚寺文書」『鎌倉市史』史料篇第二）。

以上のことを考え併せると〝御内侍所〟とは、御内人＝得宗被官を人的に支配統轄することを所務とした機関だったのではないかと考えられる。

なお、やや類推になるが、元亨三年（一三二三）頃のものと思われる「北条貞時十三年忌供養記」に（「円覚寺文書」、前出）、

執事長崎左衛門尉并執事代広瀬四郎入道

とあるが、この〝長崎新左衛門尉〟と得宗家公文所の執事であった〝長崎左衛門尉〟が同一人物であったとすると、公文所と御内侍所との区別がやや判明してくるかも知れない。白状などの文書調査が公文所の所務で、得宗被官の身柄に関しては御内侍所の所管するところだったのかも知れないのである。

残念ながら、これは一の仮定にすぎない。得宗家の三種の家務機関であった、公文所、得宗方、御内侍所のそれぞれの所管するところや相互の関係などに関しては、まだ、類推の域を出るものではない。

㈢　得宗領の支配

承久の乱以後も、北条氏の所領は、ますます増大していた。だいたいの傾向として、時頼の時期に東北地方に向けて得宗の手が伸びており、時宗の時期には、元寇を契機として、西国に大きく及んで行ったようであり、両時期を通じて、将軍家の関東御領の得宗領化が進行したというように見られている。個々の徴証を提示した実証的研究が、この時期のものに関しては、まだなされていないので、なんとも云えないが、おおまかなところ、そのように思われる。太田康有の「建治三年丁丑日記」によると、建治三年（一二七八）という一年間に、太田康有の目に触れたものだけでも、二例はある。

六月十三日条に、

城務(安達泰盛)被通使者之間、罷向松谷別荘之処、被仰云、肥前国安富荘地頭職、相太守(時宗)可有御拝領之由、内々有御気色。只今可成進御下文者。可為康有之奉書云々。仍書御下文持参山内、以諏訪左衛門入道申入之処、於園殿被召御前、被仰云、当荘事聊有子細言上処、申沙汰之候、所悦思召也云々。

とあり、また、七月四日条にも、

有栖川殿領等、相州(時宗)御拝領云々。筑後国守護職、武州(宗政カ)御拝領云々。

とあって、その所領増大のことが知られる。〔注1〕

北條氏所領の多くは、国における守護職と荘園公領における地頭職であり、若干の例外的な例として、預所職などもあったことは、すでに時政の時期における例などを述べてある。

全国に広がった所領を支配したのは、一門庶子たちと得宗被官であり、それは、公文所をはじめとする得宗の家務機関を通じて行なわれた。

守護職についてみると、得宗本人が本職を有していて、守護代官を置く場合と、一門庶子に本職を与えるが、その代官には得宗被官があたっており、本職を与えられた一門庶子も、自流に相伝することができず、事あるごとに改替されることがあったようで、結局のところは、得宗が本職を握っていたようである。その意味で、北條氏一門の所領所職は、とどのつまりは、得宗の支配下にあったわけであるから、そのときどきにおいて〝一門所領〟のごとく見えても、得宗の権力の下にある〝得宗領〟とは相違がなかったと云えよう。

これを、「若狭国守護職次第」によって表示すると、下表のようになる（『群書類従』補任部）。

一度は、得宗の手から離れたかに見える若狭国守護職も、結局は得

若狭国守護・代官一覧

年代	守護	守護代官	守護又代官
安貞二年	泰時	屋戸矢実永	
寛喜三年	経時		
	重時		
貞永元年		有賀有直	
延応元年		加賀守殿	平左衛門入道
正元元年	八郎御曹司	関三郎	
文応元年	時輔	高橋光重	鳥取寂阿
文永三年		加賀入道殿	新左衛門入道
文永八年	時宗	渋谷惟重	同　重尚
		小馬政家	
		三栖家継	
弘安八年	貞時	工藤果禅	林道西
			林三郎
			佐東西念
			工藤有清
正安元年	宗方	工藤妙覚	
		工藤観妙	
乾元元年		工藤頼房	
嘉元元年	宣時	渋谷宗重	
延慶二年	貞時	工藤貞祐	帆足成願
正和四年			工藤祐景
元亨四年	高時	小馬二郎	和久頼基
正応元年		工藤次郎右衛門	佐々布又太郎
			佐々布十郎

宗の手に戻っていることが見られる。代官がすべて得宗被官であり、一部は一族のものを又代官にしているほか、多くの場合、林、佐束、和久などの在地のものが又代官に起用されていることも示されている。

これを、「長門国守護職次第」によって（『続群書類従』補任部）、長門国の場合も見ておこう。

得宗は、長門国においては、ついに守護になることはなかったが、得宗の一門支配のありかたは、この表でも見られるところであり、守護になった一門庶子は、随時、改替されているのである。

より在地性の強い荘公関係で、この例を見ておこう。「若狭国税所今富名領主代々次第」によって、この間のことを表示すると、次頁のようになる（『群書類従』補任部）。

ここでは、終始一貫して、領主の地位は得宗が握っており、一門の者一人たりとも補任されてはいない。

長門国守護・代官一覧

年代	守護	守護代官
文治二年	佐々木高綱	
	佐々木定綱	甥、橘次公久
	佐々木広経	
承久三年	橘 公業	
貞応元年	天野政景	小田村左衛門尉
	天野義景	大塚左衛門尉康親
	二階堂行忠	三井宮内左衛門尉資平
建治二年	北條宗頼	嫡男頼茂カ
弘安三年	北條兼時	長井出羽太郎
		岡田六郎左衛門入道浄連
弘安四年	北條師時	駿河三郎（又代官平内左衛門尉）
弘安五年	万寿殿（時茂カ）	嵐野五郎左衛門家盛
弘安七年	金沢実（真）政	平岡二郎左衛門尉為時
永仁六年	（北條時村）	北條時仲カ
	北條時仲	吉良殿、小笠原連念
	北條時村	
	北條凞時	
	北條時仲	
	北條時直	横溝小三郎清村

〔注〕佐藤進一氏『鎌倉幕府守護制度の研究』により若干の訂正を行なった。

二十一年ごとに修造されることになっていた上総国の香取神社において、鳥居一基を寄進造営することになっていた得宗領同国大方郷において、その所役を果した得宗被官などの名前が四回にわたって知ることができる（寛元元年十

一月十一日付「造宮所役注文写」、欠年「造宮所役注文断簡」、文永元年十一月二十五日付「造宮記録断簡」など、「香取文書」『千葉県史料』中世篇)。

それによってみると、

寛元元年(一二四三)　関左衛門尉(外様御家人)
文永元年(一二六四)　関左衛門尉(御内人カ)
弘安八年(一二八五)　諏訪真性
徳治元年(一三〇六)　関左衛門尉

寛元の関左衛門尉と徳治のそれとは、年代から見て同一人物ではあり得ず、親子でもあろうかと思われる。とすると、すくなくとも、八十四年間に大方郷の在地支配にあたったものは、三回以上改補されたということになる。

以上のような若干の例から、鎌倉時代中末期に得宗領となったところでは、つぎのようなことを特徴的なこととして見ることができそうである。

(イ)、守護職、地頭職の別を問わず、本職の得宗以外の者に宛行なわれた場合にも、得宗の権力下にあるのであって、得宗は随意これを改替することができた。これは、その代官の場合でもあてはまることであった。

(ロ)、得宗領諸職を宛行なわれた一門が、自己固有の一族あるいは

若狭国税所今富名領主・代官一覧

年代	領主	代官	又代官
寛喜二年	泰時	若狭尼	
寛喜三年	経時	屋戸矢実永	木津摂津守基尚
		若狭尼	池田尚頼
寛元四年	時頼		池田尚頼
弘長三年	時宗	伊賀光政	池田忠氏(尚頼ノ子)
		工藤果禅	青柳承実入道
			青柳みつのり
弘安七年	貞時		
正安三年		佐東西念	
応長元年	高時	工藤景曉	
		工藤貞祐(景曉ノ子)	
		渋谷重光	和久よりもと
		工藤貞祐	竹中入道

被官を代官に起用した例もまま見られるが、多くの場合、得宗固有の被官が代官となっていて、いわば得宗的な支配の方式がその地にあったとして、これを改めようとしても、それが困難であったことが想像される。云ってみれば、得宗領の本職に宛て行なわれた一門庶子は、形式上は本職補任であっても、事実においては、得宗代官にすぎなかったばかりか、場合によっては、得宗と正式に代官に任ぜられた得宗被官との間に介在して、虚名を有するのみの存在でしかなかった。

(ハ)、代官に任命された得宗被官のうち、ある種の人々の中には、鎌倉に常勤している者の名前も見られ、得宗側近であったことが知られる者も多い。当然、在地での実務は、又代官が行なうことが多かったと思われる。若狭国守護の又代官であった工藤祐景が、前代の又代官であった帆足成顒の正和四年(一三一五)六月六日の死去を待たず、五月晦日に「有判形」ったのは、その一例である。

(ニ)、鎌倉最末期に若狭国の守護又代官で今富名でも又代官であった和久頼基が、幕府崩壊後の建武二年(一三三五)に元弘収公地とされた同国の守護代官に昇格しており、翌三年の内乱で若狭国が「足利殿御分国」となったときに、その屋敷が足利氏の攻撃目標になっていることが示すように、在地領主としても、かなりの存在となっていることがわかるが、他のところでも、ほぼ同様に、在地に対しては留守がちな得宗被官の又代官になった在地土豪の勢力伸張に力があったのではないだろうかと思われる。これは、木津、池田、青柳など、若狭国において又代官を勤めたものの場合には、ほぼすべてあてはまるようである。

この種の鎌倉中末期得宗領に見られた現象は、鎌倉初期、少なくとも泰時以前に北條氏所領となったところとは、根本的な相違であった。早くから義時の所領となっていた陸奥国津軽では、曽我氏、工藤氏、片穂氏などが土着定住して、得宗代官というよりも、遠い鎌倉にいる得宗の権威を背景にしつつも、自分なりに一定の領主化の道を辿っていた。義時の時期に陸奥国に置かれた安東氏も、その一例であろう。九州の阿蘇氏の場合には、時政の頃から被官となっているが、これは、まさに在地にそれ以前から存在したのだから、やや事情と異にするかも知れないが、終始、阿蘇社領の代官となっていたことはよく知られている。また、駿河国富士郡における南條氏は、伊豆国における北條氏の本来の所領と背中あわせの地から出身したということもあってか、これも土着して、在地に領主としての根をおろしていたようである。

得宗領在地の支配におけるこの二種の差は、そのまま、得宗被官を二種に区分することになるが、これは後述することにしたい。

北條氏所領のなかには、早くから請所となっているところが多かったことは、先述したとおりであるが、永仁五年（一二九七）三月七日付「関東下知状」によると（「円覚寺文書」『鎌倉市史』史料篇第二）、尾張国篠木荘は「為地頭請所、已経六十余年」ていた。つまり、泰時の寛喜年間（一二二九〜三二）には請所となっていたわけである。また、陸奥国平賀郡は、承久四年（一二二二）には、すでに「別納請所」となっていた（『鎌倉遺文』二九三二号）。前者は長講堂領で、後者は近衛家領である。

一般的に見ると、地頭請所制度というものは、荘園領主への年貢課役を地頭が未進対捍することを抑止するために、両者の間に和与が成立して、年々豊凶に関係なく一定額の年貢公事を地頭が請負って荘園領主に進済する仕組みのことであり、地頭がその領主権を伸張させ、地頭領主制を展開して行く過程において現われるものであった。地頭は、一定額の年貢公事を荘園領主に進済してしまえば、在地に対する荘園領主権の介入を認めることなく、農民から吸い上げた収差をすべて自己の得分とすることが可能なのである。しかも、この際に行なわれた和与には、なんらの保障もなかったのである。地頭が得宗のごとき政治的権力と軍事的勢力とを併せ有していたものであった場合には、地頭請所にすることのほうが絶対的に有利であったと思われる。鎌倉幕府法に、「非指請所、任自由、預所郷司追出事、慥可令停止」とあるが（「新編追加」二六二条、『中世法制史料集』一、鎌倉幕府法）、法の規制によらなければならぬほど預所や郷司のごとき荘園領主権を在地において代表していたものを荘内から追却する例が多かったということである。荘園領主権を荘公在地から排除してしまえば、そこはすでに地頭の一円所領となったわけである。前記の法令を、やや理屈っぽく解釈してみると、〝指したる請所であるならば、荘園領主権を在地より排除しても宜しい〟ということにもなる。〝指したる請所〟というのが、具体的にどのようなことを意味しているかわからないが、すでに専制権力をふるい出している得宗にしてみれば、得宗領の個々について、これを〝指したる請所〟にすることは易々たるものがあったであろう。

だから、得宗は、その所領の多くを地頭請所にして、荘園領主側から派遣されてきた荘司荘官のたぐいを在地からつまみ出して、そこに一円支配を敢行したものと思われる。

地頭請所化する場合の和与についても、これは荘園領主に地頭との間における双互の信頼関係の上に成立するもので、ともに義務条項を履行するという保障はまったくなかったのであるから、地頭がその威を募って、年貢課役の未進抑留を行なうこともしばしばあったわけである。このような場合に、一般に行なわれたのがいわゆる下地中分である。下地中分を行なえば地頭請所となって地頭が有していた一円支配権のいく割かが減少するわけで、地頭領主権の伸張が一歩後退するということになる。

島田次郎氏は、この下地中分が実は得宗被官層を立法主体とした得宗政策の一例であると見做して、その面からの問題提起をしておられるが（「在地領主制の展開と幕府法」『中世の社会と経済』）、まさに注目に値する。管見によれば、得宗領で下地中分が行なわれたところはまったくない。有名な南部荘や大山荘における下地中分は、得宗とは関係のないところであった。得宗政策として下地中分を考えるとすれば、得宗被官層よりの豪族抑圧策としても考えることができよう。そして、得宗領において下地中分が行なわれた例が見当らないということは、得宗の権力が荘園領主のそれを圧倒してしまっていて、荘園領主側にはぐうの音も立てさせなかったほどだったのだというようにも解し得る。

この種の事例として、典型的なものを若狭国太良荘での様相をあげることができる。〔注2〕

鎌倉初期における東寺領若狭国太良荘の地頭は津々見（若狭）忠季であった。彼は若狭国の守護であり、今富名、国富荘、恒枝保等々の地頭職も有し（田中稔氏「鎌倉幕府御家人制度の一考察」『中世の法と国家』）、梶原景時を弾劾して鶴ヶ岳廻廊に御家人六十六人が結集したとき、彼もその一人であった（『鏡』正治元年十月二十八日条）。いわば、まさに大豪族だったわけである。

その後、建仁三年（一二〇三）九月、比企能員の事件に縁座して、所領の一部を収公され、承久の乱において勲功をたてて、それを返付されたものの、次男が京方であったため、若干を収公されている。忠季の跡を嗣いだ忠時が寛喜元年（一二二九）に京都において殺人の罪を犯して、また、所領の一部を収公されるなどのことがあったが、太良荘地頭職に関しては、

忠季（建仁三年収公）→中條家長→忠季（承久二年還補）→若狭忠時（忠季嫡男）→若狭忠清（忠時弟）→若狭忠兼（忠清子）
→

と伝領された。

それが正安四年（一三〇二）、忠兼は罪科の廉によって、太良荘地頭職を収公され、そのまま、太良荘は得宗領となったのである。

若狭氏は、比企能員の事件に縁座して以来、北条氏と相容れない関係にあり、漸次、その勢力を弱めていた。遠敷・三方両郡の惣地頭の地位から、太良荘、大興寺、恒枝保などのところにしか勢力が及ばなくなってきていたところへ、東寺から預所定宴などが太良荘に入部してくるなど、地頭領主制を展開することができなかったのであるが、やがて、若狭国守護職も得宗領化し、守護得宗経時の代官である工藤果禅が本拠とした今富名が太良荘に近接していたのであるから、その圧迫を受けていたのである。こうして、若狭氏は太良荘地頭を収公され、得宗領となった太良荘へは得宗被官が得宗代官として入部してくるのである。

太良荘が得宗領となった直後の正安四年（一三〇二）四月、得宗家公文所から実検使として派遣された武市道森房が荘内に乗り込んできた。彼は、入部するやただちに、太良荘の田畠年貢公事などを巨細にわたって調べ上げた。やがて、得宗代官として工藤果禅が地頭代に補任され、その又代官として、伊与局と黒須小次郎が入部し、定使西向までが入部してきて、暴力的な支配と収奪を開始した。

まず、西向が、東寺に送付するべく木津に置いてあった年貢米十九石半俵を抑留し、政所にあった八石五斗の米を地頭下人二郎太郎の許に持ち去り、さらに、旧地頭若狭氏と東寺預所雑掌との間で行なわれた訴論の結果、和与が行なわれて、その下地進止権が明確に東寺に帰属することになっていた荘内助国名のうちから、約一町の田地を割き取り、これを押領してしまった（正安四年七月十一日付「助国名田畠地頭方押領注文」、「東寺百合文書」）。

ついで、地頭又代官として入部していた伊予局と黒須小次郎らは、預所の荘内入部を押しとどめ、寺家の使を追却して、その所務を押領し、領家進止の地に作人を召し付けて、その任料用途を責め取り、ついでに去年分の寺用米四十石余を抑留してしまった（乾元二年四月日付「太良荘雑掌訴状案」、前出）。

この過程を振り返ってみると、得宗は鎌倉御家人の地頭職を奪い取るまでは、これを攻撃の対象としていたが、ひとたび得宗領とするや、荘園領主権の排除を目指したことがわかる。

東寺側では、本所である歓喜寿院に対する送付米十石をも送れなくなってしまい、歓喜寿院からの再三の催促に対して、乾元元年〝御内御領〟となるの後、地頭代官工藤六郎左衛門尉貞景の押妨のため、年貢減少との理由をもとにして、百方陳弁に努めなければならなくなった（延慶四年三月日付「東寺供僧方雑掌陳状」、前出）。

このようなときに、農民たちまでが洪水による損亡を理由にして、年貢の減免を要求し、預所雑掌の荘内入部を拒否対捍してきた（嘉元二年九月七日付「太良荘預所宛某書状案」、前出）。農民たちは、地頭代得宗被官の強圧的態度によって、東寺側がおおいに難渋していることを知っていたのである。権力によって永年しいたげられていた農民たちは、みずからの性格を狡猾にすることによって、生き延びてきたのであり、こうして培われてきた農民の狡猾性は、こうした時点でより大きな効果をあげるのである。だから、農民たちまでが、地頭得宗の側に与して、「当荘百姓等募地頭威、対捍本所」というところまできたのである（嘉元三年六月日付「太良荘雑掌頼尊重訴状」、前出）。

かくして、四面に楚歌を聞く状態になった東寺では、公文頼尊が立って、ついに乾元二年（一三〇三）、太良荘の荘務をめぐって、地頭代工藤貞景を相手どった訴訟を提起したのである（嘉元二年七月十五日付「太良荘公文頼尊書状」、前出）。この訴訟は、なかなかうまくは進まなかったらしく、嘉元三年（一三〇五）、彼は再度の訴状を呈出している（嘉元三年六月

日付「太良荘雑掌頼尊重訴状案」、前出)。

この訴訟を六波羅において受理したのが金沢貞顕である。寄合衆に任命されたことを〝面目之至無申計候〟と喜悦して、名誉に憧れる性質を有していることを曝露している彼は、反面、きわめて臆病で、権勢を振るっていた内管領長崎円喜の顔色を常に窺っているような、いわばいわゆる〝蒼白きインテリ〟型の貴公子であった。彼のことは、村井康彦氏が「金沢貞顕の涙――得宗専制の一断面」(『日本史研究』七六号)において活写されている。その彼が、当然、〝道理〟に照らせば、宗家である得宗およびその被官を非としなければならないような判決を下すわけがなく、じりじりと訴訟を引き伸ばした挙句、ついに、延慶三年(一三一〇)〝太良荘の荘務以下地頭〟に関するこの訴訟を鎌倉に移牒してしまったのである(延慶三年二月七日付「平時敏同貞顕注進状案」、前出)。

これを鎌倉で受理したのが、得宗家内管領長崎円喜である。無論、正理が通るわけはなかった。論人である地頭代官工藤貞景は、権威を募って、訴訟の庭に出対することすらしなかったのである(元亨三年付「太良荘領家与地頭所務相論事書案」、前出)。こうして、この訴訟は、訴状が提出されてから以降、約二十年の間、なんらの進捗も見ず、元亨三年(一三二三)には、またまた東寺からの訴訟が提起されたが、これもついに問題にならず、やがて、幕府滅亡の元弘三年(一三三三)を迎えてしまうのである。

この間、東寺でも手を拱ねいて、訴訟の進むのを待っていたわけではなく、再三再四にわたって訴訟を提起する一方、裏にまわって、種々伝手を求めては、賄賂を諸方に送るなどをしている。六波羅から関東に下向する北條凞時に依頼したり、北條有時の孫の佐々目僧正有助に秘計を頼むなど、東寺の必死の態度がよく窺われるものである。

しかし、論人自身が訴論の庭に出対することがなかったのであるから、ついに訴訟を構成することすらなく、ついに太良荘の下地以下所務の一切を押領されてしまうのである。

一方、得宗被官で地頭代の工藤貞景は、こうして、又代官と共に、東寺の勢力を太良荘から駆逐排除してしまった一方では、同時に、在地の農民層をその支配下に組み入れることも企図していたようであるが、これは成功してはいない。旧勢力たる東寺が太良荘から敗退して行き、新勢力である得宗の権力的支配が開始されてくるというこの勢力交替の時期こそ、農民たちの活躍するときだったのである。彼らは洪水その他の事情を理由とし、荘内が損亡したとして、ことごとに年貢の減免を要求し、幕府滅亡の直後には、「百姓等一味神水」というまでにいたっている（建武元年八月二十一日付「太良荘百姓等起請文」、前出）。得宗被官たちは、荘園領主権を荘内から排除するのみでなく、農民たちに対しても、「自関東御内領例、御公事超過之、被行非法候間、一荘百姓士民等歎」となるような非法苛税を行なって、農民たちから責め取っていたのである（前出）。

こうして、得宗勢力は、太良荘において、上は荘園領主、下は一般農民などを敵方にまわすようなことを行なっていたのであり、これが、他の一般的な〝関東御内領例〟だったのである。ここに、得宗代官による暴力的在地支配、押領、年貢未進抑留、賄賂、不正裁判など、鎌倉末期の得宗専制の様相がよく見られるのである。

かくして、自領を収公されて、得宗領とされてしまった関東御家人、得宗領化した所領から自己の権力権益を排除された荘園領主、得宗領となってから、その苛斂誅求の下に置かれた農民たちという三種の層からの憎悪と怨嗟を浴びながら、全国各地に広がった得宗領からの収奪は、続々鎌倉に届けられた。

「鎌倉幕府免許旗章」と名付けられた麻布製の旗過書には、北條氏の三鱗の紋の下に、つぎのように記されている（『鎌倉遺文』一〇九八七号）。

相模守（時宗）殿御領若狭国守護分
多烏浦船徳勝也。
右国々津泊関々不可有其
煩之状如件。
文永九年二月　日

全国の津泊関々の煩いなく、縦横無尽に得宗の権威を帆一杯に受け、波を蹴たてて日本海を疾駆した得宗持ち船、徳勝丸の偉容がよく感じられるものである。

〔注1〕　永仁六年（一二九八）十月十七日付「北條氏貞時下知状」に、つぎのように記されている（「円覚寺文書」『鎌倉市史』史料篇第二）。

有栖河清浄院雑掌申、当院領越前国山本荘、伊勢国原御厨、河内国大窪荘事
右、於有栖河殿遺跡者、一円御内御相伝之上、当院領同被載御譲之由、御状分明也。而如同状者、於堂領許者、有御許容者、可被仰付可然人之由、就令申給法光寺殿（時宗）以御自筆御返事御承諾。（下略）

具体的には、これらの諸荘であろう。

〔注2〕　若狭国太良荘は、きわめて有名な荘園であり、これに関係した論文もまたきわめて多い。本稿は、黒田俊雄氏「若狭国太良荘」（『荘園村落の構造』）および網野善彦氏『中世荘園の様相』の二書に、大きく負うている。

㈣　得宗専制の性格

代々の得宗のうち、みずから得宗を号した史料上の初見は、北条時宗であったようである。「若狭国税所今富名領主代々次第」に、つぎのように記されている（『群書類従』補任部）。

一、相模守時宗　号法光寺殿　ときよりの御ちやくし、号徳崇

時宗の法名は〝法光寺入道道果〟というのであるから（「北条九代記」など）、この「号徳崇」とあるのは、彼の法名ではなく、彼の時期になって、「梅松論」にあるように（『群書類従』合戦部）、北条氏の「家督を徳崇と号す」るような風が定着したものと考えられる。文書上での〝得宗〟の初見は、文永二年（一二六五）十一月日付「若狭国惣田数帳写」であろう（『鎌倉遺文』九四二二号）。これには、つぎのように、各荘郷の右肩に「地頭得宗御領」あるいは「地頭得宗領」と朱書されているのである。

「地頭得宗御領処、御家人伝領也」
「大神宮御厨」
向笠荘四十三丁四反四十八ト

「領家嵯峨法花堂、地頭得宗御領」
恒枝保廿四町二百四十ト

「天台石泉房領、地頭得宗領」
長晴名五町八反二百四十ト

これらの文字は、異筆で朱書されているので、本文書が作製された文永二年（一二六五）十一月より以降に記入されたものではないかと思われるが、田中稔氏は、「この朱書が加えられた年代に関しては、（中略）清貞名、正行名の項の朱書に元亨元年八月云々の記事があるので、この時を降ること遠からざる時（或は元亨年間頃か）のことと考えられる」とされている（「鎌倉幕府御家人制度の一考察」、前出）。とすると、これより以前にも、数多くの例があるようである。

前記、時宗の場合に〃徳崇〃の文学が用いられているのは、義時の法名「徳崇」の〃徳〃の字や、時頼の法名「道崇」、貞時の法名「崇暁」あるいは「崇演」、高時の法名「崇鑑」などの文字に由来したものであろうか。時宗の時期に北條氏の「家督を徳崇と号す」る風が成立すると、さかのぼって、それ以前の北條氏の家督をも得宗と呼ぶようになり、「梅松論」では、「時政、義時、泰時、時氏、経時、時頼、時宗、貞時、高時以九代」て北條氏の家督、すなわち得宗としている。「雑談集」でも「時宗マデヲ七代」としているから、これに貞時、高時二代を加えると、ちょうど九代となる。「北條九代記」という書名も、これによったものである。

得宗専制政権のもっとも主要な特徴は、得宗が執権職などの公的な地位に準拠して権力を有したというのではなく、得宗が得宗であるから、つまり、得宗某々が北條氏の家督であるからということに準拠して権力を有していたという点にある。

北條時頼は、執権職に在職すること約十年で、執権を退いた。その跡を嗣いで執権となった北條長時の地位は、「但家督幼稚程眼代也」であった（『鏡』康元元年十一月二十二日条）。つまり、時頼の跡を嗣ぐべき時宗が、まだ幼かったので、その成長を遂げるまでの代理としての執権なのであって、北條氏の家督＝得宗の地位は、やはり、時頼から時宗に続くべきものだったのである。しかも、執権をやめたあとも、時頼は、入道したまま、死ぬまで、政務はとっていたのである。ここに、執権としてではなく、得宗として、時頼が政権を握っていたという証拠がある。史料としては、やや信憑性に欠けるが、この時期のことを記した「弘長記」には、つぎのように記されている（『続群書類従』雑部）。

> 近代時氏経時よりこの方、評定はたゞその家（北條氏）にあるかことし。其子孫あるひは愚にして理非にまよひ、或ハ奸曲有て政道の邪魔となる。（中略）時頼入道か天下の執政たることは、時宗いまた幼稚なるによつて、代官として暫く諸事をいろひ侍りき。

すなわち、執権政治の要目である合議制と法治主義に基づく執権の地位において政務をいろったのではなく、得宗であることによって権力を有したわけである。「弘長記」は、さらに続けて、時頼が、

> はしめ寛元四年より、康元元年まて首尾十一年は執権の職に居て、落飾ののち七年にいたる、すへて十八年綺政務を云々。

と記している。まさにそのとおりであって、時頼の政権担当期間はこの十八年間なのであり、その前半は執権として、後半は執権としてではなく、得宗として、政務を掌握していたのである。

ここにこそ、得宗専制の基本的性格がある。得宗専制政治にあっては、得宗が得宗であるから権力を掌握していたのであって、執権などの公的地位に準拠した権力ではなかったのである。そして、時頼が執権であった時期においても、すでに、彼の権力の根拠が執権職にあったとは見えない。執権ではあっても、彼の権力の根拠は、すでにして、得宗という地位にあったと見られるのである。そして、得宗という地位が、権力の根拠となり得るには、寛元・宝治の両乱が必要だったのである。

『鏡』、「保暦間記」(『群書類従』雑部)、「常楽記」(『群書類従』雑部)、「北條系図」などによって、九代の得宗のこの間のことを表示したのが、つぎの表である。

この表より見るに、代々の得宗がしだいに若年にして執権職に就くようになっていったことが注目される。なによりも、時頼、貞時、高時において、執権職を退いたのちも、この世に生きているのであるが、その時期においても、政務を見ていたことは、種々のことから見て断言できる。これこそ、得宗専制なのである。

この時期、北條一門から、長時、政村、師時、宗宣、凞時、基時、貞顕、守時などが執権になっているが、これらは、もちろん得宗の統制下にあったのである。

こうして、得宗専制期における得宗の権力の根拠が得宗という地位にあり、しかも、その権力が専制的なもので、諸権力のすべてが得宗個人に集中されているという情況下にあっては、執権職ももちろんのこと、他のすべての役職地位は有名無実のものとなり、得宗とこれを囲繞する寄合衆および得宗被官上層部のみが得宗の権力のおこぼれを頂載するのみとなる。

有名無実化した諸職のいくつかを、ここで一瞥しておこう。

次頁の表は、「将軍執権次第」などによって、この時期の将軍の様相の一端を見たものである(『群書類従』補任部)。

この時期の将軍は、いわゆる宮将軍、あるいは皇族将軍と呼ばれている。彼らは、表に見るとおり、若年にして将軍になり、成人してしばらくすると退いてい

得宗の執権在職一覧

得宗	執権職就任時年齢	執権在職期間	死没年齢	退職後執政期間
時政	61歳	2年	78歳	―
義時	43〃	19〃	62〃	―
泰時	42〃	18〃	60〃	―
時氏	夭折		28〃	
経時	29〃	4〃	33〃	
時頼	20〃	10〃	37〃	7年
時宗	18〃	16〃	34〃	―
貞時	14〃	17〃	41〃	10〃
高時	14〃	10〃	31〃	7〃

る。実権はまったくなかったと見てよいだろう。虚位を有するだけだった宗尊親王は、その心境を、「瓊玉和歌集」につぎのように詠じている（『群書類従』和歌部）。

有て身のかひやなからん国の為　民のためにと思ひなさすは
心をも身をもくたかしあちきなし　よしや世の中有にまかせて

つぎに評定衆であるが、これが北条一門の年少者の就任など、栄爵化する傾向があったことは先述されたところである。事務の迅速をはかるという名目の下に、新設された引付衆や得宗個人に、その権限がしだいに剝奪されて行ったようである。すでに建治三年（一二七七）の頃、「建治三年丁丑日記」の六月十六日条につぎのように記されている。

諸人官途事、自今以後罷評定之議、准御恩沙汰直被聞食、内々可有御計之由被定了。

すなわち、このときまでは、評定衆の権限であった御家人の官途推薦権が、得宗時宗の直断によって決定されることになったというのである。評定衆の権限が、得宗に次第に吸収されて行ったことの一実例である。

皇族将軍在職一覧

将　軍	在職期間	同年齢	在職年数
宗尊親王	建長４年～文永３年	11～25歳	14年
惟康親王	文永３年～正応２年	4～27〃	23〃
久明親王	正応２年～延慶元年	13～32〃	19〃
守邦親王	延慶元年～元弘３年	8～33〃	25〃

侍所について見ると、建暦三年（一二一三）の和田氏の乱の直後、別当職は義時のものとなり、同年七月二十二日には泰時が嗣いでおり、以降、代々の得宗が別当となっていたのではないかと思われる。所司については最初のうちは、一般の御家人も任命されていたが、金窪、安東などの得宗被官が早くからこの地位についており、ついに、鎌倉中末期には、「沙汰未練書」に、

一、侍所トハ（中略）守殿（得宗）御代官御内人為頭人、有其沙汰。

というようになっている。すなわち、御内人＝得宗被官が侍所頭人＝別当になる風が成立していたのである。

政所については、さらに早く、時政が別当になっていることが知られる。例外的なのは問注所であって、これは、三善氏が終始一貫して、これを握っていた。何故だかわからない。

得宗は、以上のように、従来からの公的な地位および機関を占有して、その独立性を消失させ、自己の権力下に収めるとともに、自己の創出した寄合衆などに公的性格を附与することによって、権力を独占維持して行ったのである。

得宗専制というのは、とどのつまりは、北条氏得宗家が、鎌倉幕府という公的な政権を私物化したということにほかならないのである。

(五)　得宗被官の成長

初期北条氏の勢力が弱小なものであり、その被官もきわめて少数であったらしいことは、すでに述べたところである。

承元三年（一二〇九）十一月十四日、執権の座にあった北条義時は、将軍実朝に対して、年来召仕ってきた郎従たちに御家人に准ずる待遇を与えられんことを申請した（『鏡』同日条）。

相州（義時）、年来郎従（皆伊豆国住民也、号之主達）之中、以有功之者可准侍之旨、可被仰下之由被望申之。内々有其沙汰、無御許容。於被聴其事者、如然之輩、及子孫之時定忘以往由緒、誤企幕府参昇歟。可招後難之因縁也。永不可有御免之趣、厳密被仰出云々。

これは、ただちに却下されているが、その理由としての御家人身分と陪臣身分との間における厳然たる身分上の隔絶があったことと同時に、伊豆国出身者で義時が〃年来郎従〃として召し使っていたものが〃号之主達〃していたということにも注目しておきたい。〃主達〃というのは、いわゆる名主のことを指すのかも知れないが、〃年来〃の郎従ということが挙兵前の時期からの意味だとすると、前述した北條郡の狭小性からみて、名主がそんなに多数分立し得たはずがないように思われる。やや上層部の農民でもあったのではないだろうか。いずれにしても、北條氏得宗家がどのように勢力を伸張させ、権力を培養しても、「三代将軍并二位家御成敗、不及改沙汰」という鉄則によって、御家人になることを得なくなったわけで、得宗家の権力伸張にともなって、御家人化とは違った方向で、得宗被官の勢力も伸びて行くことになる（『中世法制史料集』一、鎌倉幕府法、三三一）。

つまり、得宗被官のなかから有功の者が抜擢されて御家人身分に昇格するという一定の昇進への窓口が、ここに固く鎖されたのである。得宗家の権力伸張にともなって、それなりに権力を手に入れつつあった得宗被官は、その頭をここに抑えられることになったのであるから、その成長の方向としては、あくまでも得宗を頭に戴きつつ、その側近にあって権力を握るということしかなかったのであり、当然の結果として、得宗被官は得宗被官として一定の結束を固めざるを得なかったわけである。得宗被官家相互の間において、婚姻関係が結ばれているケースが、かなり目につくのも、そのような事情の反映であろうか。

陸奥国における得宗被官、曽我氏についてみると、閉伊氏となんらかの関係があり（弘安八年正月二十三日付「北條貞時領知状」、「斉藤文書」『岩手県中世文書』上巻）、片穂氏と姻戚関係をもっていたことも事実である（延慶二年九月二十七日付「尼たうしやう譲状」、正和二年六月三日付「尼たうしやう譲状」、ともに「斉藤文書」、前出）。また、駿河国における得宗被官、南條、石川、仁田、平などの諸氏の間にも、密接な関係があったことが窺われる（永仁六年二月十五日付「北山本門寺三堂造立棟札写」、「北山本門寺文書」、嘉暦二年十一月十日付「僧日目譲状」、正慶元年十二月二十六日付「平時綱譲状」など、「大石寺文書」『静岡県史料』二輯、駿州古文書）。

しかし、また、単純に得宗被官であるというだけではなく、一般的な関東御家人という身分を有しつつも、北條氏の被官になるものもあった。

時政の時期における常陸房昌明については、すでに述べた。手勢の少なかった時政に付けられた、いわば〝付け武者〟にすぎなかった昌明は、ことが済むと自己の所領に戻って行ったらしい。以後、その子孫までが、北條氏との間に被官関係を結んでいたかどうか、まったく判らない。

しかし、北條氏が権力を伸張させて行くにつれて、一般御家人のなかから、北條氏の被官になって行ったものが多数輩出してくる。足立、伊賀、小笠原、春日、糟屋、加藤、工藤、後藤、渋谷、下河辺、諏訪、多賀、土肥、二階堂、天野、仁田、閉伊、三浦、山内、結城、横溝などは、これである。このうち、下河辺、仁田、三浦、糟屋、伊賀など、一族の惣領家が族滅あるいは所領収公などの憂き目を見た前後の時期に、北條氏の被官となり、自族の惣領となったもと庶子家のものが、かなり多く見られることに注目される。

山内、横溝のように、関東御家人でありながら、得宗被官になったものについて、泰時の時期にどのように扱われていたかを示す挿話がある。仁治二年（一二四一）十一月二十七日のことである（『鏡』同日条）。

当将軍家御時、関東射手似絵可被図之由、有其沙汰、今日以評定之次先注其人数。如陸奥掃部助（実時）、若狭前司（三浦泰村）、佐渡前司（後藤基綱）、秋田城介（安達義景）、為意見者被用捨之。自京都就被尋下、為被進覧也。而前武州（泰時）祗候人、依為達者被召之輩可被加否、及再往沙汰。是前武州不可然之旨、有御色代之故也。雖致彼家礼、為本御家人也。又勤公役之上、為堪能之族、依何憚可被除哉之由、遂治定。横溝六郎(義行)、山内左衛門次郎等、尤可為其人数云々。但横溝事、前武州頻辞申給。片目有疵故歟。

関東において弓の名人といわれる者の似絵を京上することについて、横溝・山内両人は得宗家の〝祗候人〟で、北条氏に対して〝家礼〟をする存在なので、これが問題となったのであるが、御家人役も勤仕しているのだからということで選に入れられたというのである。このことは、彼らが得宗被官であるだけの身分であったならば、たとえ、どのように名人であったにもせよ、選に洩れるような存在だったということになる。この時期の得宗被官は、まだ、その程度のものだったのである。

これらの得宗被官は、得宗領在地において、得宗代官として、一定額のものを荘園領主および得宗に送付し、その残余の分を自分の収取にゆだねられたのであるから、それなりに荘園領主権の排除に成功して一定の一円排他的な領主権を在地に樹立するものも現われたことが推測される。

得宗家がこれら得宗代官たちから収取したのは、年貢という経済性のものだけではなかった。得宗被官が勤仕した諸々の軍役関係のものも大きかったことは、もちろんである。宝治合戦のあと、陸奥国平賀郡岩楯村の地頭代であった曽我光広は、同国名取郡土師塚郷地頭代職を「勲功之賞」として宛て行なわれているが（宝治元年七月十八日付「時頼宛行状」、「斉藤文書」『岩手県中世文書』上巻）、これは宝治の乱における勲功によるものであろう。

嘉元三年（一三〇五）五月、北条宗方が得宗貞時の討手を受けて殺されているが（「北条九代記」、「保暦間記」、前出）、このとき、駿河国の得宗被官であった石川孫三郎源義忠も、戦功をあげたことが知られる（嘉元三年五月四日付「伴野出羽三郎大

野弥六祈福本導銘文」、「北山本門寺文書」『静岡県史料』)。

伴野出羽三郎、大野弥六者、嘉元三年五月四日、駿河守《宗方》謀叛大将也。為朝敵上者、懸石川孫三郎源義忠手、雖打取之、後生者、所令成仏道也。仍為三十五日書写如件。

嘉元三年五月四日

平時にあっても、得宗被官は鎌倉在番などの所役に従っていた。正応三年（一二九〇）の頃、得宗被官曽我泰光は、鎌倉での所役を果して、陸奥国に下向していた（十月十三日付「某書状」、「南部文書」『岩手県中世文書』上巻）。

曽我与一左衛門尉《泰光》奥州下向候。上下廿人、馬五疋、無関渡之煩、可被勘過候。恐々謹言。

（正応三年）十月十三日　　兵□□□（右衛門カ）（花押）

関渡守護人々御中

このような得宗被官の得宗家への軍役勤仕は、きわめて厳格に行なわれていたようである。建治三年（一二七七）の頃、西遷武士で関東御家人でもあった得宗被官、渋谷定仏は、得宗家家令であった諏訪真性を通じて、「子息三人致奉公候之由」、つまり、渋谷一族における軍役負担能力を申告したのであるが、それからいくばくもたたずに、そのうちの二人、与一重員と七郎頼重とが「さがみ《時宗》のかうのとのの御かたへ（中略）あない《案内》を申さすして、よ《余》の御かた《方》」、つまり塩田流北條義政の下に参候してしまったので、これを勘当し、「いぬ《犬》もかよはさん」ことを禁じて、往来せず、「ありのままにかみ《上＝時宗》に申して、ゆはをのしま《硫黄島》、えそかしま《蝦夷島》へなか《流》すへし」とさえ断じている例がある（「入来院家文書」二一三号、『入来院文書』）。

これは、惣領制的結合による武士団における親権の強さと、惣領制的武士団の血縁的結合原理が地縁的主従関係による結合原理に代位されつつあった時期において、得宗被官の一人渋谷定仏が、得宗家への軍役勤仕をいかに重視していたかを示すものである。彼は、親子の情を捨てて、得宗家への忠をとったわけである。

同様の例は、片穂中務丞惟秀が自領を「御たち《館=得宗》にほうこう《奉公》をいたすおとこをもして、心さしあらんものにあひはからひてゆつるべし」と子孫に厳命し（正応五年三月二十六日付「中務丞惟秀譲状」、「斉藤文書」、前出）、曽我氏の尼たうしやうが「御うち《内》ほうこう《奉公》のをとこを、もしはゝの心にあいしたかふこども《子供》にゆつるへきよしを、しやう《状》」に記しているなどがある（嘉元三年正月三十日付「尼たうしやう譲状」、「斉藤文書」、前出）。

これら得宗領在地にあった得宗被官たちは、なにかのことがあった場合には、「このうへハかみ《得宗》に申上て御はからひをあひまつへく候」とか（延応元年十二月二十二日付「曽長秀跡相続裁許状」、「新渡戸文書」『岩手県中世文書』上巻）、「かミ《得宗》へ申て、さいくわ《罪科》を申あつへき也」とか（嘉元二年五月二十四日付「曽我泰光譲状」、「斉藤文書」、前出）、「かみ《得宗》に申てたうかう《当郷》おハいちゑん《一円》にちきう《知行》すへし」などと（正和二年六月三日付「尼たうしやう譲状」、「斉藤文書」、前出）、得宗家よりの庇護を期待しているむきが示されている。

こうした得宗被官諸家に見られた得宗家との一体感とどのように勢力を伸張させても関東御家人にはなれないという現実とによって、やがて、得宗被官は得宗被官として、一定の集団として世上に意識されてくるようになる。すなわち、「沙汰未練書」に、つぎのように記されているのである。

一、外様、将軍家奉公地頭御家人等事也。
一、御内方トハ、相模守殿《時宗》御内奉公人事也。

このように、一般御家人を〝外様〟と称するのに対して、得宗被官を〝御内方〟として截然たる区分をする風が成立したのである。「沙汰未練書」は、奥書に、弘安元年（一二七八）閏十月に成立とあるが、元応・元亨年間の成立らしいので、この時期までに〝御内〟という語が熟していたことが知られるのである。かくして、得宗被官は〝御内〟〝御内方〟として、一定の集団としての成立をここに見るのである。

〝御内方〟として、一定の集団を構成し、そのことが世上からも認識されるようになったらしい貞時の時期において、得宗被官は、すでに二種の層に区分し得るようになっていたようである。

ひとつは、前記の曽我氏や渋谷氏のように、ときどき鎌倉に出勤することはあっても、平常は諸国の得宗領にあって、得宗代官を勤めているものであり、もうひとつは、得宗領在地に行くこともあるが、それよりも、むしろ、鎌倉に多く居住していて、得宗側近に近侍するものたちである。いわば、前者が得宗領の年貢など経済面で得宗に多く貢献する意味で、いわば得宗の経済官僚であり、ときには軍役にも従うという意味で軍事官僚であるのに対し、後者は、得宗側近にあって、その政治面で貢献するもので、いわば政治的官僚ということができよう。後者のほうが有名で、平、尾藤、諏訪、長崎などの諸氏がそれであり、ある意味では、南條、関、万年などの諸氏も含めてよいかも知れない。

このような差異は、高時の時期になると、かなり明確にできあがっていたようである。北条貞時の十三年忌の供養が行なわれた元亨三年（一三二三）のことである（欠年「北條貞時十三年忌供養記」、「円覚寺文書」、前出）。十月二十六日とおぼしき日に行なわれた供養の式における席次が、つぎのように記されているのである。

法堂供養也。堂右雨打間簾中御坐大方殿（貞時後室安達氏）、其次間修理権大夫殿（金沢貞顕）以下御一族宿老御坐。其次堂外至仏殿後脇構桟敷九間御布施取殿上人諸大夫坐之敷蘇芳縁畳同堂左、雨打間太守（高時）御坐。其次間、別駕（安達時顕）、洒掃（長井宗秀）、長禅（長崎円喜）以下御内宿老参候。其次堂外桟敷七間評定衆諸大名以下群参。仏殿後門雨打間ノ通一面尓取払天、御内人以下国々諸御家人等烈（列）座各用敷革。同雨打間右脇尓、置御布施長櫃等、堂前正面右脇、敷小文高麗縁畳三帖、公卿五人著之。堂前左脇石壇上、立幄屋棚以布幔裹之、奥布百端積之、五層棚二却（脚）、立法座上、両方供百味博、供僧廿人誦四智讃、法座法被上、掛弥勒画像。其脇、掛御影、前有花瓶。（下略）

最上座の簾中では、貞時後室安達氏（大方殿）、つまりは高時の母が高時と相対座している。つぎの間では、右側の金沢貞顕以下の北條氏の「御一族宿老」に対して、左側の安達時顕、長井宗秀に続いて円喜入道長崎高綱以下の「御内宿老」が対している。さらに堂外の桟敷には、右側の諸大夫以下の役付に対して、左側の評定衆以下の諸大名（上層部外様御家人）がいる。その下座になると、「御内人以下国々諸御家人等」が列座しているのである。

以上でもわかるように、おなじ御内人ではあっても、上層部の〝御内宿老〟層は、北條氏一門のなかでも最有力者であった金沢貞顕ら〝御一族宿老〟と対座し得るほどの地位を有しているのに対し、下層部の者は、堂外にあって、〝国々諸御家人等〟よりもやや上位にあるにすぎないのである。

得宗被官の下層部、すなわち、単なる御内人あるいは〝御内之仁〟層は、得宗権力の威を藉りつつ、在地支配を行なう存在であり、得宗領在地あるいは自家固有の所領を留守にして、鎌倉在番などを長期に勤めていると、場合によっては、他よりの違乱煩いを招くことにもなりかねないのであり、鎌倉時代も末期において、陸奥国得宗領の諸所に得宗代官として存在した曽我氏が、先祖相伝の自族固有の所領であった伊豆国安富郷内国吉名を宮内卿殿局なる人物に押領されてしまったり（嘉元二年五月二十四日付「泰光譲状」、「斉藤文書」、前出）、はるかの筑前国綱分荘内金丸別分職を中務太郎たたかす（片穂氏カ）に押領されている例もある（延慶二年九月二十七日付「尼たうしやう譲状」、「斉藤文書」、前出）。

だからこそ、得宗家とあまりに疎遠になることを恐れて、ときには、「御仏事料染物二十入見参」とか（宝治年間ヵ、二月三十日付「泰綱奉書」）、「鰺二鴈一入見参」というように（宝治年間ヵ、卯月二十四日付「泰茂奉書」、ともに「南部文書」、前出）、進物献上などということもしなければならなかったのである。

これに対して、「御内宿老」層では、得宗被官となる以前から信濃国諏訪社社家として在地領主化を果しており、強固な支配を布いていた諏訪氏、藤原秀郷の跡を嗣いで尾張守となっていた名家で、主君義時が従六位であったときに、すでに従五位下であった景綱を出した尾藤氏、平重盛の孫盛時より分かれたという所伝を持つ長崎、関、平などの諸氏など、在地支配を郎従らにまかせて、みずからは鎌倉に常勤する余裕をもっていたものが多く、得宗私邸の郭内あるいはその近くに居を構えて、政治活動を主として行っていたものたちであった。

政治的には、これら御内宿老層の活動には目覚ましいものがあったのである。

第五章　得宗専制の崩壊

㈠　御内宿老の専制

得宗被官が、幕政に参与するということは、かなり早くから見られた。これは、得宗家が、幕政初期から占めていた地位を考えれば、ある程度まで当然なことであった。しかし、和田氏が族滅して、御家人を統轄する侍所別当の職を北条義時が握ったとき、所司として被官の金窪左衛門尉行親を補任し、さらに安東忠家に所司の職務とするところを命じていたのは、やや時期尚早であったかも知れない（『鏡』建暦三年五月六日条）。この時期、侍所司としては、金窪行親、安東忠家、二階堂行村の三人があったわけであるが、そのうち、二人は得宗被官だったのである。ところが、建保六年（一二一八）八月二十二日段階では、泰時が別当ではあるが、侍所司五人のうち泰時を除く四人は、すべて一般御家人であった（『鏡』同日条）。しかし、得宗専制が成立する頃になると、「沙汰未練書」に、「侍所トハ（中略）守殿御代官御内人為頭人、有其沙汰」というになっていたことは、すでに述べたところである。

御内宿老層の政治活動のうち、とくに顕著なもの若干をあげると、寛喜二年（一二三〇）二月二十四日、鎌倉中が騒動したとき、泰時の〝内々〟の命を受けた尾藤景綱、平盛綱、諏訪盛重の三人が奇計を設けて、これを鎮めており、延応元年（一二三九）五月二十四日に九条道家が病気になったとき、その子頼経将軍の使節として兵庫頭定員が上洛したとき、「前武州（泰時）御使」として平盛時も上洛したなどの例があげられる（『鏡』同日条）。

建治三年（一二七七）頃になると、得宗被官も、かなりの権力を持つようになっていたようである。「建治三年丁丑日記」の六月十七日条に、

為諏訪左衛門入道奉□（行）被仰云、陸奥左近大夫将監（金沢顕時）所被加評定衆也。

とあって、得宗被官の諏訪氏が、一門の金沢顕時の評定衆補任のことを奉行していることが示されている。すでにして、得宗専制が成立するや、得宗被官の行動が、政治的かつ権力的になってきているのを見ることができよう。

北条時宗が弘安七年（一二八四）四月四日に没したあと、その跡を嗣いで八代目得宗となった貞時は、若冠十四歳でしかなかった。当然、これを補佐するものが必要となり、幕政の実権は、得宗被官、内管領の平左衛門尉頼綱と、得宗外戚であった秋田城介安達泰盛の握るところになった。

貞時が嗣立した直後の六月、時房流北条氏の佐介時国が「日来悪行」の廉で常陸国に流され、同十月にその地で誅殺されるという事件が起った。「北条九代記」では、時国が「如何にもして世を乱し関東を亡して、我世を治めて執権となり、眉目嘉名を天下後代に残さばやとぞ思ひ立たれ」たと説明されているが、六波羅南方探題として京にあった時国の許へ「関東より飛脚を以て俄に密談すべき子細ありと申上せられしかば、時国思ひも寄らず、夜を日に継ぎて鎌倉に下向せられしを、是非なく捕へ」たということを見ると、執権の地位を狙って陰謀を企らんでいた者らしくない様相が見られる。続いて同年八月にも、北条時光が陰謀のことありとして、佐渡国に流されているが、ここにも、

なにやら奇怪な感じがするのである。

　これよりさき、文永五年（一二六八）に北條時宗が執権となり、それから四年たった同九年（一二七二）二月、時宗の庶兄時輔が、六波羅南方にあって、異図ありとして、名越時章、同教時らとともに処断された、いわゆる〝二月騒動〟なる事件があったが、これにやや類似したところもなくはない。ともに、御内宿老層と得宗外戚安達氏などによる北條一門庶子家への排他的権力独占をはかったものではないかとも考えられるのである。ともに、得宗あるいは執権職の代替りの頃に起った事件であるだけに、その感が深い。

　その後、安達氏は「弘安ノ比ハ藤原（安達）泰盛権政ノ仁ニテ、陸奥守ニ成テ無並人、其故ハ相模守時宗の舅也ケレバ也」というような権勢家であった（「保暦間記」）。泰時の頃までは足利氏との姻戚関係が緊密であった得宗家では、時氏以降になると、安達氏との姻戚関係が顕著になってくる。三浦氏の乱のときなどは、時頼と秘密の内談あって三浦氏を誘発し、もってこれを族滅せしせしめた功績もあり、幕初以来、多くの豪族御家人が族滅し去ったあとに残った最後の大豪族でもあった。元寇の頃には、恩沢奉行を勤めていて、きわめて羽振りがよかったことは、「蒙古襲来絵詞」などによっても知られるところである。

　貞時の代になると、「泰盛、彼（貞時）ノ外祖ノ儀ナレバ、弥橋リケリ」というようになっていた。

　一方、得宗内管領であった平頼綱も、「又、権政ノ者ニテ有ケル上ニ橋ヲ健クスル事、泰盛ニモ不劣」かったのである（「保暦間記」）。

　安達泰盛は得宗外戚として、平頼綱は御内宿老として、若年の得宗貞時を間にはさんで、ともに権力を有していたのであるが、前者の場合には、〝外様〟として政権から遠去けられた一般御家人層からの期待と支持があり、後者のほうは、〝御内〟勢力の代表者としての地位があった。このような利害と勢力基盤のまったく相反した両者が、ともに天を戴いているわけには行かなかったのであり、「爰ニ泰盛、頼綱仲悪シテ互ニ失ハントス、共ニ種々ノ讒言ヲ成」すにいたったのである（「保暦間記」）。

かくして、両者の角逐はついに実力の激突を生じ、弘安八年（一二八五）十一月十七日の合戦となったのである。敗れた安達陸奥入道泰盛法名覚真は、多くの一族与党の者とともに族滅して行った。このとき、刑部卿相範、三浦対馬前司、懐島隠岐入道、伴野出羽入道、大宰少弐、大曽祢上総前司、足利上総三郎、南部孫次郎らのほか（「北條九代記」「保暦間記」）、武蔵・上野などの有力御家人五百余人が討たれ（多賀宗隼氏「霜月の乱とその波紋」『歴史地理』七八ノ六）、さらに、九州にまで飛火して岩門合戦となるなど（川添昭二氏「弘安八年筑前国岩門合戦について」『九州史学』一六、「岩門合戦再論――鎮西における得宗支配の強化と武藤氏――」『史学論集　対外関係と政治文化』第二）、大きな波紋を投げかけた。

北條得宗家と安達氏の姻戚関係図

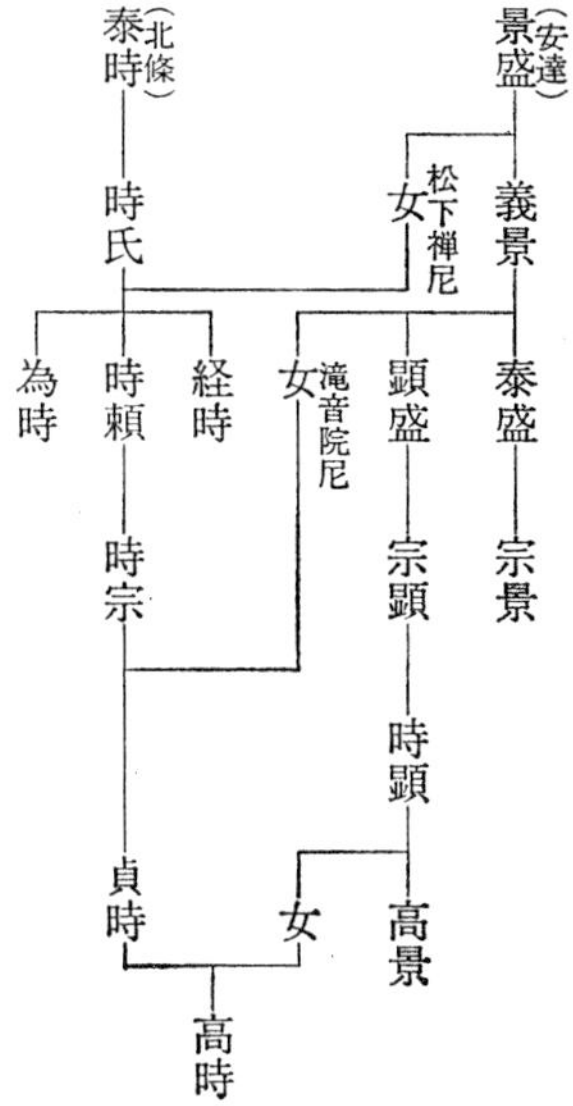

これらによっても、安達氏を支持した勢力が、得宗専制の成立によって幕政から遠去けられた外様御家人層であったことが知られる。このときの合戦を〝弘安合戦〟、あるいは〝霜月騒動〟というが、これは、豪族御家人間の対立激突というようなものではなく、得宗被官御内人集団と外様御家人集団との対立だったのである。

なお、このとき、北條一門の宿老であった金沢貞顕が、これに縁座して下総国埴生荘に籠居を命ぜられているところから見て、北條一門と御内人とが、かならずしも一体化していたものではなかったことが示されている。

この合戦に打ち勝った御内人層は、敗北した外様御家人に対しては無論のこと、北条一門に対してすら、上位に立つようになる。こうして、御内人勢力を基盤とした御内宿老による専制政治が開始されてゆくのである。

なお、この乱のとき、宝治合戦の前後の時期において、三浦氏一族が族滅して行ったとき、一族の盛時だけが得宗家に勤仕して、三浦氏の惣領職と代々の三浦氏の惣領が帯びていた〝三浦大介〟の地位を獲得しているのと、きわめて酷似したことが、安達氏一族とその庶流の時顕の場合に見られることにも注目したい。安達氏の系図に見るように、一族の多くが、この合戦で死んで行ったとき、父宗顕すらもが、この合戦で戦死しているのに、その子時顕は、代々の安達氏が帯びていた〝秋田城介〟を嗣いで、生き残った安達氏の惣領の座におさまっているのである。彼の父宗顕は弘安八年に戦死したとき二十一歳だったのであるから（『尊卑分脈』）、彼は五歳以下の幼稚であっただろうから、彼には責任がなかったのかも知れない。

弘安合戦の直前、安達泰盛と平頼綱とが、互に相手のことを、若年十五歳の得宗貞時に讒言し合ったということは、史料的に信憑度の低い「保暦間記」に記されていることであるが、これが事実であったとすれば、その時点では、まだ得宗貞時に権力があったこと、すなわち、得宗専制が続いていたことを示すものである。ところが、弘安合戦が

弘安合戦関係安達氏系図

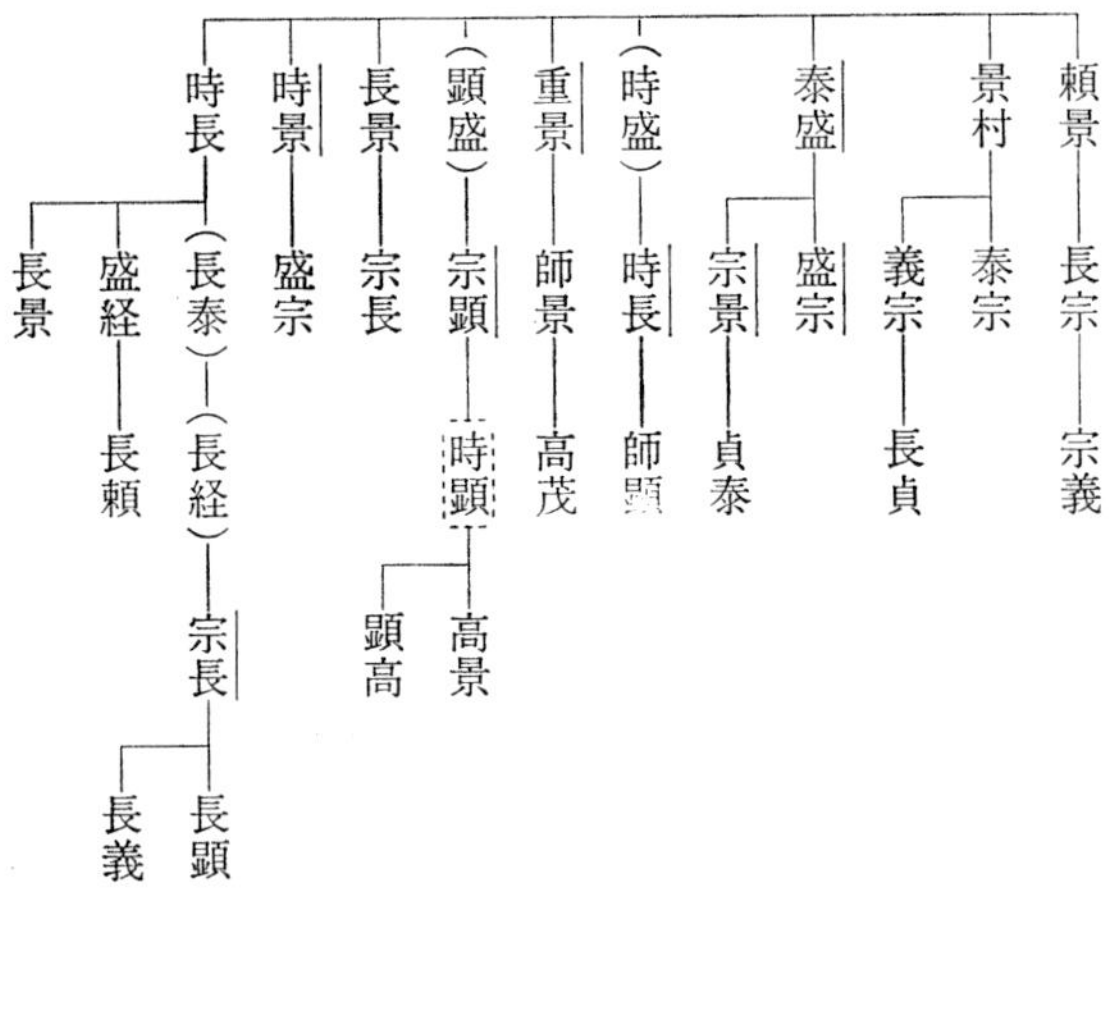

〔注〕（氏名）は故人
氏名　は弘安八年戦死者

終ったあとでは、「其後、平左衛門入道頼綱法師、法名果円、今ハ諍方モ無テ一人シテ天下ノ事ヲ法リケリ」というように専制を極め、京都の権大納言三条実躬も、その日記である「実躬卿記」の正応六年（一二九三）四月二十四日条に、「城入道安達泰盛被誅之後、彼仁一向執政、諸人恐懼外無他事候」と記しているほどである。

ここに、得宗専制がその性格を大きく変質させていたことが看取されるのである。すなわち、得宗個人の権力掌握というかたちにかわって、得宗被官上層部、御内人の管領としての御内人の権力掌握ということである。このことは、得宗個人が権力を握り、得宗という地位に一定の権威が附与されていた得宗専制が進行してゆけば、当然の結果として、得宗側近に近侍する御内人上首にも一定の権力と権威が附与されるものであり、得宗個人が若年あるいは愚鈍怠惰であったならば、御内宿老が権力をほしいままにするようになるのも、また当然の帰結である。貞時がまだ若年であったときの平頼綱の立場がそれであり、また、ややたってから、愚鈍怠惰な高時が得宗であったときの長崎円喜がそれであった。

貞時の時期に、得宗被官上層部が権力を掌握していた例としては、正応四年（一二九一）に、鎮西談議所の奉行に偏頗私曲のことありとして訴えて出る者が多かったので、その実態を調査することになったが、これに当ったものが、尾藤内左衛門入道と小野沢亮次郎入道という得宗被官であった（「新編追加」二五八号、『中世法制史料集』一）。同じ頃、寺社ならびに京下訴訟の事書きに関して、「急可申沙汰之由、可被仰奉行人并五方引付。此上令延引上者、可触訴飯沼大夫判官助宗、大瀬左衛門尉惟忠、長崎左衛門尉光綱、工藤左衛門入道果禅、平左衛門尉宗綱歟」と令しているように（「新編追加」一七八号、前出）、御内宿老クラスの得宗被官が鎮西談議所や各種奉行人・引付衆などに優越する地位と権力を有していたことが示されている。飯沼助宗と平宗綱は平頼綱の子であり、長崎光綱の弟にあたる（「保暦間記」）。ち

内管領平氏・長崎氏系図

- 資国（重盛三男）
  - 盛国　関谷大夫、生于伊勢国鈴鹿郡久我荘、寿永三年平氏没落之時、頼朝卿為報小松氏旧恩殊命預盛国於北條氏、後薙髪号夢全、
    - 国房　於久我荘没
      - 実忠　関大夫将監、元久元年四月平氏余党基度盛時等掠伊賀伊勢京都守護朝雅伐平之、建久四年初賜勢州鈴鹿郡関谷、故以関為称畢
      - 長崎盛綱　平三郎左衛門尉、正治元年正ノ廿八時政執権之時、居鎌倉為執事、
        - 頼綱　平左衛門尉、内管領、貞時世被誅、
          - 宗綱　平左衛門尉、内管領、坐驕奢配流上総
          - 頼盛　飯沼判官、安木守、与父被殺
        - 光盛　長崎二郎左衛門、入道果円、自文暦至文永内管領
          - 光綱　太郎左衛門尉、自建治至延慶内管領
            - 高綱　三郎左衛門尉、入道円喜、貞時高時世内管領
              - 高貞　四郎左衛門尉
              - 高重　二郎、正慶二年自殺東慶寺
              - 高資　新左衛門尉
              - 高貞　新左衛門尉
            - 高瀬　兵衛尉
          - 高泰　勘ケ由左衛門
            - 泰光　四郎左衛門尉
          - 高光　一ニ高元　三郎左衛門尉、入道昌元、元弘三年五ノ廿一討死
            - 為基　勘ケ由左衛門尉、(カ)道西国蟄居、肥前深津江後世子孫左衛門佐、織部正自深津江為長崎云、
          - 師家　九郎右衛門尉
  - 親真　織田一流祖　津田先生

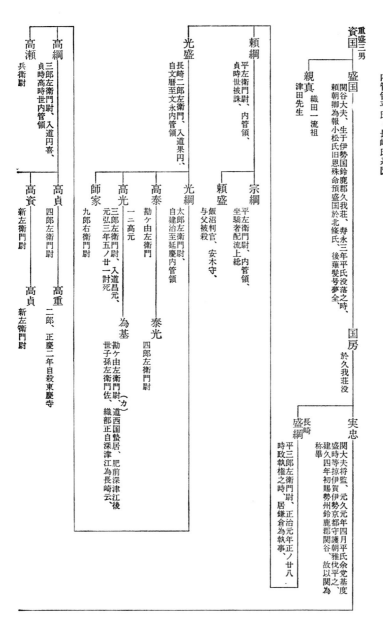

真弓盛親　六郎左衛門尉、織部正、建武中居住駿州鳥度郡真弓村

国定——忠氏——定頼——実治一ニ盛忠又盛弘又盛常又盛政、四郎左馬允、北條氏滅亡後、下本国伊勢住居亀山城、元弘三年八ノ七死、

なみに、『系図纂要』所収「平朝臣姓関一流」に、右記のように記されている。

このような一族と御内人一般の支持との上に立って、内管領平頼綱は専権をふるったのであるが、「其後、平左衛門入道果円、憍ノ余ニ子息廷尉ニ成タリシガ、安房守ニ成テ飯沼殿トゾ申シケル、今は更ニ貞時ハ無キガ如クニ成テ果円父子天下の事ハ安房守ヲ将軍ニセント議」したと伝えられるほどにまでなった(「保暦間記」)。ことの真偽ははっきりしないが、二十二歳にまでなった得宗貞時が、権力の回復を計ったことは推測に難くない。正応六年(一二九三)四月二十二日、平頼綱は得宗貞時の討手を受けて誅せられた。〝平禅門の乱〟と呼ばれるもの、これである。

頼綱が失脚して誅殺されたとき、たまたま訴訟のために鎌倉にいた東寺領伊予国弓削島荘雑掌定厳は、この有様を親しく現地で見聞し、東寺に報告しているが、それによると、「訴人者如雲霞候」とあって、急に訴訟を提起するものが多数続出したという(永仁元年十二月十六日付「定厳書状」、「東寺百合文書」ル三〇〜三七)。頼綱の強圧的な政治の下で、偏頗を恐れて訴訟を差し控えていたものたちが、頼綱の死を聞いて、さっそく、訴訟に乗り出したわけであろう。しかし、彼らの期待は、たちまちに裏切られるのである。

御内宿老層に渡っていた政務の実権は、平頼綱が誅殺されて、いちじ、得宗貞時の手に回復されたかに見えたかも

知れない。しかし、時流の趨勢は、いかんともなしがたかった、貞時は、そののち五年間は執権として、正安三年（一三〇一）に出家したのちの十年間は得宗として、政務を見ていたが、その間、永仁四年（一二九六）十一月、武蔵国吉見郷に住んでいた源範頼五世の孫、吉見孫太郎義世が反乱の廉で処断され、嘉元三年（一三〇五）四月に連署の北条時村が殺され、翌五月に北条宗方が殺された事件などには、その背後に内管領長崎高綱入道円喜の手が感じられるのである。

(二)　得宗専制の崩壊

鎌倉時代末期における得宗専制とその変質である御内宿老専制は、封建的主従制度の観念よりすれば、まさに唾棄すべき不法かつ僭上のものであった。実朝が幼君であったときの義時、借り物的な将軍頼経の下での泰時などの政治は、武家政権維持のための止むを得ざる専権であると見做されたかも知れないが、将軍権力を勿緒してやまない得宗専制と、それよりも僭上で、その得宗をすら凌ぐにいたった御内宿老専制は、たとえようもない不法極悪の政権として意識されていたであろう。そのことは、『太平記』などにも、よく窺われるところである。

事実としても、鎌倉中末期に表面化してきた社会全般における諸矛盾、とくに、元寇を契機として、社会の各層に現われてきていた各種の矛盾ひずみに対して、権力的に対応せんとした鎌倉末期幕府政権は、これらの諸矛盾やひずみを一身に具現してしまうことになり、その政治にも、各種多様なゆがみが生じてしまったのは、致しかたないことであった。

そのゆがみが、もっともたんてきに表出されたのが、恐怖政治・弾圧政治というかたちのものであった。弘安合戦の直前、安達泰盛と平頼綱が相互に讒言をし合ったことは、一種の恐怖政治があったことの実例になる。平禅門の乱にしても、平頼綱の「嫡子平左衛門宗綱ハ忠アル仁ニテ、父ガ悪行ヲ歎テ此事ヲ貞時に忍ヤカニ申」したことが、具体的な端緒であったという（『保暦間記』）。三條実躬が「諸人恐懼」と記しているような恐怖政治が布かれていたのである。

恐怖政治は、通常、弾圧のための組織や機関を必要とする。鎌倉幕府に先行する六波羅平氏政権においても、「禿」と称された密偵組織があったという先例もある（『平家物語』）。得宗専制にも、当然、この種のものがあったものと推定されるのである。しかし、ことが当然のことながら隠密を要するものだったから、一般的な史料の残存は期しがたいものがある。鎌倉にあったかも知れない文書・記録にしても、元弘三年（一三三三）五月の幕府終焉の際に、火炎とともに消え去ってしまったであろうと思われる。得宗専制政権が密偵組織を有していたことを示す確実なる史料は、現在一葉も残されてはいないが、傍系的な史料からでも、これを推測することはある程度まで可能であろう。

はるか後代に成立したものではあるが、「北條九代記」に（『物語日本史大系』第四巻）、つぎのように記されている。

時頼入道は（中略）奉行、頭人、評定衆に奸曲重欲のあらんには、下民何ぞ奸しきこと無からんや、此罪みな我が身に帰す、われ愚にして上下遠きが致す所なりとて、大に歎き給ひ、其後正直の者十二人を選び出し、密に鎌倉中の有様を尋ね聞しめらるゝ（中略）。之に依て評定衆を初めて、非道の輩を記さるるに、三百人に及べり。時頼入道これを召出し、理非を決断し、科の軽重に従ひて当々に罪し給ひけり。

さらに、鎌倉中に十二人の密偵を送り出したのみならず、時頼は、みずからが死去したと称して、

世にはかく披露して、二階堂入道たゞ一人を召具し、密に鎌倉を忍び出で、貌を窶して、六十余州を修行し給ふこと三箇年、在々所々の無道残虐を聞出さんが為とかや、

と、諸国を遊歴したことは、有名な「鉢の木」の伝説としても残されている。

「弘長記」にも、同様のことが記されている（『続群書類従』雑部）。

時頼入道（中略）、器量の人をえらひて諸国七道に使をつかはし、諸方の非道をたつねさくらる。探題目代領主たるともから、無道猛悪のもの二百余人をしるして、かまくらにかへる。時頼入道是を点検して、科の軽重にしたかひ、みなつみにおこなはる。

また、同様に、世上では自身死去と披露しておいて、

実にはしからす、世に□□□度して、二階堂入道只一人をめしくして、密に鎌倉をしのひ出、かたちをやつして、六十余州を修行し給ふこと三ヶ年、在々所々に入て、善悪をうかかひしるして、甲乙人三百四十余輩みなをの〳〵めしのほせて、賞罰たゝしくおこなはれ、或は先代忠の家督断絶せるものをは相続せしめたまふ、

というのである。

時頼の廻国伝説は、このように有名であるが、貞時の代においても、

貞時（中略）、諸国へ使者を遣して、国郡村里の支配、守護地頭の行跡、民間の惣苦、田畠の有様、密に尋ね問はしむ。

とあり、また、

前代時宗の執権たりし時には、正直学道の智士を選び、両人づつ出して廻国せさせられしかば、諸国の御家人守護地頭までも、世を憚り身を慎み、威あれども侈らず、強けれども弱きを凌がず、重欲非法は絶えて犯す人もなかりしに、数年の後、彼廻国の者奸曲を構へ、遠国にして親しきに逢ひぬれば、我今かやうの役に依て隠れて諸国を回るぞや、噫賢この事人に語るなと云ふに漸々漏れて知れ渡り、奉行人政所賄を入れて非道を隠さしむれは、賄賂に依て深く隠して、非あれども顕はさず、或は廻国者の伝馬を取って通り、路次の歎きとなるもあり、

ともあって(「北条九代記」)、時頼・時宗・貞時の三代にわたって、〝廻国使〟なるものがあったとしている。

『鏡』によってみると、時頼が三年間にわたって鎌倉を留守にしたことはなく、貞時の代に、廻国使の報告によって、「死罪流刑に行なはる輩百人余り、評定衆九人を遠島に処し、新評定衆十一人を選び据えた」とあるが(「北条九代記」)、「関東評定衆伝」などによると、評定衆の大量入れ換えの事実もない。だから、「北条九代記」、「弘長記」の説には、きわめて信憑性が欠けるのではあるが、『増鏡』にまで時頼の廻国伝説が記されていることは(巻十一)、そこになにかがあったのではないかとも考えられるのである。

時頼・時宗・貞時の三代にわたって、自身廻国をしたか、または、廻国使を派遣したという伝説があったわけではあるが、これは、得宗の名に仮託された密偵組織が事実として存在し、それが、このような伝説を生み出したのではないかと思うのである。

〝廻国使〟という名称はさておき、得宗専制下にあっては、一定の密偵組織が存在したということは、ほとんど間違いないことのように思われるのである。もちろん〝重欲奸曲〟を匡さんがためではなく、得宗専制の成立維持を目的としたものであり、最末期の高時の代においても、当然、存続していたものと思われるのである。

恐怖政治・弾圧政治は、不公正な裁判と表裏の関係にある。この種の政治が行なわれたとき、そこにはつねに、権力におもねり、反対者を抑圧し、自己を正当化する裁判があったことは、よく知られているところである。

『太平記』と前記「弘長記」に共通して登場する時頼時代の得宗被官、青砥左衛門尉藤綱の名判官ぶりは有名な伝説である。彼が評定衆であったときの逸話として、〝公文〟なる者が得宗時頼を相手どった訴訟を提起したとき、藤綱は、自身得宗被官でありながら、得宗側を敗訴とした公正なる判決を下したというのがある。

青砥藤綱なる名前は、やや信憑性に欠ける『太平記』と「弘長記」とにしか現われてこない。より確実な史料である「関東評定衆伝」にも、評定衆であったとされる彼の名前は見られない。伝説によれば、伊豆国の住人であった大場十郎近郷なるものが、承久の乱に大功をたてて上総国青砥荘を宛て行なわれてから、〝青砥〟をもって称としたという。その青砥左衛門尉藤満の妾腹の子として生まれたのが藤綱である。一時出家したが、二階堂信濃入道に見出されて、時頼に仕えるようになったという。その所領、上総国青砥荘を、現在の東京都葛飾区青戸町に比定するむきもあり（『新編武蔵国風土記稿』、『角川日本地名大辞典』十三巻、東京都）、室町時代になってからの康永三年（一三四四）の頃、室町幕府の引付番に「青砥左衛門尉」の名があり（「足利幕府引付番注文」、「結城文書」『福島県史』七巻、古代・中世資料）、また、「鎌倉大草紙」（『改訂史籍集覧』）にも〝青砥〟の名が見られ、正応元年七月九日付「関東下知状」に、伊豆左衛門尉時員の代官として「青戸二郎重茂」の名がある（『奥州平泉文書』）。

まったくの虚構ではないようではあるが、鎌倉末期の藤綱についてはなんとも云えない。

いずれにしても、藤綱の公正なる裁きが、かく伝説化して語り伝えられたということは、得宗専制期においては、得宗家に有利な裁定のみ下されていたという事実を示すものであり、得宗家関係者以外の人々の間に公正なる裁きを希求する気持ちがあり、その願望がこの伝説の母胎となったものと解し得る。

前述した若狭国太良荘に関して、得宗被官工藤貞景を訴えた東寺の訴訟が、東寺側の種々の努力にもかかわらず、論人の工藤貞景が法廷に出対することもなかったので、ついにうやむやのうちに終ってしまったというのも、不正裁判の一例となろう。このとき、東寺側が、伝手を求めては、賄賂などを送っているのも、また、不正裁判の実在を示すものである。〔注1〕

賂賄をともなった不正裁判が直接的な端緒となって、内乱にまで発展してしまったのが、奥州安東氏の乱である。「保暦間記」には、つぎのように記されている。

元亨二年（一三二二）春、奥州ニ安藤五郎三郎同又太郎ト云者アリ。彼等ガ先祖安藤五郎ト云者、東夷ノ堅メニ義時ガ代官トシテ津軽ニ置タリケルガ末也。此両人相論スル事アリ。高資《（長崎）》数々賄賂ヲ両方ヨリ取リテ、両方へ下知ヲナス。彼等ガ方人ノ夷等合戦ヲス。是ニ依テ関東ヨリ打手ヲ度々下ス。多クノ軍勢亡ヒケレドモ、年ヲ重テ事行ス。承久三年ヨリ以来、関東ノ下知スル事少モ人背ク事ナカリキ。賤キ者マデモ御教書ナドヲ対スル事ヲ軽シムル事憚リシニ、高資政道不道ニ行フニヨリ、武威モ軽ク成、世モ乱レソメテ、人モ背キ始シ基成ケリ。

安東氏の祖は安倍貞任であるとされている。義時が陸奥守になった頃、その被官になったものと思われ、鎌倉に在勤していた得宗被官に安東忠家などの名が見られる。貞季の代を経て、その嫡子盛季は「下国家」を称して〃津軽安東氏〃となり庶弟鹿季は「上国家」を称して、〃秋田安東氏〃として分流し、それぞれ十三湊と大光寺とを根拠地として、東北の地に威を張っていたらしいが（「安倍氏系図」『続群書類従』系図部）、海にも関係が深かったことは、豊田武氏の指摘されているところである（「安東氏と北條氏」『弘前大学国史研究』三〇号）。

この両家の間に訴訟が生じ、ともに長崎高資に賄賂を送り、高資は双方から賄賂をとって、「理アルヲ非トシ」たことによって、裁判が混乱し、両家の間についに合戦を生じてしまったのである（「異本伯耆巻」『続群書類従』合戦部）。やがて、周辺の住人たちをも捲き込んでゆき、嘉暦元年（一三二六）には、津軽平賀郡大平賀郷の住人、得宗被官曽我光頼も、この合戦に参加している（嘉暦二年九月三日付「曽我光称譲状」、「斉藤文書」前出）。

「保暦間記」では、奥州安東氏の乱は元亨二年（一三二二）に起ったと記されているが、その前々年の元応二年（一三二〇）には、すでに合戦が行なわれていたらしい（「北條九代記」）。さらにその二年前の文保二年（一三一八）五月二十一日付「北條高時書状」に、

当寺祈禱事、蝦夷已静謐之間、法験之至、殊感悦候。謹言。

（異筆）「文保二ー」

五月廿一日　　高時（花押）

称名寺長老（釼阿）

とあるから（『金沢文庫古文書』三八）、さらにさかのぼって、文保二年より以前に事件が起っていて、文保二年に一時的に静謐したのかも知れない。やがて、正中二年（一三二五）六月六日には、ついに、「依蝦夷蜂起事、被改安藤又太郎、以五郎三郎補代官職訖」という処置をとったのである（「北條九代記」『続群書類従』雑部）。双方から賄賂をとって、その場凌ぎのことをしているわけには行かないほどにまで、乱が拡大されてしまったのであろう。当事者二人のうち、一方を得宗の〝代官職〟に補任することによって、なんとか糊塗しようとしたものであろう。

翌嘉暦元年（一三二六）三月二十九日、工藤右衛門尉祐貞が、安東氏鎮圧のために陸奥国に下向し、同年七月二十六

日に、安東季長を生虜にして帰参してきた（「北條九代記」、前出）。嘉暦四年（一三二九）頃、得宗家家務機関のひとつである御内侍所の長官が工藤右近将監某であったが、安東氏追討使となった工藤右衛門尉祐貞と同族の者であろう。このことから、嘉暦元年の頃までは、安東氏という得宗被官家内部における事件は、得宗被官工藤氏あるいは御内侍所によって処置しようということだったのかも知れない。

しかし、事件はこれで終結したわけではなかったらしく、翌嘉暦二年（一三二七）六月、ついに外様御家人の宇都宮五郎高貞と小田尾張権守高知が蝦夷追討使として不向し、翌嘉暦三年十月、「奥州合戦事、以和談之議、高貞、高知等帰参」ということになったのである（「北條九代記」、前出）。十年以上もかかって、しかも鎮圧ではなく、〝和談之議〟をもって、さらに外様御家人の軍勢も使って、ようやく、一得宗被官家の事件を解決したのである。得宗専制政権の不面目は、まさに、覆うべくもなかったのである。

こうして、恐怖政治、弾圧政治、賄賂政治と化し去っていた得宗専制政権の腐敗と堕落は、ここに天下に暴露されてしまった〔注2〕。今まで得宗専制の強圧的な政権の下にひれ伏していた京都政権、荘園領主、外様御家人などは、ここに本格的な幕府討滅運動を展開するようになる。この動きの一端は、安東氏の乱のいまだ終結せざる正中元年（一三二四）九月に起った。いわゆる正中の変である。

このような時期に、幕府では、まだ相かわらぬ政争が行なわれていて、得宗政権の弱化していたことを、さらに世に示していた。元弘元年（一三三一）八月六日、典薬頭丹波長朝、前宮内少輔忠時などと共に御内宿老層の長崎三郎左衛門尉高頼、工藤七郎右衛門入道などが〝陰謀之企〟ありとして、召し捕られ配流されたのである（「北條九代記」）。この事件は、内管領長崎高資の「驕ノアマリニ（中略）、高時モカレカ振舞ヲ奇怪ニ思ヒ、ヒソカニ長崎ノ三郎左衛門尉高頸（「北條九代記」では高頼）ニ申合セテ、高資ヲ可被誅由ヲ謀」ったことが原因であった（「異本伯耆巻」）。得宗高時までが、自己の被官を誅するのに、その一族である長崎高頼と〝ヒソカニ〟〝申合セ〟なければならなかったのである。そして、結果的には、得宗高時の命令によって動こうとした長崎高頼、工藤七郎、丹波長朝らのほうが、〝陰謀之企〟ありとして追捕されているのである。この段階では、得宗高時じたいがロボットとなってしまっていたのである。

ふりかえって考えると、得宗専制政権は、鎌倉中末期の社会全般において表面化してきていた銭貨の流通、商業の開始等々の変革に対して、一処懸命の地にしがみつく封建的在地領主である武士層の代表としてこれを抑圧する使命を帯びて成立したものであった。銭貨の流通を禁じ、徳政令を布告するなどは、その階級的使命に応じて行なったものとも見做し得る。ところが、このような使命を帯していた政権を荷っていた得宗被官のなかから、借上げを行なって有徳人となって行った安東平右衛門入道蓮聖などを生み出すにいたっては（佐藤進一氏『幕府論』）、なにをかいわんやである。

また、その使命達成のために権力の維持強化を計った得宗家は、その結果として、有力外様御家人の抑圧を行なうことになってしまうという矛盾も生ずるし、その弾圧政治の下において、社会からの脱落者を多数生み出してゆき、その反抗の的となってしまうのである。いわゆる悪党が、これである。

得宗家が、全国にわたって有した所領所職に対して、一族一門を配置して、北條一族における血縁原理に基づいて旧来からの惣領制的支配を強化していたとき、社会全般では、血縁原理に基づく結合は薄れてゆき、守護を中核とした地縁結合が進行してゆき、守護被官制成立への道を辿っていた。

こうして、得宗家が、その階級的な使命としての社会の進行を抑止しようとして、権力の集中を行なえば行なうほど、社会全体からの抵抗を受けることになる。権力を集中すればするほど、その権力の尖端は細くなり、結果として支持勢力をますます失い、その基盤は狭小なものとなってゆく。

一私家に集中された権力は、あらたなる矛盾と反抗を生み、抵抗を激化させる。これに対して強権を発動するの止むなきにいたれば、なおさら抵抗を強力なものにしてゆく。こうして、鎌倉末期における圧制と抵抗の関係はいたちごっこのかたちをとって、しだいに膨れ上ってゆく。このようなときに、奥州安東氏の乱は、得宗政権の弱点を明確に世上に知らしめたのである。これを知った反幕勢力は、一挙に各地に蜂起した。

元弘三年（一三三三）五月二十二日、得宗高時と側近の得宗被官たち数百名は、鎌倉葛西ヶ谷の東勝寺において、紅蓮の炎の中で消えて行った。

〔注1〕欠年三月十三日付「金沢貞顕書状」に（『金沢文庫古文書』六八四号）、「宗正与党拷問白状等」とあって拷問が行なわれたことが知られる。弘安七年（一二八四）八月には、北條「修理亮時光越後守時盛息陰謀事露顕之間、種々拷試之後、配流佐渡国、満実法師同意云々」とあり（「北條九代記」『続群書類従』雑部）、正応三年（一二九〇）十一月には、「六波羅本部時輔次男、憑三浦介入道忍来。仍搦進之。種々拷訊、同十一月被刎首」ともあり、元徳三年（一三三一）六月にも、日野俊基、文観、円観らに対して「及拷訊」んだことが、「北條九代記」に記されている（『続群書類従』雑部）。〝拷問〟〝拷訊〟、ともに弾圧政治、恐怖政治にはつきもののことであった。

〔注2〕幕府政治が混乱していることが暴露されると、一種ひょうきんな感さえも与えかねない濫訴も行なわれている。

正慶元年（一三三二）九月二十三日および同十一月二日付「関東下知状」に見られる訴訟である（『鎌倉幕府裁訴状集』上、三二三号、三二五号）。「承久兵乱之比、地頭名主大略帰遠江守（北條）朝時」したとき、越中国岡成名の名主であった岡成時景もその所領岡成名を朝時に寄進して、地頭代に補任され、代々地頭代官となっていたと称し、同様のことを主張する松重、景式の二人が、事実はまったくそうでないのにもかかわらず、これを主張しているのである。北條氏の権威を藉りようとした在地の者の動きの一種であった。

結　その後の北条氏

元弘三年（一三三三）五月、鎌倉幕府は倒れた。得宗専制政権の枢要の地位にあった者たちは、そのほとんどすべてが戦死あるいは自刃して行った。得宗領、北条氏一門所領などは、一挙に無主の地となった。これらは、「得宗領元弘収公地」として、いったんは、建武政権の手にわたった。建武政権での処理について、『太平記』はつぎのように記している。

相模《（高時）》入道の一跡をば、内裏の供御料所に置かる。舎弟四郎《（泰家）》左近大夫入道の跡をば兵部卿親王《（護良）》に進ぜらる。大仏陸奥守《（貞直）》の跡をば、准后《（廉子）》の御領になさる。此外相州の一族、関東家風の輩が所領をば、指せる事なき郢曲妓女の輩、蹴鞠技芸の者共、乃至衛府諸司官僧まで、一跡二跡を合て、内奏より申給りければ、今は六十六箇国の内には、立錐の地も軍勢に可行闕所は無りけり。

しかし、これがすべて事実であったわけではないことは、元弘三年五月二十九日付「後醍醐天皇綸旨案」（『大日本史料』六之一）、同七月十九日付「後醍醐天皇綸旨写」（同書）、欠年「足利所領書上」（同、六之二）などによって知られる。足利兄弟、新田氏、結城氏、小槻氏、大友氏等々にも与えられている。

豊後国得宗領は「後醍醐天皇朝進分」に指定されて、新田義治が預かり（「大友文書」三）、若狭国国富荘・備前国日笠荘は小槻匡遠の領知分となり（「壬生家文書」）、駿河国入江荘は入江春倫に返付された（『太平記』）。建武四年（一三三七）以降には、多く足利氏の所領となっており、越後国紙屋荘は尊氏が大友氏泰に宛行ない（「大友文書」）、相模国山内荘は、「得宗領闕所之随一」として足利直義が領知し（「円覚寺文書」）、北条氏の出身地、伊豆国北条郡五箇郷は、駿河国金持荘や同沓屋郷とともに直義の所領となり、その地頭職は伊豆国円成寺に寄進されている（「円成寺文書」）。

しかし、世はまだ静かではなかった。若狭国太良荘では、得宗地頭代工藤貞景は、すでに戦死し（『太平記』）、領主権は一時収公ののち、東寺に還付されたが、得宗によって地頭職を奪われた若狭氏の次郎直河とその子季兼が数百騎をもって荘内に楯籠り、農民たちも「関東滅亡後、当荘為当寺（東寺）御領、百姓等為喜悦所」、御修理用途、田畠地子などがさらに賦課されたので、大挙して抗議に出ていた（「東寺百合文書」）。加賀国臨川寺領大野荘と同国倉月荘との間では、得宗が行なった越境がもとで、まだ境相論が続いていた（「大覚寺文書」）。

得宗被官のなかには、奥州曽我氏のごとく、一族が分裂して、一部は宮方に奔ったものも現われて、北条氏与党の乱を始めていた。信濃国諏訪社は、いぜんとして、得宗被官や北条一門と連絡をとっていた。こうして、幕府滅亡の直後から、北条与党の乱は開始されていた。豊前・豊後では規矩高政・糸田貞義、赤橋重時は伊予で、小泉・大河は越後で、紀伊では佐々目僧正などと、北条与党の乱は各地で頻発した。建武元年（一三三四）三月には、本間、渋谷の輩は鎌倉奪還を計って、鎌倉の地に突入までしている。ついに、京都においても、高時の弟泰家が西園寺公宗とともに後醍醐天皇暗殺の陰謀を企らんでいた。〔注1〕

なかでも、高時の遺児松寿丸は、相模次郎時行と称して、建武二年（一三三五）七月、諏訪照雲・時継父子に擁されて挙兵し、滋野一族、三浦公入道、若狭五郎、芦名判官入道、那和左近大夫、清久山城守、塩谷民部大輔、工藤四郎左衛門などを糾合して、信濃国守護小笠原貞宗の軍を破り、ついに、足利直義を追い落として、一時的ではあったが、鎌倉奪還に成功している。時行の鎌倉占領は、わずか二十日あまりにすぎなかったが、その間、先代をまねて、得宗家公文所を復活して、文書発行のことも行なっている〔注2〕（正慶四年八月十二日付「北條時行奉行等連署状」、「法華堂文書」『鎌倉市史』史料篇第一）。

その後の二十年間、北條時行は南朝に与同して南北朝内乱を戦い抜いている。文和二年（一三五三）には、再度、鎌倉の地を奪回したが、ついに捕らわれ、同年五月二十日、鎌倉郊外竜口において斬首されておわっている（「鶴岡社務記録」）。

〔注1〕　山路愛山氏『足利尊氏』は、この北條与党の乱を一括して記されている。

〔注2〕　北條時行の乱を、〝中先代の乱〟と呼ぶ。

附録

(一) 北條氏一門庶家苗字一覧
(二) 得宗被官家苗字一覧
(三) 北條氏所領概略一覧
(四) 得宗関係論文一覧

㈠　北條氏一門庶家苗字一覧

○アカバシ　赤橋（鶴岳八幡赤橋）
極楽寺長時男義宗―久時―守時（盛時）―益時

○アキ　安芸（安芸国）
時房―時直―清時―時俊―貞俊

○アソ　阿曽、阿蘇（肥後国阿蘇郡）
1　時頼男宗時―時守―時治
2　時氏男時定―定宗―随時

○アソヌマ　阿曽沼（常陸国阿曽沼）
伊時

○アマナワ　甘縄（鎌倉郡甘縄郷）
金沢顕時男顕実（宗顕）―時顕

○イグ　伊具（陸奥国伊具郡）
義時男有時┬通時―時高―時清
　　　　　└兼義―宗有

○イトダ　糸田（豊前国田川郡糸田）
金沢顕時弟実政男政顕男貞義

○ウリヅラ　苽連（常陸国那珂郡爪連郷）
時頼男時厳男貞国
注　桜田ともいう。

○エマ　江間、江馬（伊豆国田方郡江間郷）
義時┬泰時
　　└朝時┬光時―親時
　　　　　└時章―公時

┌篤時┬公篤
　　　└時見

注　得宗二代と名越系と一致する。

○オオガ　淡河（播磨国美嚢郡淡河カ）

時房男時盛男時治

注　佐介ともいう。

○オカノ　岡野（豊臣秀吉の命による）

時行の末流、戦国末期

○オサラギ　大仏（鎌倉郡深沢郷大仏）

時房男朝直—宣時—宗泰—貞直

○オワリ　尾張（尾張守）

名越朝時男時章—公時—時家

○カズサ　上総

注　規矩と同じ。

○カナザワ　金沢（武蔵国久良岐郡金沢郷）

義時男実泰—実時—実村—顕時—貞顕—貞将

注　亀谷とほぼ一致する。

○カメガヤツ　亀谷（鎌倉郡亀谷郷）

義時男実泰—実時—実村—顕時

注　金沢とほぼ一致する。

○カツタ　刈田（陸奥国刈田郡）

名越時章男篤時—公篤

○キク　規矩（豊前国規矩郡）

金沢顕時弟実政男高政

○コウズケ　上野（上野国）

○ゴカン　後閑（上野国碓氷郡後閑郷カ）

政村孫政時

○ゴクラクジ　極楽寺（鎌倉極楽寺）

義時男重時—業時—時兼—基時（普恩寺）

○サガミ　相模（相模守）

相模守就任者

○サクラダ　桜田（武蔵国荏原郡桜田郷カ）

時頼男時厳—┬師頼
　　　　　　└貞国

注　貞国は茋連ともいう。

○ササメ　佐々目（鎌倉佐々目谷と武蔵国足立郡笹目郷の両説あり）

1　経時男頼助

2　義時男有時男兼義男有助

○サスケ　佐介、佐助（鎌倉佐介谷）

1　時房男時益—┬時景—信時
　　　　　　　└時治
　├（時直）—（清時）—（時俊）—貞俊

2　宗直

注　時治は淡河ともいう。

○シオダ　塩田（信濃国塩田荘）

極楽寺重時男義政—国時—俊時

○タナカ　田中（伊豆国狩野荘田中郷）

時行の末、後北條氏家臣。

○タネガシマ　種子島（大隅国種子島）

時政養子時信（信基ともいう。平清盛孫行盛男）—信式—信真—真時—時基—時充

○タブセ　田伏（常陸国茨城郡田伏郷）

○タンバ　丹波（丹波国）

時守

○トウゼンジ　東漸寺（不明）

名越朝時孫長頼男宗長（定長）―夏時

○トウトミ　遠江（遠江国カ）

┌三郎
└助四郎

○トキワ　常葉、常盤（鎌倉郡常葉郷）

1 極楽寺重時男時茂―時範（時治）―範貞―重貞

2 泰時男政村

○ナゴエ　名越（鎌倉郡名越）

1 時政

2 義時男朝時┬光時
　　　　　　└時章―公時┬時家―貞家―高家―高邦（郡）
　　　　　　　　　　　　└公貞┬時有―時兼
　　　　　　　　　　　　　　　└有公

3 時房孫時員男時国男時元（越中）

4 時有甥貞持（越中）

5 時如（陸奥）

○ヒゴ　肥後

種子島と同じ

○ヒラノ　平野（尾張国海東郡平野邑）

時政十三代政持男宗長―宗房（戦国期カ）

注　横井・横江と同じ。

○フオンジ　普恩寺

極楽寺重時孫時兼男基時―仲時

○マツザキ　松崎

仲時の子松寿丸友時

○ムサシ　武蔵（武蔵守）

○ムツ　陸奥（陸奥守）

常葉維貞┬家時
　　　　└家直

○ヨコイ　横井（尾張国横江村の訛伝）

時行四世時利男時永―時勝―時延―時泰

注　平野・横江と同じ。

○ヨコエ（尾張国横江村）

時行四世時利

注　平野・横井と同じ。

〔他に徴証完備せざるもの〕

赤江橋　麻生野　天宅《アマノヤ》　石井（越後国沼重郡石井カ）　石橋　越後　太田　川端　久芳《クバ》　桑畑　新開　駿河　高倉　高見　鎮西　戸塚　御器所《ゴキソ》　託摩

(二) 得宗被官家苗字一覧

ア

アイダ　合田(会田)
アイバラ　粟飯原
アオト　青砥(青戸)
アオヤギ　青柳
アサバ　浅羽
アシハラ　芦原
アザブ　麻生→アソウ
アソ　阿蘇→ウジ
アソウ　麻生
アダチ　足立
アヅサ　梓
アラカワ　荒河
アホ　安保
アマノ　天野
アリガ　有賀
アワイバラ　粟飯原→アイバラ
アワヤゲ　粟屋毛
アンドウ　安東(安藤)

イ

イイヌマ　飯沼
イガ　伊賀
イケダ　池田
イシオカ　石岡
イシカワ　石河(石川)
イシコ　石河→イシカワ
イズ　伊豆
イチノミヤ　一宮
イナヅ　稲津
イマヨシ　今吉
イリエ　入江
イワナ　岩名

ウ

ウエハラ　上原
ウジ　宇治
ウチジマ　内嶋
ウヌマ　鵜沼
ウマ　宇間
ウラガミ　浦上

エ

エビナ　海老名
エマ　江間(江馬)

オ

オオカタ　大方
オオカワ　大河
オオクラ　大蔵
オオセ　大瀬
オオタ　太田
オオタカ　大鷹(大高)
オオノ　大野
オオモリ　大森
オオヤ　大宅→オオヤケ
オオヤケ　大宅
オガサワラ　小笠原
オカダ　岡田
オカムラ　岡村

オガワ　小河（小川）
オキツ　興津（息津）
オギノ　荻野
オグシ　小串
オクヤマ　奥山
オノザワ　小野沢
オワリ　尾張

カ

カイ　甲斐
カイブ　海部
カサマ　笠間
カジ　加治
カシワマ　栢間（柏間）
カスガ　春日
カスヤ　糟屋（粕谷）
カセ　加世
カタホ　片穂（方穂）
カトウ　加藤
カナクボ　金窪
カナザシ　金刺
カノウ　狩野
カミ　神
カワイ　河井
カンダ　神田

キ

キジマ　木嶋
キヅ　木津
キラ　吉良
キヨハラ　清原

ク

クズヤマ　葛山
クドウ　工藤
クナイ　宮内
クニゴウ　救二郷
クラス　倉栖
クラミ　倉見
クリハラ　栗原
クロヌマ　黒沼
クロス　黒須
クワバラ　桑原

コ

コイズミ　小泉
コイデ　小井弖（小出）
コウマ　小馬
コウジマ　幸島
コオリ　桑折
コセ　巨勢
ゴダイイン　五大院
ゴトウ　後藤
コハヤカワ　小早川
コマ　高麗

サ

サイトウ　斎藤
サカオ　坂尾
ササフ　佐々布（ササメか）
サソク　佐束
サツマ　薩摩
サトウ　佐藤
サノ　佐野

シ

シアク　塩飽
シキ　志岐
シダ　信太（志田）
シノダ　信太──→シダ
シブカワ　渋河
シブヤ　渋谷
シホダ　四方田
シマダ　嶋田
シムラ　志村
シモゴウ　下郷
シモコウベ　下河辺──→コウジマ
シモウサ　下総
シモヤマ　下山
シュクヤ　宿谷──→ヤドヤ（宿屋）

ショウ　荘
シライ　白井
シンガイ　新開

ス

スギタニ　杉谷
スダ　隅田
スワ　諏訪(諏方)
スワベ　諏訪部

セ

セイ　清→キヨハラ
セキ　関
セキヤ　関屋

ソ

ソガ　曽我

タ

タイラ　平→ミウラ
タガ　多賀
タカイ　高井
タカハシ　高橋
タガヤ　多賀谷
タカヤナギ　高柳
タグチ　田口
タケダ　武田
タジマ　但馬
タジリ　田尻
ダテ　伊達→コオリ

チ

チカマ　千竈(近間)
チク　知久
チクブ　竹生
チダ　千田

ツ

ツネトミ　恒富
ツヤ　津屋

テ

テラダ　寺田

ト

ドイ　土肥
トットリ　鳥取
トノオカ　殿岡
トメ　登米
トモノ　伴野
トヨタ　豊田

ナ

ナイトウ　内藤
ナガイ　長井
ナガエ　長江
ナガサキ　長崎
ナカゼキ　中関
ナカツカサ　中務→ウマ
ナカノ　中野
ナバ　那波
ナンジョウ　南條
ナンブ　南部→ハキイ

ニ

ニカイドウ　二階堂
ニッタ　仁田(新田)

ヌ

ヌイドノ　縫殿

ノ

ノイヨ　野井与
ノダ　野田
ノベ　野辺
ノミ　能見
ノヨ　野与→ノイヨ

ハ

ハタノ　波多野(秦野)
ハキイ　波木井
ハブ　埴生
ハヤキ　早岐
ハヤシ　林
ハラ　原
ハラダ　原田
ハルチカ　春近
バン　伴
バンノ　伴野→トモノ

ヒ

ヒゴ　肥後
ビトウ　尾藤
ヒサドコロ　久所
ヒラオカ　平岡
ヒライデ　平出
ヒラノ　平野
ヒルカワ　蛭河

ヒロサワ　広沢
ヒロセ　広瀬

フ

フジ　富士→ヤタベ
フジ　藤→フジワラ
フジサワ　藤沢
フジワラ　藤原
フセ　布施
ブンゴ　豊後

ヘ

ヘイ　平→ミウラ
ヘイ　閉伊

ホ

ホアシ　帆足
ホンマ　本間

マ

マキ　牧
ママベ　真々部
マユミ　真弓
マンネン　万年

ミ

ミウラ　三浦
ミシマ　三嶋→ヤタベ
ミス　三栖
ミズタニ　水谷
ミズハラ　水原
ミヤウチ　宮内→クナイ

ム

ムトウ　武藤
ムナカタ　宗像

モ

モク　木
モジ　門司
モロオカ　諸岡

ヤ

ヤシハラ　芦原→アシハラ
ヤダ　矢田
ヤタベ　矢田部
ヤドヤ　宿屋（屋戸矢、宿谷）
ヤノ　矢野
ヤマザキ　山崎
ヤマダ　山田
ヤマノウチ　山内
ヤワタ　八幡

ユ

ユウキ　結城

ヨ

ヨコミゾ　横溝
ヨシオカ　吉岡

ラ

ランノ　嵐野（藍野）

ワ

ワク　和久
ワクリ　和久里→ワク
ワダ　和田→タカイ
ワタヌキ　綿貫
ワタリ　亘理

三 北條氏所領概略一覧

〔山城国〕（出典）
京都家地（綾小路北河原東） 文治二・七・二十七 鏡
上久世荘 嘉元二・十・十七 東寺百合文書、を三三
醍醐寺東院西角房山地 建暦元・七・十五 鎌遺、一八八二号
江□荘 〃
竹田荘 文永十・六・一 鎌遺、一一三三五号
芹河荘 東寺百合文書、な一―一〇
下久世荘 康永四・八 東寺百合文書、京―一五

〔大和国〕
波多荘 貞応元・九・二十七 鎌遺、三〇〇二号

〔河内国〕
大窪荘 永仁六・十・十七 鎌倉市史、史料編二、三一頁
新開荘 弘安四・三・二十一 金剛三昧院文書
若江郡八尾則光名 寛元元・十一 鎌遺、六二五六号

〔和泉国〕
山直郷四箇里内包近領 宝治二・十二・五、鎌遺、七〇一五号
〃 中村新荘 暦応元・十一・十八 久米田寺文書
〃 寺本 〃
吉田郷 嘉禎三・六・一 鏡

〔摂津国〕
生魂新荘 嘉元四 御料地史稿、三八三頁
福島荘 〃
美作荘 建武元・正・十 大日本史料、六之四

多田荘　嘉禎四・五　十一　鎌遺、三八二号

〔伊賀国〕

予野荘　安貞三・三　鎌遺、三七三七号

黒田荘　文治二・七　鎌遺、一三三号

若林御園　文治四・二・四　鎌遺、三〇九号

〔伊勢国〕

笠間荘　元弘三・七・十九　大日本史料、六之二一、一四一頁

荘田方　正和三・八・二十七　鎌倉幕府裁許状集、下、七四頁

箕田大功田　寛元四・三・二十九　鎌遺、六六五六号

柳御厨　元弘三・七・十九　大日本史料、六之二一、一四一頁

勾御厨　貞応元・三・三　鏡

丹生山　〃

南堀江　〃

永恒　〃

黒田御厨　〃

原御厨　永仁六・十・十七　鎌倉市史、史料編二、三一頁

所在不明十六ヶ所　貞応元・三・三　鏡

大類　建長二・十・二十　鎌遺、七二三六号

〔尾張国〕

富田荘　弘安六・三・二十五　鎌倉市史、史料編二、七頁

富吉加納　弘安六・七　鎌倉市史、史料編二、七頁

篠木荘　正応六・六・二十五　鎌倉市史、史料編二、二五頁

大縣社　建長二・十一　鎌遺、七二五〇号

玉江荘　欠年　比志島文書、大日本史料、六之二一、八五三頁

得重保　〃

羽黒荘内中津留村　欠年　入来文書、一七六頁

〔三河国〕

重原荘　欠年　比志島文書、大日本史料、六之二一、八五三頁

小山辺荘　〃
二宮荘　〃
渥美郡内牟呂草間郷　欠年　結城文書、福島県史、七巻、三七一頁

〔遠江国〕

麁玉郡宮口郷　暦応二・四・五　鎌倉市史、史料編一、一七頁
原田荘細谷郷　元徳三・十二・二十七　鎌倉幕府裁許状集、上、三九八頁
渋俣郷　元弘三・七・十九　大日本史料、六之二一、一四一頁
蒲御厨　建治八・六　鎌遺、九二一一号
河村荘　建久二・十一・二十三　鏡
大池荘　元弘三・七・十九　大日本史料、六之二一、一四一頁
池田荘　欠年　比志島文書、大日本史料、六之二一、八五三頁
谷和御　〃
守狩郷　〃
下西郷　〃

〔駿河国〕

益頭荘　文治四・六・四　鏡
伊賀留美郷　寛元五・二・十六　鎌遺、六八〇二号
大岡牧（荘）　元弘三・七・十九　大日本史料、六之二一、一四一頁
入江荘　太平記、巻十三
有度郡池田郷　延慶四・正・十九　鎌倉市史、史料編、一、一〇頁
金持荘沢田郷　暦応二・四・五　静岡県史料、一輯、二九五頁
〃　沓屋郷　〃
富士郡　文治三・十二・十　鏡
〃　上方上野郷　徳治二・二・十七、静岡県史料、二輯、四六一頁
〃　上方重須郷　康永三・卯・二十一　静岡県史料、二輯、四〇九頁
賀島荘　文永五・八　鎌遺、一〇二九八号
蒲原荘　元徳三・十一・十八　静岡県史料、二輯、四七三頁
興津郷　安貞三・二・十三　静岡県史料、二輯、七四、

六頁
かまたの郷　正応五・三・二十六　岩手県中世文書、上、一一頁
泉　荘　欠年　比志島文書、大日本史料、六之二一、八五三頁
佐野荘　〃
名　取　元応元・十二・三十　岩手県中世文書、上、二五頁
安部郷　建武三・十・十　大日本史料、六之三、八三一頁
沼津郷　建武三・十・十五　大日本史料、六之三、八三九頁

〔伊豆国〕

北條郡　文治五・六・六　鏡
土肥荘　元亨三　鎌倉市史、史料編二、七六頁
三浦荘(三津荘ヵ)　元弘三・十一・二十二　鎌倉市史、史料編一、一五八頁
仁科荘　建暦元・七・十八　鎌遺、一八八三号
三島大社　元久二・二・二十九　鎌遺、一五二四号
桑原郷　建仁二・六・一　鏡
糠田郷　新編追加　鎌遺、九〇三九号
郡宅郡市原　延文六・六・一　静岡県史料、一輯、一六八頁
田方郡南條郷　延慶二・二・二十三　静岡県史料、二輯、四六三頁
田方郡白浜村　暦応三・六・十九　静岡県史料、一輯、四五一頁
田方郡奈古谷郷　欠年　比志島文書　大日本史料、六之二一、八五三頁
江間郷（荘）　養和元・四・七　鏡
阿多美郷　建保元・十二・十八　鏡
仁田郡畑毛村　弘長三・六・八　静岡県史料、二輯、四五九頁
安富郷　弘安七・七・二十三　岩手県中世文書、上、八頁
宇久須郷　欠年　比志島文書　大日本史料、六之二一、八五三頁
寺宮荘　建久元・九・二十一　鏡
馬宮荘　〃

〔甲斐国〕

安村別符　元弘三・七・十九　大日本史料、六之二一、一四一頁
大石禾郷　嘉元三　金沢文庫古文書、一四号
甘利荘　文永八・四・二十七　日本の古文書、下、一六三号

〔相模国〕

三浦郡　建武二・九・二十七　大日本史料、六之二、六〇九頁
北成田郷　建武三・十・十　大日本史料、六之三、八三一頁
一宮内大上□□□　欠年　入来文書、一七六頁
河内郷　建武元・四・十　大日本史料、六之一、五一六頁
糟屋荘　欠年　比志島文書　大日本史料、六之二一、八五三頁
壊島郷　〃
田村郷　〃
治須郷　〃
絃間郷　〃
奥三保屋形山　元亨三　鎌倉市史、史料編二、六七頁
山内荘　建暦三・五・七　鏡
大井荘内菖蒲　〃
吉田荘　正応四・八・二十八　鎌倉幕府裁許状集、上、二五一頁
波多野荘南方　文保二・二・二十八　相州古文書、一巻、二三二頁
西郡長墓郷　治承七・七・二十五　静岡県史料、一輯、四二四頁
鵜沼　欠年・二・二十六　金沢文庫古文書、二巻、二七頁
懐島　欠年　比志島文書　大日本史料、六之二一、八五三頁

〔鎌倉屋地〕

(名越、時政)　建久三・七・十八　鏡
(安田義定跡、義時)　建久五・閏八・七　鏡
(大倉、義時)　正治二・五・二十五　鏡
(小町、泰時)　承元四・十一・二十　鏡
(大倉、政子)　建保元・五・四　鏡
(大倉、時房)　建保元・十二・一　鏡
(荏柄前和田胤長跡、義時)　建保元・三・二十五　鏡

(時房)	承久元・正・十五	鏡
(小町、泰時)	承久二・二・二十六	鏡
(工藤氏)	承久二・正・二十九	鏡
(行念)	承久二・十・十一	鏡
(政所前、尾藤氏)	嘉禄二・十二・十三	鏡
(〃、平盛綱)	〃	
(時実)	嘉禄二・十二・二十	鏡
(名越、朝時)	安貞元・十二・十四	鏡
(宇津宮辻子、時房)	安貞元・二・八	鏡
(名越、時幸)	寛喜三・正・二十五	鏡
(宇津宮辻子、泰時)	嘉禎二・十二・十九	鏡
(その南門東脇、尾藤氏)	〃	
(その南門西脇、平氏)	〃	
(平氏宅の並、大田氏)	〃	
(その南角、諏訪氏)	〃	
(その北門東脇、万年氏)	〃	
(その西、安東氏)	〃	
(安東氏宅の並、南條氏)	〃	
(大御堂、政子)	貞応二・二・二十七	鏡
(有時)	嘉禎四・正・二十	鏡
(南深沢、高井氏)	仁治二・五・一	鎌遺、五八二七号
(巨福礼、泰時)	仁治二・十・三十	鏡

(宇津宮辻子、朝直)	寛元三・五・二十三	鏡
(小町、経時)	寛元三・六・十七	鏡
(名越、時章)	宝治元・十二・五	鏡
(法華堂前、実時)	宝治元・正・十二	鏡
(三浦盛時)	建長二・六・十九	鏡
(甘縄、時定)	建長三・二・十	鏡
(甘縄、時隆)	〃	
(宇津宮辻子、朝直)	建長三・十二・十七	鏡
(安東氏)	建長六・二・四	鏡
(山内、時頼)	建長六・六・十五	鏡
(佐介、時盛)	寛元四・六・二十七	鏡
(常葉、政村)	康元元・八・二十	鏡
(若宮大路、業時)	正嘉元・十一・二十二	鏡
(山内、諏訪氏)	正嘉二・八・十七	鏡
(名越、時基)	正嘉二・五・八	鏡
(山内、伊具)	正嘉二・八・十六	鏡
(極楽寺、重時)	弘長元・四・二十四	鏡
(名越、時章)	弘長元・七・十三	鏡
(亀谷、実時)	弘長二・三・二十一	関東往還記
(宇津宮辻子、業時)	弘長三・正・十八	鏡
(名越、時基)	弘長三・八・九	鏡
(名越、公時)	弘長三・十二・二十八	鏡

(津村、高井氏)　弘長四・三・十一　奥山荘史料集一〇一頁
(宗政)　文永二・七・十　鏡
(政村)　文永二・七・十六　鏡
(薬師堂ヶ谷、教時)　文永三・七・四　鏡
(塔の辻、教時)　文永三・七・四　鏡
(山内、平氏)　建治三・十二・二十七　建治三年日記
(甘縄、高井氏)　建治三・十一・五　奥山荘史料集一〇一頁
(由比、高井氏)　永仁二・六・十二　奥山荘史料集一〇四頁
(若宮大路、時村)　永仁元・三・二十三　北條九代記
(南條氏)　延慶二・二・二十三　静岡県史料二輯、四六一頁
(西御門、工藤氏)　元亨三・十一・三　岩手県中世文書、上、二九頁

〔武蔵国〕

比企郡南方石坂郷　建治三・正　鎌倉幕府裁許状集、上、一八六頁
都筑郡麻生郷　欠年　比志島文書　大日本史料、六之二一、八五三頁
久良郡　〃
桑塚　〃
足立郡　〃
足立郡佐々目郷　北條系図、佐々目僧正
足立郡大谷郷　建武元・四・十　福島県史、七巻、七七八頁
入東郡横沼郷　正嘉元・十一・二十八　鎌遺、八一六八号
太田荘　寛喜二・正・二十六　鏡
秩父郡直弘名　元亨二・三　埼玉の中世文書、二五二頁
高麗郡東平沢　正慶二・三・二十八　岩手県中世文書、上、三四頁
六郷保大森郷　明徳二・十二・二十五　荘園志料、下、一七五五頁
六浦荘　宝治元・六・六　鏡

〔安房国〕

天津　日蓮上人註画讃、十一
北郡　(弘安八・十一・十七　北條九代記)

〔上総国〕（岡田清一氏「鎌倉政権下の両総」「両総における北条氏領」）

畔蒜南荘亀山郷　弘安六・七　鎌倉市史、史料編二、七頁

市原荘　欠年・十二・十三　長崎高資書状、尊経閣文書

武射郡小松村　観応三・七・四　鎌倉市史、史料編一、三〇四頁

梅佐古村　建武二十・九・二十四　足利尊氏寄進状、三宝院文書

橘木荘　欠年・二・二十四　千葉県史料、中世編、諸家文書、二三一頁

与宇呂保　欠年　金沢文庫古文書、一輯、二四二頁

飯富荘　建暦二・五・七　鏡

〔下総国〕（岡田清一氏「鎌倉政権下の両総」「両総における北条氏領」）

埴生荘　建長三・十二・七　鏡

印西荘　寛元元・十一・十一　千葉県史料、中世編、諸家文書、三三頁

平塚郷　〃

豊田郡大方郷　〃

下河辺荘　文永十二・四・二十七　鎌遺、一一八七七号

東荘上代郷　元亨元・六・二十二　金沢文庫古文書、五三〇八号

大須賀保毛成村　延慶元・十二・二十五　鎌倉市史、史料編二、五〇頁

〃　草毛村

〔常陸国〕（石井進氏「鎌倉時代の常陸国における北条氏所領の研究」）

田中荘　欠年　比志島文書　大日本史料、六之二一、八五三頁

北郡　〃

那珂東郡　〃

吉田郡吉田郷　延元四・三・二十三　吉田薬王院文書、一八号

〃　恒富　石川氏文書、新編常陸国誌

下妻荘　永仁五・閏十・十三　大宝八幡宮文書

わかもり郷　嘉元四・四・十四　鹿児島県史料拾遺X

田村の村　元亨三・十一・三　岩手県中世文書、上、七九号

惣社敷地　欠年　常陸惣社文書、茨城県古文書集成、二

三号

信太荘　元徳元・十一・七　鎌倉幕府裁許状集、上、三九四頁

真壁荘竹来郷　正和元・七・二十三　茨城県史料、中世編一、二四四頁

伊佐郡平塚郷　応安元・閏六・十二　茨城県史料、中世編一、二四二頁

東岡田郷　元弘三・八・七　大日本史料、六之一、一八二頁

苽連　正宗寺本北條系図

大窪郷内塩片倉村田在家　正安三・三・三　鎌倉幕府裁許状集、上、三〇〇頁

小牧村　欠年　鹿島神宮文書、茨城県史料、中世編一、二五〇頁

方穂荘　弘安二　茨城県史料、中世編一、三七五頁

阿曽沼郡(下野カ)　建武三・七　関城繹史

伊佐郡　弘安七　鎌倉年代記

〔近江国〕

栗本郡正楽名　正和二・九・十二　岩手県中世文書、上、二二頁

柏木御厨　欠年　金沢文庫古文書、一輯、一二七号

池田荘　欠年　比志島文書、大日本史料、六之二一、八五三頁

岸下御厨　〃

広瀬荘　〃

報恩寺　正応元・十一・二十一　鎌倉市史、史料編一、七頁

多賀社　嘉暦元・十二・二十三　多賀神社文書、一九号

〔美濃国〕

中川御厨　建武四・八・十三　岐阜県史、中世、五六五頁

高城　貞永元・十一・十三　鏡

大榑荘　〃

西郡　〃

春近名　〃

〔信濃国〕　(湯本軍一氏「信濃国における北條氏所領」)

住吉荘　建武二・九・二十七　大日本史料、六之二、

六一〇頁
春近領内志久見郷　元仁二・九・九　鎌遺、三四〇四号
太田荘　文永十二・四・二十七　鎌遺、一一八七七号
深田郷　弘長三・三・十七　鏡
春近領内船山郷　嘉暦四・三　信濃史料、五巻、七〇頁
四宮荘　貞和二・六・十八　信濃史料、五巻、五三七頁
小泉荘　延応元・七・十五　鏡
塩田荘　建治三・五・二十八　北條九代記
大井荘　文治四・六・四　鏡
伴野荘　嘉暦四・三　信濃史料、五巻、七〇頁
捧荘　〃
浅間郷　〃
伊賀良荘　〃
志賀郷　〃
坂木　〃
春近領内小井弖郷　建長四・八・七　鎌遺、七四六三号
春近領二吉郷　〃
〃赤須郷　応永元・二・十五　大塔軍記
〃名子郷　応安六・四　空華日用工夫略集
〃片桐郷　〃
諏訪社　承久三　諏訪大神宮絵詞

水内郡こいの郷　正和二・六・三　岩手県中世文書、上、二一頁
中野御牧　元弘三・五・八　信濃史料、五巻、一九一頁
湯山荘　元弘三・五・十八　信濃史料、五巻、一九二頁

〔上野国〕

佐貫荘　永仁元・十・六　静岡県史料、一輯、四三〇頁
北玉村　弘安九・正・二十三　鎌倉市史、史料編二、二二頁
淵名荘　文永九・十一・十八　鎌遺、一一一四六号
新田荘　建武二・九・二十七　大日本史料、六之二、六〇九頁
下佐貫内羽弥継　建武元・五・三　大日本史料、六之一、五五二頁
甘羅郡　鑁阿寺系図

〔下野〕

塩谷荘　欠年・正・十五　金沢文庫古文書、二輯、八

〇頁

〔陸奥国〕（豊田武・遠藤巌・入間田宣夫氏「東北地方における北條氏の所領」）

石河荘　元亨三　鎌倉市史、史料編二、七六頁
白河荘　建武三・三・三　福島県史、七巻、五六二頁
会　津　元弘三・七・十九　福島県史、七巻、八六四頁
泉荒田　〃
安積郡　元弘三・五・二十三　大日本史料、六之一九、六一頁
伊具荘　北條系図
金原保　元亨三・十一・三　岩手県中世文書、上、二九頁
刈田郡　北條系図
名取郡　宝治元・七・十八　岩手県中世文書、上、六頁
黒河郡　建武三・十一・九　諸家系図　宮城県史、三〇巻
玉造郡　欠年・十二・五　金沢文庫古文書、二輯、二九九頁
遠田郡　建暦三・五・七　鏡
栗原郡二迫　元弘四・二、三十　岩手県中世文書、上、三九頁
平泉保　弘安十　奥州平泉文書、二一頁
津軽四郡　建保七・四・二十七　岩手県中世文書、上、一頁ほか
外　浜　欠年　比志島文書　大日本史料、六之二一、八五三頁
糠部郡　〃
好島荘　延慶元・十二・二十五　鎌倉市史、史料編二、五〇頁
依上保　延元二・四・十二　大日本史料、六之四
行方郡　元亨元　福島県史、七巻、一一五頁
宇多荘　建武二・七・三　福島県史、七巻、五一八頁
岩瀬郡　延元四・九・十六　福島県史、七巻、四四七頁
安達荘　弘安八　福島県史、一巻、四〇八頁
伊達郡　建武五・後七・二十六　福島県史、七巻、六三〇頁
標葉郡　元亨四・六・二　福島県史、七巻、一五五頁
亘理郡　建武四・二・六　福島県史、七巻、一二二頁
志田郡　暦応五・六　箆峯寺一山記録、八巻

牡鹿郡	建武元・八	奥州平泉文書、三八頁
岩井郡	〃	
伊沢郡	〃	
江刺郡	〃	
気仙郡	〃	
興内保	〃	
黄梅保	〃	
奥玉保	正応四・八・十五	金沢文庫古文書、五二二五号
閉伊郡	弘安八・五・二十三	岩手県中世文書、上、九頁
久慈郡	元弘四・六・十二	岩手県中世文書、上、五三頁
田村荘	〃	
柴田郡	〃	
宮城郡	〃	
稗貫郡	〃	
本吉荘	〃	
岩手郡	建武元・九・二十七	静岡県史料、二輯、四七八頁
栗原郡三迫	嘉暦二・十一・十	静岡県史料、二輯、四七二頁
上田荘	欠年	比志島文書 大日本史料、六之二一、八五三頁

〔出羽国〕

寒河江荘	永仁三・後二・二十五	鎌倉市史、史料編二、二七頁
平賀郡	延文四・四・二十	大日本古文書、家わけ十四、五一三頁
屋代荘	欠年・四・五	由良文書 東京大学文学部蔵
大泉荘	〃	

〔若狭国〕 （田中稔氏「鎌倉幕府御家人制度の一考察」）

今富名	寛喜二・六	若狭国税所今富名領主代々次第
国富荘	元亨年間	鎌遺、九四二二号
西津荘	寛喜二・六	若狭国守護職次第
太良荘	延慶四・三	東寺百合文書、二六六―六八
恒枝保	建武元・四	東寺百合文書、ゑ二九下―三七
吉田荘	元亨年間	鎌遺、二四二二号
鳥羽上保	〃	
〃 下保	〃	

開発保　寛喜二・六　若狭国守護職次第
富田郷　元亨年間　鎌遺、二四二二一号
東　郷　〃
織手名　〃
秋里名　〃
佐分郷　寛喜二　若狭国守護職次第
興道寺　元亨年間　鎌遺、二四二二一号
永富保　建武元・六・二十六　東寺百合文書ェ十一―二
四
得吉名　元亨年間　鎌遺、九四二二一号
恒貞浦　〃
友次浦　〃
千代次名　〃
武延名　〃
常満名　〃
吉松名　〃
時枝名　〃
国掌名　〃
七郎丸名　〃
向笠荘　〃
相意名　〃
是永名　〃
安行名　〃
四郎丸名　〃
佐古出作　〃
東出作　〃
清貞名　〃
汲部浦　元応二・六・六　若狭漁村史料、一三三頁
倉見荘御賀尾浦　元応二・八・十三　〃

〔越前国〕

牛原荘　寛元元・七・十九　鎌遺、六二〇四号
山本荘　永仁六・十・十七　鎌倉市史、史料編二、三一頁
大蔵荘　文治二・九・十三　鏡（越後カ）

〔加賀国〕

得橋郷　徳治三・五・二　鎌倉幕府裁許状集、下、五八頁
大野荘　貞和二・閏九・十九　加能古文書、一七三頁
軽海郷　嘉暦四・七　金沢文庫文古書、二輯、六九一号

笠野荘南方　建武四・五・十八　加能古文書、一四九頁

〔能登国〕

若部保　暦応三・三・六　加能古文書、一五二頁

〔越中国〕

石黒荘　弘長二・三・一　鎌遺、八七七五号

〔越後国〕

大蔵荘　文治二・九・十三　鏡（越前カ）

白河荘　欠年　金沢文庫古文書

奥山荘（金山郷）　正和三・九・二十三　鎌倉幕府裁許状集、上、三四二頁

刈羽郡　正和二・十一・十四　越佐史料、二巻、一七八頁

志土岐荘　欠年・正・十五　金沢文庫古文書、二輯、八〇頁

上田荘　〃

紙屋荘　建武四・五・二十二　編年大友史料

〔佐渡国〕

六斗郷　欠年　比志島文書　大日本史料、六之二一、八五三頁

羽持郡　〃

吉岡　〃

〔丹波国〕

成松保　元応二・十・五　鎌倉市史、史料編二、六二一頁

小椋荘　貞和二・六・三　静岡県史料、二輯、四八二頁

由良荘　文治二・九・五　鎌遺、一七〇号

〔但馬国〕

二方荘　暦応元・十一・十八　久米田寺文書、一三六号

小佐郷内恒富名　弘安二・十・十三　鎌倉幕府裁許状集、上、一九七頁

〃　二分方

〔因幡国〕

千土師郷　建武三・十二・一　大日本史料、六之三、九〇〇頁

〔伯耆国〕

北條郷　建長元・十一・三　鎌遺、七一三一号

〔出雲国〕

出東郡漆治郷　延慶三・十二　鰐淵寺文書の研究、二九三頁

揖屋荘　文永八・十一　鎌遺、一〇九二二号

出雲郡建部郷　〃

〃　長江郷　〃

島根郡法吉郷　〃

横田荘　〃

末次保　〃

竹矢郷　〃

大東荘　〃

忌部保　〃

島根郡千酌郷　〃

加賀荘　〃

〔播磨国〕

福居荘　元弘三・七・十九　福島県史、七巻、八六四頁

鵤荘　建長五・八・三　鎌遺、七六〇五号

垂水郷　欠年　比志島文書　大日本史料、六之二一、八五三頁

山下　徳治三・正・二十六　埼玉の中世文書、二五三頁

在田上荘　貞応元・七・二十三　鎌遺、二九八一号

在田下荘　〃

五箇荘　正和四・六・二十一　鎌倉市史、史料編二、五五頁

〔美作国〕

河会郷　寛元四・三・二十九　鎌遺、六六五六号

林野保　建武二・五・七　荘園志料、上、一〇七三頁

〔備前国〕

日笠荘　建武二・八・二十六　大日本史料、六之一、五六七頁

安養寺　宝治二・十一　鎌遺、七〇一四号

〔備後国〕

三津荘　建治二・八　教王護国寺文書、一巻、一七八頁

因島荘　元弘三・十一・三十　大日本史料、六之一、二九六頁

高　野　欠年　比志島文書　大日本史料、六之二一、八五三頁

城　山　〃

〔安芸国〕

可部荘東方　嘉元元・十一・二十七　鎌倉幕府裁許状集、上、三〇九頁

大朝荘内枝村　建武二・九・二十七　大日本史料、六之二、六一一頁

都宇荘　建武三・九・六　大日本史料、六之三、七三五頁

竹原荘　〃

〔周防国〕

仁保荘　元亨四・九・三　三浦家文書、三〇六頁

〔長門国〕

二宮荘　建武三・三　大日本史料、六之三、二六五頁

吉永荘　〃

吉母村　〃

〔紀伊国〕

神野真国荘　嘉暦三・九・九　鎌遺、三六六四号

渋田荘　承久四・四・十　鎌遺、二九四六号

山東荘　〃

〔淡路国〕

志筑荘　貞応二・四　鎌遺、三〇八八号

掃守荘　建武二・二・十　大日本史料、六之二、二七六頁

〔阿波国〕
桑野保　阿波国徴古雑抄
勝　山　仁治二・五・一　鎌遺、五八二九号

〔伊予国〕
久米郡良生名　弘安七・七・二十一　金沢文庫古文書、一輯、三頁
〃　国清名　〃
久米良郷　欠年　比志島文書　大日本史料、六之二一、八五三頁

〔土佐国〕
下津中山　元弘三・七・十九　福島県史、七巻、八六四頁

〔筑前国〕（石井進氏「九州諸国における北條氏所領の研究」）
恰土荘　建武四・十二・二十八　増補訂正編年大友史料、五巻、二五六頁
山鹿荘内麻生荘　建長元・六・二十六　鎌遺、七〇八八号
〃　野面荘　〃
〃　上津役郷　〃
綱分荘内小法師丸名　正応五・三・二十六　岩手県中世文書、上、一一頁
宗像社　文和二・十二・二十五　宗像文書
〃　金丸名　〃

〔筑後国〕（石井進氏、前掲書）
竹野荘　建武二・十二・二十六　大日本史料、六之二、八四一頁
三毛南郷堺村　康永二・四・十　筑前国三池荘史料、四八頁
竹井荘　元徳二・三　熊本県史料、中世篇四
竹野新荘　元弘三・十二・二十二　大日本史料、六之一、三三九頁
三原荘　正中二・三　東寺百合文書、ゆ十四―二一
河北荘　嘉禄三・八・二十一　鎌遺、三六五二号

〔豊前国〕（石井進氏、前掲書）
門司関　欠年　比志島文書　大日本史料六之二一、八

五三三頁
規矩郡　欠年　金沢文庫古文書、五四二三号
糸田荘　太平記、巻十二
吉田荘　観応二・正・二十　熊本県史料、中世篇二
御沓村　建武元・十二・二十二　大日本史料、六之二、
一五二頁
平　嶋　建武五・正・二十三　鶴原文書
上野村　貞和六・十・十　大分県史料、十巻、五一四
頁
吉富名　建治三・十一　鎌遺、一二九二七号

〔豊後国〕（石井進氏、前掲書）

高田荘　建武二・九・二十七　大日本史料、六之二、
六〇九頁
安岐郷成久名　弘安八・九　豊後国図田帳
田染郷吉丸名　〃
石垣荘　文永十・六・九　鎌遺、一一三四二号
大神荘日出津島　弘安八・九　豊後国図田帳
永興寺国分寺内梨畑　〃
臼杵荘　〃
佐賀郷　〃
井田郷　〃
岩室村　建武元・十一・二十五　入江文書、大分県史
料、十巻、三号
来縄郷　欠年　松成文書　大分県史料十巻、二三号
山香郷広瀬　欠年　大分県史料、十一巻、二四頁
速見郡別府　弘安八・九　豊後国図田帳
海部郡　〃
三重郷　元徳三・十・十三　南北朝遺文、二三六号

〔肥前国〕（石井進氏、前掲書）

山田荘　元徳四・正　河上宮文書、佐賀県史料集成、
二巻、一三号
高来西郷　弘安九　比志島文書、四
佐嘉御領　欠年　金沢文庫古文書、五四二三号
安富荘　建治三・六・十三　建治三年日記
防所保　建武元・十二・二十五　後藤家事蹟、一
西防所保　康永二・十一・二十六　山代文書、松浦党諸
家文書、六二号
河副荘　弘安十一・正・十八　高城寺文書　佐賀県史
料集成二巻、一四号
藤津荘　建武二・六・二十　南北朝遺文、二六六号

武雄社　元久元・四・二十二　鎌遺、一四四六号
黒髪社　〃

〔肥後国〕（石井進氏、前掲書）

阿蘇社　建仁三・三・二十九　鎌遺、一三四八号
健軍社　安貞二・六・六　鎌遺、三七五五号
郡浦社　興国三・六・二十七　阿蘇文書、下、一八頁
甲佐社　〃
大　浦　建武二・六・一　大分県史料、十二巻、九五
皆　代　〃
志岐浦　元徳元・十　志岐文書　熊本県史料、四六号
人吉荘北方　正和元・十二・二　相良家文書之一、五号
安富荘　建治三・六・十三　建治三年日記
球磨御領　相良家文書之一、二号
葦北荘内佐敷浦　文保二・七・五　大分県史料、十二巻、八〇頁
〃　久米良木浦　〃
宇土荘　嘉元三　青方文書、一巻、七九号
六箇荘　正和五・五・十二　大分県史料、十二巻、一九一頁
守富荘　正平十一・六　阿蘇家文書、一五二号

〔日向国〕（石井進氏、前掲書）

国富荘　欠年　比志島文書　大日本史料、六之二二、八五三頁
島津荘日向方　〃
田貫田　正安三・十二・十四　日向国荘園史料、一巻、七二頁

〔大隅国〕

島津荘大隅方　建治二・八　薩藩旧記雑録前集、巻五、四四五号
菱刈郡久富名　嘉元三・九・二十六　鎌倉幕府裁許状集、下、一三五頁
多祢島　建武三・六　南北朝遺文、六五六号
岸良村　建武四・十二・二十四　南北朝遺文、一一〇七号

〔薩摩国〕

河辺郡	観応三・正・二十一	大日本史料、六之一六、四八頁
加世田別符	康永二・三・二十六	島津家文書之一、二二一号
清色村	正応四・八・二十八	鎌倉幕府裁許状集、上、二五一頁
入来院内塔原	建長二・四・二十八	鎌遺、七一九五号
新田宮	建仁三・十・二十六	鎌遺、一三九五号

〔所在不明〕

坂本郷（陸奥国亘理郡内カ）	欠年	金沢文庫古文書、一輯、一二七号

〔注〕

一、本表には、得宗領、北條一門領、得宗被官領と思われるものを列挙したが、守護職は省いた。また、神野真国荘や阿多美郷のように、途中で他に返付したものでも、一時はこれに該当したものは含めた。

二、徴証史料については、なるべく『鎌倉遺文』（鎌遺と略す）の号数を示したが、これにないものについても、刊本のある場合にはその書名と頁数あるいは号数を記した。徴証史料多数の場合には、なるべく早期のものあるいはより確実なものを挙げた。

三、一ヶ所も該当のものが管見に入らなかった志摩、飛騨、丹後、石見、隠岐、備中、壱岐、対島の諸国については、項を設けなかった。先日、石井進氏が「中世都市鎌倉研究のために」において、「現在までの検討の結果では、北條氏所領の濃密さの点で九州地域に比肩できるのは駿河・伊豆・南関東などの旧東海道東部と奥羽地方だけのように考えられる」としておられ（『三浦古文化』二六号、四頁、注2）、また、東海道沿いに北條氏領を検出した拙稿でも、西上するにつれて北條氏領が減少していたことを実験的に一望してみたが、畿内および西国、とくに山陰地方には、きわめて北條氏領が少ないことがわかったが、これは、管見から洩れたものも少なくないのではないかと危惧している。『鎌倉遺文』完成のさいには、全国からさらに多数の北條氏所領が検出されるものと信ずる。北條氏所領の全国における分布などに関する考察は、そのときまでの宿題としておきたい。その意味で、本表は中途における中間報告のようなものである。先学諸先生の御教示によって、より完備した表に近づけたいと願っている。なお、九州、東北など先学の研究のある国については、国名の下にその由を記したが、これにのみに拠っているわけではない。

(四) 得宗関係論文一覧

中村不能斉「駁玉襷所載北條泰時論」(1)(2)(『大八洲学会雑誌』一〇・一一、一八九七年・一八九九年)
藤田明「北條義時の墓」(『歴史地理』一―二、一八九九年)
田口卯吉「北條政村」(『史学雑誌』一〇―一〇、〃)
菊池英也「政治上に於ける北條泰時」(『史学界』三―一〜二、一九〇一年)
岡部精一「最明寺時頼の遊歴」(『歴史地理』四―一、一九〇二年)
大森金五郎「北條氏の執権について」(『歴史地理』四―一〇、〃)
三浦周行「北條時宗の贈位に就いて」(『史学界』六―八、一九〇四年)
鷲尾順敬・村上閑堂「北條時頼と寧兀菴」(『禅宗』一五三、一九〇七年)
大内義一「新田北條両氏鎌倉攻守の評価」(『歴史地理』一七―一〜五、一九〇八年)
大森金五郎「平家の滅亡と鎌倉の滅亡と」(〃、〃)
山路愛山『足利尊氏』(時代代表日本偉人伝)(玄黄社、一九〇九年)
長沼賢海「時頼廻国の説を評してその信仰に及ぶ」(『仏教史学』三―二、一九一三年)
八代国治「北條時頼の廻国説を論ず」(『歴史地理』二二―二、〃)
三浦周行「北條時頼廻国論批評」(『歴史地理』二二―四、〃)
瀬川秀雄「北條時頼の廻国説に就て」(『史学雑誌』二四―二、〃)
三浦周行「北條時頼の廻国説批評」(『史学雑誌』二四―六、〃)
黒板勝美「北條氏論」(『日本及日本人』六四六、一九一五年)

三浦周行『歴史と人物（時政・時宗）』（東亜堂書房、一九一六年）
「北條実時と顕時の血族関係について」（『歴史地理』二九—五、一九一八年）
大森金五郎「関東往還記を読む——北條時頼廻国記に及ぶ——」（『歴史地理』三一—五、〃）
久米邦武「国宝蓮華寺過去帳」（『中央史壇』一—四、一九二〇年）
大森金五郎「鎌倉幕府と北條氏」（『中央史壇』一—六、〃）
長尾宗軾『宗演禅師の面目』（隆文館、〃）
大森金五郎「北條時政批判」（『中央史壇』二—五、一九二一年）
龍粛「尼将軍政子」（『中央史壇』三—四、一九二二年）
平泉澄「北條仲時の最後」（『歴史地理』四一—一、一九二三年）
中川泉三「二位禅尼追福の写経と北條時頼菩提の写経」（『歴史地理』四二—二、一九二四年）
大森金五郎『随感随想史伝史話（北條時政批判）』（交友社、一九二五年）
中村祥一『明恵上人と北條泰時』（大調和、一九二七年）
植木直一郎『最明寺入道時頼』（教材講座）（帝国地方行政学会、一九二八年）
山川智応「平左衛門尉頼綱の父祖と其の位置権力及び信仰」（『日蓮上人研究』一、新潮社、一九二九年）
長谷川久一「北條時頼と青砥藤綱」（『斯民』二五—四、〃）
辻善之助「道元と時頼」（『国史学』三、一九三〇年）
鷲尾順敬『仏光禅師と北條時宗公』（円覚寺、一九三一年）
雑賀鹿野「元寇の役と北條時宗」（『国学院雑誌』三七—七、〃）
石光真臣「時難にして時宗公を憶ふ」（〃、〃）
山路愛山『平政子論』（現代日本文学全集）（改造社、〃）
三輪善之助「時宗の板碑」（『武蔵野』一九—三、一九三二年）
木下止「時宗の板碑と龍光寺に就いて」（〃、〃）

藤原二郎「北條時宗」(『歴史公論』二―七、一九三三年)
服部清五郎「時宗板碑異考」(『武蔵野』二一―九、一九三四年)
北條時宗公鑽仰会『北條時宗公六百五十年遠諱記念大講演集』(同会、〃)
栗岩英治『信濃荘園の研究』(同氏刊、一九三五年)
関靖『北條実時と金沢文庫』(金沢文庫、〃年)
相田二郎「蒙古襲来合戦の恩賞について」(『国史学』二九、一九三六年)
関靖・中村光『北條泰時・北條実時』(日本教育家文庫九)(北海出版、一九三七年)
菊地山哉「北條仲時主従四百余人の墳墓」(『掃苔』六―七、〃)
関靖・中村光『北條泰時・北條実時』(日本教育家文庫七)(啓文社、一九三九年)
木宮泰彦「北條時頼・時宗と日宋交渉」(『歴史教育』一四―三、〃)
遠藤元男『日本封建制成立史』(日本歴史全書九)(三笠書房、〃)
多賀宗隼「北條執権政治の意義」(『歴史教育』一五―六、一九四〇年)
多賀宗隼「弘安八年「霜月騒動」とその波紋」(『歴史地理』七八―六、一九四一年)
森克己「北條時宗とその時代」(『鉄の光』、一九四一年)
鷲尾義直『国難と時宗』(牧書房、〃)
笈田敏野『北條時宗公』(有本書店、一九四二年)
龍粛「北條時宗と禅」(『歴史日本』一―五、〃)
山上八郎「護国の偉人北條時宗公」(『肇国精神』二―九、〃)
山上八郎『北條時宗』(偉人叢書)(三教書院、〃)
宇野茂樹「北條時宗公の遺跡を尋ねて」(『日本学研究』二―九、〃)
佐野章「北條時宗の人物とその教養」(〃、〃)
山上八郎「北條時宗論」(〃、〃)

関靖『国難と北條時宗』（長谷川書房、〃）
関靖『史話北條時宗』（朝日新選書）（朝日新聞社、一九四三年）
加藤咄堂『亜細亜を睨む時宗・秀吉』（潮文閣、〃）
多賀宗隼「赤橋駿河守守時」（『歴史地理』八一ー一、〃）
関靖「文人としての北條時宗」（『書物展望』一三ー一、〃）
荻野三七彦「北條時宗の筆跡をめぐりて」（『美術史学』七四、〃）
佐藤進一『鎌倉幕府訴訟制度の研究』（畝傍書房、〃）
桃裕行「北條重時の家訓」（『肇国精神』三ー六、〃）
鈴木隆『時宗新論』（高千穂書房、一九四四年）
龍粛『鎌倉時代の研究』（春秋社、〃）
関靖『武家の興学――北條実時一門と金沢文庫――』（東京堂、一九四五年）
高柳光寿『日本武将評伝』一（大日本出版、〃）
関靖「香取神社と北條実時父子との関係」（『彙報金沢文庫』二九、〃）
佐藤進一『鎌倉幕府訴訟制度の研究』（目黒書店、一九四六年、再）
多賀宗隼『鎌倉時代の思想と文化』（目黒書店、〃）
桃裕行『北條重時の家訓』（養徳社、一九四七年、再）
新城常三「中世の信濃」（『史学雑誌』五七ー三・四、一九四八年）
石田秀人「民心牧攬の政治家北條泰時」（『時局』一七ー一四一、〃）
関靖「金沢氏系図について」（『日本歴史』一二、〃）
佐藤進一『鎌倉幕府守護制度の研究』（要書房、〃）
山路愛山『足利尊氏』（岩波書店、〃、再）
佐藤進一『幕府論』（新日本史講座）（中央公論社、一九四九年）

関靖『金沢文庫の研究』（講談社、一九五一年）
豊田武『中世日本商業史の研究』（岩波書店、一九五二年）
舟越康寿「金沢称名寺々領の研究――中世中級寺社領の一典型――」（『横浜市立大学紀要』一〇、〃）
岡部長章「北條時頼と蘭渓道隆――特に納経願文の中国二故事を通しての考察――」（『日本歴史』五八、一九五三年）
佐藤進一『初期封建社会の形成』（新日本史大系三巻中世社会）（朝倉書店、一九五四年）
岡部長章「北條時頼――国史の再検討」（『朝日文化手帳』、朝日新聞社、〃）
黒田俊雄「若狭国太良荘」（『荘園村落の構造』、創元社、一九五五年）
佐藤進一「鎌倉幕府政治の専制化について」（『日本封建制成立の研究』、吉川弘文館、〃）
西岡虎之助・服部之総『日本歴史地図』（全国教育図書、〃）
石井進「十四世紀初頭における在地領主法の一形態」㈠㈡（『中世の窓』一・二　〃）
原田伴彦「中世の商業」（歴史学研究会・日本史研究会編『講座日本史』3、東京大学出版会、一九五六年）
瀬野精一郎「鎌倉幕府滅亡の歴史的前提――鎮西探題裁許状の分析――」（『史淵』七五、一九五八年）
安田元久『日本全史』中世Ⅰ（東京大学出版会、〃）
上横手雅敬『北條泰時』（人物叢書）（吉川弘文館、〃）
川添昭二「鎌倉時代の政治形態」（『歴史評論』一〇七、一九五九年）
網野善彦「元寇前后の社会情勢について」（『歴史学研究』二三一、〃）
舟越康寿「金沢称名寺々領の研究二――軽海郷の研究――」（『横浜市立大学紀要』六八、〃）
網野善彦「若狭国太良荘における惣百姓について」（『史学雑誌』六八―一〇、〃）
田中稔「鎌倉幕府御家人制度の一考察――若狭国の地頭御家人を中心として――」（『中世の法と国家』、東京大学出版会、一九六〇年）
高梨みどり「得宗専制・長崎氏の専権」（『歴史教育』八―七、〃）
川添昭二「弘安八年筑前国岩門合戦について」（『九州史学』一六、〃）

保坂玉泉「道元禅師と時頼」(『大法論』二八―一、一九六一年)
稲村坦元「武蔵武士と北條時政」(『埼玉史談』七―四、〃)
渡辺保『北條政子』(人物叢書)(吉川弘文館、〃)
安田元久『北條義時』(人物叢書)(吉川弘文館、〃)
豊田武「安東氏と北條氏」(『国史研究』(弘前大)三十、一九六二年)
島田次郎「在地領主制の展開と幕府法」(『中世の社会と経済』、東京大学出版会、〃)
橋本公作「北條政子」(『日本文化史論集』十周年記念二(同志社大)、〃)
佐藤和夫「中世津軽成立過程について」(『国史研究』(弘前大)三三、〃)
石井進「鎌倉幕府論」(岩波講座『日本歴史』中世1、岩波書店、〃)
桑山浩然「室町幕府の草創期における所領について」(『中世の窓』一二、一九六三年)
八幡義信「鎌倉幕政における北條時政の史的評価」(『歴史教育』一一―八、〃)
水戸部正男「鎌倉時代政治の基調」(〃、〃)
佐藤三郎「鎌倉武士の族的結合の変化」(『歴史教育』一一―九、〃)
羽下徳彦「鎌倉時代の武家法制」(〃、〃)
五味克夫「鎌倉幕府の御家人体制」(〃、〃)
川添昭二「鎮西評定衆・引付衆について」(〃、〃)
黒川高明「霜月騒動の史的前提」(〃、〃)
奥富敬之「北條氏得宗領について――若狭国の場合――」(早稲田大学史学会、口頭発表、〃)
奥富敬之「得宗被官関係の一考察――曽我氏を中心として――」(『民衆史研究』一、〃)
八幡義信「十二世紀末葉に於ける遠江国国衙行政権に関する一考察」(『政治経済史学』一二、〃)
亀井日出男「建仁三年鎌倉政変をめぐる二、三の問題――所謂「比企氏の乱」討究のために――」(〃、〃)
福田豊彦「第二次封建関係の形成過程――豊後国における大友氏の主従制を中心として――」(『初期封建制の研究』、吉川弘文館、

〃）
小林宏「石見国益田氏の領主制」（〃、〃）
川添昭二「北條種時について」（『金沢文庫研究』一〇—四、〃）
八幡義信「執権連署制成立の直接的前提——元久・建永年間に於ける「北條時政政権」の実態分析——」（『政治経済史学』一八、〃）
熊原政男「顕時卅三回忌の考察」（『金沢文庫研究』一〇—九、〃）
佐々木銀弥『荘園の商業』（日本歴史叢書）（吉川弘文館、〃）
村上光徳「北條義時と政子——承久記——」（『国文学解釈と教材研究』九—一四、〃）
奥富敬之「得宗専制政権の研究㈠」（『目白短大紀要』一、〃）
村井康彦「金沢貞顕の涙——得宗専制の一断面——」（『日本史研究』七六、〃）
奥富敬之「北條氏得宗領について——若狭国の場合——（抄録）」（『史観』六九、〃）
八幡義信「建暦三年鎌倉政変の一考察——所謂「和田氏の乱」について——」（『政治経済史学』二三、〃）
佐藤和夫「「北條実時書状」の武家家訓としての評価」（『国史研究』（弘前大）四二、一九六五年）
安田元久「鎌倉幕府」（体系日本史叢一『政治史』一、山川出版社、〃）
安田元久『鎌倉幕府——その実力者たち——』（人物往来社、〃）
西川清治『鎌倉の武士たち——北條九代記物語——』（若樹出版、〃）
萩原龍夫『中世祭祀組織の研究』（吉川弘文館、〃）
吾妻鏡研究会「建暦三年「和田の乱」の一考察——北條執権制の成立をめぐって——」（『史友』五三、〃）
小泉宜右「悪党について」（『歴史学研究』三〇〇、〃）
奥富敬之「得宗専制政権の研究㈡」（『目白短大紀要』二、〃）
高田豊「元仁元年鎌倉政情の一考察——北條義時卒去及び伊賀氏陰謀事件をめぐって——」（『政治経済史学』三六、一九六六年）
網野善彦『中世荘園の様相』（塙選書五一）（塙書房、〃）

河合正治「日蓮と北條政権」（『日本史研究』八六、〃）
奥富敬之「鎌倉幕府の性格」（『日本古代史の諸問題』、福村出版、〃）
奥富敬之「得宗専制政権の研究㈢」（『目白短大紀要』三、〃）
豊田武「北條氏と東北地方」（『国史研究』（弘前大）四五、〃）
三浦勝男「頼朝と政子（尼将軍）」（『国文学解釈と鑑賞』三二―六、〃）
石井進・佐藤進一・貫達人・安田元久・豊田武「〃鎌倉幕府〃について（座談会）」（『日本歴史』二二九、一九六七年）
石井進「鎌倉時代『守護領』研究序説」（『日本社会経済史研究』古代中世篇、吉川弘文館、〃）
五味克夫「島津荘日向方救二院と救二郷」（〃、〃）
奥富敬之「得宗専制政権の研究㈣」（『目白短大紀要』四、〃）
黒田俊雄『荘園制社会』（体系日本歴史2）（日本評論社、〃）
阿部猛『中世日本荘園史の研究』（大原新生社、〃）
笠松宏至「永仁徳政令と越訴」（史学会大会、口頭発表、〃）
新城常三『鎌倉時代の交通』（日本歴史叢書一八）（吉川弘文館、〃）
湯本軍一「北條氏と信濃国」（『信濃』一九―一二、〃）
鹿野賀代子「執権における鎌倉幕府の性格」（『日本歴史』二三九、一九六八年）
網野善彦「常陸国南郡惣地頭職の成立と展開」（『茨城県史研究』一一、〃）
金井典美『御射山』（学生社、〃）
太田晶二郎「北條宗兼の花押と謂ふもの」（『日本歴史』一三三、〃）
高田豊「鎌倉宝治合戦における三浦氏一族」（『歴史教育』一六―一二、〃）
五味克夫「東国武士団西遷の契機」（〃、〃）
高梨みどり「二階堂道蘊の元徳元年上洛」（〃、〃）
森ノブ「地頭代官の崩壊過程」（『岩手史学研究』五一、〃）

佐藤和彦「在地領主制の形成と展開――紀伊国伊都郡隅田荘を中心として――」(『史観』七八、〃)
石井進「九州諸国における北条氏所領」(史学会大会、口頭発表、〃)
金井典美「北條氏と諏訪神社」(上)(下)(『金沢文庫研究』一五〇・一五一、〃)
奥富敬之「鎌倉幕府国御家人制の研究」(『目白短大紀要』五、〃)
笠松宏至「永仁徳政と越訴」(『荘園制と武家社会』、吉川弘文館、一九六九年)
石井進「九州諸国における北条氏所領の研究」(〃、〃)
三木靖「南種子町中之崎・西村時安の供養塔をめぐって――中世の種子島における領主制を中心に――」(『南日本文化』二、〃)
奥富敬之「得宗被官家の個別的研究(一)――南條氏の場合――」(『日本史攷究』一四、〃)
石井進「鎌倉時代の常陸国における北條氏所領の研究」(『茨城県史研究』一五、〃)
入間田宣夫「金沢氏と陸奥国玉造郡地頭職」(『金沢文庫研究』一六七、一九七〇年)
奥富敬之「陸奥国得宗領の研究」(『目白短大紀要』六、〃)
豊田武・遠藤巌・入間田宣夫「東北地方における北条氏の所領」(『日本文化研究所研究報告』別巻 七、〃)
湯本軍一「信濃国における北條氏所領」(『信濃』二二―三、〃)
網野善彦「楠正成に関する一・二の問題」(『日本歴史』二六四、〃)
上横手雅敬『日本中世政治史研究』(塙書房、〃)
葛谷鮎彦『中世江馬氏の研究』(崎阜県神岡町、〃)
網野善彦「鎌倉末期の諸矛盾」(『講座日本史』3、東京大学出版会、〃)
上島有『京郊荘園村落の研究』(塙書房、〃)
石井進「竹崎季長絵詞」の成立をめぐる問題」(史学会大会、口頭発表、六八、〃)
奥富敬之「得宗家公文所の基礎的素描」(『日本史攷究』一六、〃)
納富常夫「泉州久米田寺について」(『金沢文庫研究紀要』七、〃)
熊原政男「六浦嶺松寺をめぐって」(〃、〃)

石井進「竹崎季長絵詞の成立」(『日本歴史』二七三、一九七一年)
奥富敬之「相模国得宗領の個別的研究㈠——山内荘——」(『神奈川県史研究』一一、〃)
川添昭二「龍口法難の必然性」(『九州史学』四四・四五、〃)
奥富敬之「陸奥国得宗領の研究(続)」(『目白短大紀要』七、〃)
河合正治「北條氏御内人と文化」(『金沢文庫研究』一八〇、〃)
石井進「谷殿永忍考」(『金沢文庫研究』一六—六、〃)
奥富敬之「得宗被官家の個別的研究㈡——工藤氏の場合——」(『日本史攷究』一七、〃)
稲垣泰彦「春近領について」(『一志茂樹博士喜寿記念論集』郷土資料編纂会、〃)
佐藤進一『増訂鎌倉幕府守護制度の研究』(東京大学出版会、〃)
阿蘇品保夫「阿蘇社領(ワタリ歩く荘園)」(『月刊歴史』三四、〃)
奥富敬之「武蔵・相模における北條氏得宗」(『日本歴史』二八〇、〃)
奥富敬之「相模国得宗領の個別的研究㈡——山内荘㈡——」(『神奈川県史研究』一三、〃)
北村美智子「得宗被官長崎高資の活動とその政治意識について」(『日本史攷究』一八、〃)
貫達人「北條氏亭址考」(『金沢文庫研究紀要』八、〃)
五味克夫「名越氏と肥後氏」(『中世史研究会会報』三〇、鹿児島中世史研究会、〃)
網野善彦「「関東公方御教書」について」(『信濃』二四—一、一九七二年)
山岸啓一郎「得宗被官に関する一考察——諏訪氏の動向について——」(〃、〃)
奥富敬之「鎌倉北條氏の惣領制について」(『文科研究誌』(日本医大)一、〃)
石井進「竹崎季長絵詞」(『日本思想大系』二一、岩波書店、〃)
湯本軍一「信濃国における北條氏所領」(『信濃』二四—一〇、〃)
奥富敬之「相模国得宗領の個別的研究㈢——糟屋荘——」(『神奈川県史研究』一九、一九七三年)
石井進「霜月騒動おぼえがき」(『神奈川県史だより』四、〃)

河合正治『中世武家社会の研究』（日本史学研究叢書）（吉川弘文館、〃）
金沢正大「仁治三年順徳院崩御と十月関東政変」ⅠⅡⅢⅣⅤⅥ（『政治経済史学』八九・九〇・九一・九二・九三・九四、〃）
岡田清一「鎌倉政権下の両総——北條氏領の成立と御家人の動向——」（『国学院雑誌』七四—七、〃）
井上寛司「紀伊国隅田党の形成過程」（『ヒストリア』六四、〃）
佐藤博信「越後国奥山荘と金沢称名寺」（『神奈川県史研究』二一、〃）
奥富敬之「鎌倉幕府伊賀氏事件の周辺」（『文科研究誌』（日本医大）二、〃）
川添昭二「鎮西特殊合議訴訟機関」（『史淵』一一〇、〃）
川添昭二「鎮西談議所」（『九州文化史研究所紀要』一八、〃）
入間田宣夫「郡地頭職研究序説」（『日本古代中世史の地方的展開』、吉川弘文館、〃）
遠藤巌「建武政権下の陸奥国府に関する一考察」（〃、〃）
黒坂周平「塩田北條氏と信濃守護㈠」（『信濃』二五—一二、〃）
奥富敬之「鎌倉北條氏の族的性格」（『史学論集　対外関係と政治文化』二、吉川弘文館、一九七四年）
川添昭二「岩門合戦再論——鎮西における得宗支配の強化と武藤氏」（〃、〃）
岡田清一「御内人〝尾藤氏〟に就いて」（『武蔵野』五二—二、〃）
奥富敬之「鎌倉末期幕府政権の様相」（『日本史の諸相』、福村出版、〃）
奥富敬之「若狭国における守護領国制成立過程の研究」（〃、〃）
金沢正大「武蔵守北條時房の補任年時について——『吾妻鏡』承元元年二月廿日条の再検討——」（『政治経済史学』一〇二、〃）
黒坂周平「塩田北條氏と信濃守護㈡」（『信濃』二六—二、〃）
岡田清一「武蔵国留守所惣検校職に就いて——北條執権政治体制成立史の一齣——」（『学習院史学』一一、〃）
重見一行「教行信証正応四年出版に関する書誌学的考証」（『国語国文』四三—四、〃）
安田元久編『鎌倉将軍執権列伝』（秋田書店、〃）

入間田宣夫「北条氏と摂津国多田院・多田荘」（『日本歴史』三二五、一九七五年）
岡田清一「両総における北条氏領――補遺――」（『房総の郷土史』三、〃）
湯山学「鎌倉後期における相模国の御家人について――主として北条氏との関係を中心に――」（『鎌倉』二四、〃）
新田英治「鎌倉後期の政治過程」（岩波講座『日本歴史』中世史2、岩波書店、〃）
渡辺晴美「北条時宗の家督継承条件に関する一考察――『吾妻鏡』文永元年条欠文理由及び文永九年二月騒動との関連において――」(上)(下)（『政治経済史学』一一〇・一一一、〃）
金沢正大「北条執権体制下に於ける関東天文陰陽道――「義時政権」より「泰時政権」へ――」ⅠⅡⅢ（『政治経済史学』一一一・一一二・一一三、〃）
石井清文「執権北条長時と六波羅探題北条時茂――鎌倉中期幕政史上における極楽寺殿重時入道一統の政治責任――」（『政治経済史学』一一二、〃）
瀬野精一郎「鎌倉時代における渡唐船の遭難にみる得宗家貿易独占の一形態」（『神奈川県史研究』二八号、〃）
上横手雅敬「弘安の神領興行令をめぐって」（『日本文化史論叢』横田健一先生還暦記念会、一九七六年）
笠松宏至「中世の政治・社会思想」（岩波講座『日本歴史』中世3、岩波書店、〃）
三浦圭一「南北朝内乱期にみる天皇と民衆」（『天皇制と民衆』、東京大学出版会、〃）
宝月圭吾「永仁徳政に関する二・三の問題」（『立正史学』四〇、〃）
佐々木銀弥「常陸国総社宮文書のスリ消しをめぐって」（『古文書研究』一〇、〃）
遠藤巌「中世国家の東夷成敗権をめぐって」（『松前藩と松前』九、〃）
奥富敬之「得宗被官関係の研究――陸奥国曽我氏を中心に――」（『中世の政治的社会と民衆像』、三一書房、〃）
奥富敬之「北条氏と東国武士」（『歴史公論』一九七六年七月号、〃）
水野恭一郎『武家時代の政治と文化』（創元社、〃）
渡辺晴美「得宗専制体制の成立過程」ⅠⅡⅢⅣ（『政治経済史学』一二五・一三九・一六二・一六五、〃）
豊田武「北条時頼の廻国伝説」（『中世史研究』一、一九七七年）

奥富敬之「鎌倉末期東海道宿駅地域の地頭——相模・伊豆・駿河の分——」(『続荘園制と武家社会』、吉川弘文館、一九七八年)
金沢正大「筑前国宗像神社大宮司職補任と荘園領主をめぐる諸問題——社家と本所、とりわけ三浦氏との関連に於て」(上)(下)(『政治経済史学』一四〇・一四一、〃)
村井章介「正和の神領興行法をめぐって」(『歴史学研究』四五九、〃)
入間田宣夫「延応元年五月廿六日平盛綱奉書について」(『山形史研究』一三と一四、〃)
服部英雄「空からみた人吉荘、交通と新田開発」(『史学雑誌』八七—八、〃)
服部英雄「開発、その進展と領主支配」(『地方史研究』二八—二、〃)
豊田武「挙兵前の新田荘」㈠㈡(『史路』一・二、〃)
川添昭二「鎮西評定衆及び同引付衆・引付奉行人」(『九州中世史研究』一、〃)
杉橋隆夫「北条時政と政子——その出身と心操——」(『歴史公論』五四—三、〃)
網野善彦「若狭国太良荘」(『中世東寺と東寺領荘園』、東京大学出版会、〃)
網野善彦「備後国因島荘について」(〃、〃)
福田以久生「中世の酒匂駅について」(『小田原地方史研究』一〇、一九七九年)
福田以久生「御殿場周辺の中世史に関する近業について——関説論文の紹介と批評——」(『御殿場市史研究』五、〃)
川添昭二「北条時頼の信仰」(『法華』六五—四、〃)
金沢正大「鎌倉幕府成立期に於ける武蔵国々衙支配をめぐる公文所寄人足立右馬允遠元の史的意義」(上)(下)(『政治経済史学』一五六、〃)
石井進「中世都市鎌倉研究のために——大三輪龍彦氏の近業によせて——」(『三浦古文化』二六、一九七九年)
佐藤和彦『南北朝内乱史論』(東京大学出版会、〃)
紺戸淳「武家社会における加冠と一字付与の政治性について」(『中央史学』二号、〃)
奥富敬之「鎌倉末期東海道宿駅地域の地頭——遠江、三河、尾張、近江の分——」(『荘園制社会と身分構造』、校倉書房、一九八〇年)

柏美恵子「比企氏の乱と北条時政」(『法政史論』七号、〃)
服部英雄「奥山荘波月条絵図とその周辺」(『信濃』二六五号、〃)
奥富敬之「北条政権と元寇」(『テキストブック日本史』有斐閣、〃)
川添昭二「日蓮遺文に見える北条氏一門」(『棲神』五二号、〃)
川添昭二「北条時宗の連署時代」(『金沢文庫研究』二六三号、〃)
高尾一彦「淡路国への鎌倉幕府の水軍配置」(上)(下)(『兵庫県の歴史』、不明)

〔追補〕

笠松宏至「中世闕所地給与に関する一考察」(『中世の法と国家』、東京大学出版会、一九六〇年)
入間田宣夫「鎌倉時代の国家権力」(『大系日本国家史』2、中世、東京大学出版会、一九七五年)
杉橋隆夫「執権・連署制の起源――鎌倉執権政治の成立過程、続論――」(『立命館文学』四二四～四二六号、一九八〇年)
稲本紀昭「伊勢国における北条氏一門領」(『小びと』三八号、一九八一年)
川添昭二「安達泰盛とその兄弟」(『棲神』五三号、〃)
奥富敬之「安房国北郡地頭職の転変――和田・三浦・安達三乱後の処分――」(『日本史攷究』、文献出版、〃)
杉橋隆夫「鎌倉執権政治の成立過程――十三人合議制と北条時政の「執権」職就任――」(『御家人制の研究』、吉川弘文館、〃)
湯山学「隆弁とその門流――北条氏と天台宗(寺門)――」(『鎌倉』三八、〃)
湯山学「頼助とその門流――北条氏と真言宗(東寺)――」(『鎌倉』三九、〃)
杉橋隆夫「百五十年の礎を築く頼朝の日々――配所と挙兵の謎――」(『日本史の舞台』3、集英社、一九八二年)
湯山学「北条氏と律宗(北京律)――覚園寺開山智海心慧を中心に――」(『鎌倉』四〇、〃)
川添昭二「北条時宗の研究――連署時代まで――」(『松浦党研究』五、〃)
奥富敬之『鎌倉北条一族』(新人物往来社、一九八三年)
奥富敬之「鎌倉北条氏所領増減過程の考察――時政の代を中心として――」(『荘園制と中世社会』、東京堂出版、一九八四年)

加藤克己「北条時政・義時父子の評価と歴史教育」(『愛知教育大学附属高等学校研究紀要』一一、〃)
川添昭二「北条氏一門名越(江馬)氏について」(『日本歴史』四六四号、一九八七年)
杉橋隆夫「北条時政の出身——北条時定・源頼朝との確執——」(『立命館文学』五〇〇号、〃)
奥富敬之「鎌倉北条氏所領増減過程の数量的考察——義時の代を中心として——」(『日本歴史』四七〇号、〃)
森幸夫「六波羅探題職員ノート」(『三浦古文化』四二号、〃)
森幸夫「南北両六波羅探題についての基礎的考察」(『国史学』一三三号、〃)
森幸夫「北条氏と侍所」(『国学院大学大学院紀要』文学研究科一九輯、一九八八年)
細川重男「内管領長崎氏の基礎的研究」(『日本歴史』四七九号、〃)
岡田精一「遠江国と北条氏」(『金沢文庫研究』二八〇号、〃)

あとがき

戊午叢書の創刊に際して、私がその先陣に選ばれたことについて、痛切に責任を感ずるとともに、なによりも、竹内理三先生に厚く御礼申し上げたいと思います。

最初、先生からお話を頂いたとき、怠惰な私に刺激を与えて、大きな論文をひとつ書くように云われたものと勘違いしてしまったが、そのうちに修士論文でもと云われていることに気が付きました。この私の勘違いのために、本書の刊行が約半年遅れてしまいました。これも、先生にお詫びしなければならないことのひとつです。本書の刊行が遅れたのは、私の勘違いによるものであることを明記しておきます。

本書の基本的な章だてと内容は、一九六三年春、早稲田の大学院に修士論文として提出した「得宗専制政権の研究」と同じです。しかし、本書の刊行に際して全般的に書き改めました。とくに、第一部の経済的基盤(得宗領)については、まったく前稿の跡をとどめぬまでに改めました。第二部の政治的過程(得宗専制)の第二章の㈠・㈡は、「鎌倉幕府、伊賀氏事件の周辺」(『日本医科大学文科研究誌』二号)に若干手を入れたものです。また、これに続く㈢も、「得宗家公文所の基礎的素描」(早稲田大学教育学部『日本史攷究』一六号)と、ほとんど同じものです。全体として、修論を大きく書き改めましたが、基本的な姿勢や個々の史料などについては、あまり変りはないと思います。

修論執筆の際には、題名の示すように大上段に振りかぶっていましたが、出来上ったものは〃北條氏の研究〃でしかなく、それも、まだ〃基礎的〃なものでしかないものでした。今回、全体を書き改めてみて、そのことを痛感いたしました。本書の題名は、このことに由来しました。なお、〃小田原北條氏〃の研究が進むにつれて、ときおり、〃鎌倉時代の北條氏〃をそれと間違えられた経験から、一ト目とそれと判る言葉として、〃鎌倉北條氏〃という語を考え出しました。まだ熟してはいませんが、見れば誰にでもすぐ判る言葉であると、一人で悦に入っております。今後、本書には採り上げられていない各種の問題についても勉強してゆき、いつの日か、〃基礎的〃の語を外したいと思っております。

巻末の関係論考、北條一門、全国北條氏所領、得宗被官家名簿などの諸表は、現在までに私の管見に入ったものだけです。これですべてであるとは思ってはおりません。これらについても、今後、さらに充実してゆかねばならないと思っております。とくに、全国北條氏所領については、とにかく全き網羅を今後に期しております。その上で、その分析を行ないたいと思います。得宗被官家については、親あるいは子のどちらか一方が得宗被官であっても、他方はそうではないという例もあり、最終的には〃得宗被官家〃ではなく、〃得宗被官〃の名簿にまで持って行かなくては正確ではないのではないかとも考えております。本書において〃得宗被官家〃としたのは、まだ便宜上のことです。なお、これについては、個々の得宗被官家が得宗被官家であることを明らかに示している史料や出典を明記しなければならないとも思っております。

残された問題は、依然として数多いものと痛感しております。

一九八〇年八月

奥　富　敬　之

第三刷のあとがき

初版発行以来、瀬野精一郎氏、杉橋隆夫氏、上横手雅敬氏、石井進氏、入間田宣夫氏などの先学から、さまざまに懇厚な御教示を頂きました。今回の訂正増補の多く、とくに得宗家公文所発行文書のほぼ網羅的な例示などは、そのお蔭を大きく蒙むっております。しかし、この発行文書の、内容・書式などからの分析は、まだ、今後のことに残されております。

二十余年前には、一般御家人との競合において、得宗家と北條庶子家との区別は必要ないことのように思われました。今は、違っています。この種の研究の深化は、ほかにもあるようです。

しかし、この点での修正は、今では不可能です。いつの日か、本書の題名から「基礎的」の三文字をはずしたいと思っております。

（一九八八年八月）

戊午叢書刊行の辞

今日の史学の隆盛は前代未聞といえよう。数え上げることも出来ぬ程の研究誌、ひろい歴史愛好者を含む歴史書のおびただしさ、送迎するものの目も眩むばかりである。にも拘わらずここに新たな叢書を企画する理由は三つある。一つは研究誌の多さにも拘わらず、掲載される枚数がきびしく制限され、大論文の発表の場となし難い現況を打破したいこと。二は、出版物は多数とはいえ、すべて営利的出版者の常として、時流から外れた地味な研究は出版困難である状況に、多少の手助けをしたいこと。三は、本叢書の最大の眼目とするところであるが、いわゆる若手の研究者の研究は、概して新鮮さにあふれ、前途の大成を予告する優秀さをもつにも拘わらず、正当な評価をうけること少く、著書として出版される機会が中々得られない実情を打破したいこと。私自身、恩師の推挽によって卒業論文を出版することができ、それが出発点となって、今日まで恵まれた研究生活をおくり得た恩恵を深く思う故に、とくに第三点に重点をおき、今年を以て古稀を迎えた機会に、年々多少の資を提供して出版補助とし、吉川弘文館の賛成を得て発足し、今年の干支戊午に因んで戊午叢書と名づけたものである。対象はほぼ大学修士論文とするが、未だ専書刊行のない隠れた研究者の論文集をも含めたい。大方の賛成を得て、多年に渉って恩恵をうけた学界への報謝の一端ともなれば、幸甚これにすぐるものはない。

一九七八年一二月二〇日

竹内理三

著者略歴

昭和十一年 東京に生れる

昭和三十六年 早稲田大学教育学部地理歴史課程卒業

同大学大学院文学研究科国史専攻博士課程を経て

現　職 日本医科大学教授

主要著書

『安房白浜』古代編（高文堂）

『安房白浜』中世前期編・中世後期編（新人物往来社）

『鎌倉北條一族』（新人物往来社）

『上州新田一族』（新人物往来社）

『神奈川県伊勢原市域医療史概観』（九井図書出版）

戊午叢書

鎌倉北條氏の基礎的研究

著者 奥富敬之《おくとみたかゆき》

昭和五十五年十一月一日 第一刷発行

昭和六十三年十一月十日 第三刷発行

発行者 吉川圭三

発行所 株式会社 吉川弘文館

東京都文京区本郷七丁目二番八号

郵便番号一一三

振替口座東京〇―二四四番

電話〇三―八一三―九一五一番（代表）

印刷＝壮光舎印刷　製本＝宮内製本

北條氏関係地図

この地図は、建設省国土地理院長の承認を得て、同院発行の二万五千分の一地形図を複製したものである。（承認番号）昭五五総複、第七五九号